Operação impeachment

Fernando Limongi

Operação impeachment

Dilma Rousseff e o
Brasil da Lava Jato

todavia

Ao João, meu irmão

"Só quem for idiota acredita [que Temer quer se aproximar de Dilma]. Agora, isso não quer dizer que a presidenta tenha que repudiar isso. Até porque a política vive desses bailados."

Ciro Gomes, janeiro de 2016

Introdução 11

1. O primeiro mandato 21
A popular 21
À deriva 27
Ruiva e enferrujada 32
Volta, Lula 41
Queixo de vidro 46

2. A oposição vai às ruas e mostra a cara 59
"Recontabilidade" 59
O pacote e as Dez Medidas 72
A Lista Janot 77
A marcha 79

3. O chantagista-mor da República 85
Antecedentes 85
Pusilânimes 92
Educado, demasiadamente educado 96
O bom ambiente de negócios 98
Omissão premiada 102
Impasse mexicano 107
A hora e vez de Rodrigo Janot 115
Queimando pontes 121

4. Cognição sumária 127
A presidente respira 127
O julgador sobe a rampa 131
Non ducor duco 135
A pá de cal 148

5. Em busca da paz perdida 159
A República do grampo 159
A República de Curitiba 172

Agradecimentos 181
Notas 183
Referências bibliográficas 285
Índice remissivo 291

Introdução

Em 30 de abril de 2014, a presidente Dilma Rousseff falou ao país em rede nacional de rádio e televisão. Ela tinha uma eleição a ganhar. As pesquisas lhe davam vantagem, mas não se vence sem esforço. Toda e qualquer oportunidade devia ser aproveitada. Como diria ela mais tarde, para vencer se faz o diabo.

O pronunciamento durou pouco mais de doze minutos. Como sempre, Dilma deu demonstrações inequívocas de que não era do ramo. Era visível que não estava à vontade, que se esforçava para parecer simpática. Por volta do minuto sete de seu pronunciamento, esqueceu-se do Primeiro de Maio, tomando um atalho para "reafirmar o compromisso do meu governo no combate incessante e implacável à corrupção. Novos casos têm sido revelados por meio do trabalho da Polícia Federal e da Controladoria-Geral da União, órgãos do governo federal".[1]

"Combate incessante e implacável à corrupção"? Pois é. Salvo raríssimas exceções, ninguém deu atenção para essa parte da sua fala. No máximo, foi tomada como coisa para inglês ver, temas de que políticos falam em todas as eleições.

Não era. A referência a "novos casos revelados" tinha endereço certo e claramente identificável: as prisões do ex-diretor da Petrobras Paulo Roberto Costa e do doleiro Alberto Youssef.[2] Paulo Roberto Costa, é bom acrescentar, havia perdido seu cargo em 2012, demitido por Graça Foster, indicada por Dilma com a missão de sanear a estatal.

O tema, o combate à corrupção, ocupou mais de um terço do pronunciamento. Dilma falou da "indignação e revolta" e da sua determinação em "mostrar tudo à sociedade, e lutar para que todos os culpados sejam punidos com rigor". A presidente concluiu com o que se tornaria seu mote:

> O que envergonha um país não é apurar, investigar e mostrar. O que pode envergonhar um país é não combater a corrupção, é varrer tudo para baixo do tapete. O Brasil já passou por isso no passado, e os brasileiros não aceitam mais a hipocrisia, a covardia ou a conivência.[3]

Não foi a primeira, nem a última vez, que eleitoras e eleitores ouviram tais palavras da boca de Dilma Rousseff.

Ela tinha perfeita noção de que as investigações que prometia apoiar ameaçavam seu próprio partido e, para ser ainda mais exato, as administrações de que havia participado como ministra de Minas e Energia e, depois, como ministra-chefe da Casa Civil.

O discurso mirava dois públicos distintos, o interno e o externo, ou seja, políticos e eleitores, nessa ordem. Antes de sair à caça de votos, era preciso garantir sua candidatura à reeleição pela coalizão comandada pelo Partido dos Trabalhadores (PT). O que estava em jogo era menos se seria a candidata, mas qual candidata seria.[4]

No início de 2014, Dilma enfrentou mais de um obstáculo à confirmação de sua candidatura à reeleição. O primeiro e mais potente foram as revelações relativas à sua participação na compra da refinaria de Pasadena. Os prejuízos causados à Petrobras pelos contratos firmados para fechar o negócio eram conhecidos, mas a transação só ganhou ares de escândalo em 19 de março de 2014, quando se noticiou que Dilma, então presidente do Conselho de Administração da Petrobras em 2006, havia avalizado a compra da refinaria.[5]

O escândalo não estourou por acaso. Pelo menos, não foi assim que entenderam os atores políticos. Ao ligar Dilma à desastrada compra de Pasadena, quem produziu a notícia mandou um aviso: a presidente que se cuidasse, pois os afetados pela orientação imposta à Petrobras não estavam para brincadeira. A pré-candidata que se emendasse ou seus podres seriam retirados do armário.[6]

A presidente respondeu dobrando a aposta. Não ia ceder. Foi o que disse em eventos festivos ao público interno e aos eleitores em rede nacional de rádio e televisão. E continuou a dizer depois de reeleita. Dizer e fazer. Em meados de março de 2015, ela enviou ao Congresso um pacote de medidas para combater a corrupção.[7]

Sem referência a essas disputas, isto é, sem retornar ao primeiro mandato e acompanhar as dissensões internas da sua coalizão de apoio, não se entende o impeachment de Dilma Rousseff.

Impeachments não são golpes. Não são, tampouco, processos regulares de substituição de presidentes eleitos. São, e devem ser, processos excepcionais. Suas consequências para o sistema político são incomensuráveis. Como afirmou o ex-presidente Fernando Henrique Cardoso, em março de 2015: "Impeachment não é uma coisa desejável e ninguém se propõe a liderar isso. [...] Impeachment é como bomba atômica, é para dissuadir, não para usar".[8]

A analogia é apropriada.[9] Elites políticas, Fernando Henrique incluído, resolveram que era preciso lançar a bomba atômica, apesar da exposição à radioatividade que causou. Não há como dourar a pílula, prevaleceu a tese dos que reagiram ao bom senso e à prudência contida na declaração do ex-presidente.[10] Por quê? Como?

Para aprovar um impeachment, é preciso seguir as regras previstas na Constituição. Cabe aos legisladores tomar a decisão. No caso do Brasil, são necessários dois terços dos votos na Câmara e no Senado. Sem esses votos, o presidente eleito não perde o cargo. Dado que o presidente que deixa o poder comanda uma coalizão capaz de governar e bloquear seu afastamento, necessariamente, a alternância no poder não é completa.

Explicar o impeachment requer entender a implosão de uma coalizão governante e sua substituição por uma aliança alternativa. Entretanto, ponto fundamental por vezes desconsiderado pelas explicações correntes, a oposição não tem força para aprovar o afastamento do presidente em exercício. Uma vez eleitos, presidentes são forçados a atender o imperativo majoritário, o que, na maioria das vezes, significa formar uma coalizão partidária que lhe garanta os votos necessários para governar. Dilma recorreu a esse expediente, como fizeram todos os presidentes que a antecederam, Fernando Collor de Mello incluído. Mais do que isso, a presidente herdou e pouco alterou a coalizão montada por seu antecessor. Após as eleições de 2010 e 2014, cada um dos partidos que integravam sua base de apoio teve chances de abandoná-la e não o fez. Resolveram, contudo, fazê-lo em 2016. Portanto, algo os levou a mudar de posição.

A aliança entre o PT e o Partido do Movimento Democrático Brasileiro (PMDB), o Partido Progressista (PP), o Partido da República (PR), o Partido Republicano Brasileiro (PRB) e o Partido Social Democrático (PSD) não era episódica ou frágil. No frigir dos ovos, essa coalizão governou o país, com pequenas alterações, desde a chegada do PT à Presidência. A fissura da coalizão requer explicação. E é isso que este livro se propõe a fazer. Como dar conta da implosão da coalizão? Por que os cinco partidos citados resolveram abandonar a coalizão comandada pelo PT? A pergunta se estende aos principais partidos da oposição: por que o Partido da Social Democracia

Brasileira (PSDB) e o Democratas (DEM) resolveram se juntar à coalizão comandada pelo PMDB? Por que não esperaram as eleições marcadas para 2018?

Líderes partidários tomaram as decisões cruciais que selaram o destino da presidente reeleita em 2014 e arcaram com as consequências políticas dessas mesmas decisões. Todos calcularam os efeitos de suas decisões, o que perdiam ou ganhavam diante das opções colocadas. Como será mostrado neste livro, as lideranças envolvidas foram vítimas da própria miopia, da crença de que somente seus adversários seriam vítimas do tiroteio armado.

Políticos, obviamente, não tomam decisões no vácuo, isto é, estão expostos e respondem a pressões dos grupos organizados e, em última instância, procuram antecipar os humores do eleitorado. Nos modelos canônicos de explicação de impeachments, forças externas ao sistema político detonam o processo. Sem que as ruas se encham, sem mobilização popular na forma de movimentos sociais constituídos à margem do sistema político, de acordo com esse tipo de explicação, presidentes não são afastados. Ou seja, nesses modelos, a implosão da coalizão seria resultado dessa pressão externa. Para preservar suas carreiras, políticos reveriam suas inclinações e alianças. Presidentes fustigados por movimentos de protesto se tornariam mercadoria indesejável a ser jogada ao mar.[11]

Sem dúvida alguma, a pressão dos movimentos sociais e a perda de popularidade da presidente em razão das revelações feitas pela Operação Lava Jato não podem ser ignoradas. Entretanto, tomar escândalo e movimentos sociais de protesto como fatores exógenos compromete a análise. O principal, a causa primeira do fenômeno a ser explicado, é deixado de lado. Escândalos de corrupção são produzidos e explorados por políticos e, portanto, são parte da política. Dilma, como o discurso acima reproduzido indica, resolveu mexer no vespeiro e, esse é o ponto fundamental, apoiou as investigações na Petrobras. Sem resgatar esses pontos, não é possível entender as tensões internas à coalizão que levaram à sua ruptura e, consequentemente, ao impeachment.

Movimentos de protesto tampouco brotam e se constituem de forma espontânea ou automática em resposta a crises. Não tematizar as relações entre as lideranças políticas emergentes e o sistema político é, mais uma vez, perder o essencial. Em democracias, a distribuição do poder é uma função dos resultados eleitorais. Movimentos sociais, em geral, são armas a que recorrem as forças minoritárias para mostrar sua força e sintonia com a sociedade, tentativas de indicar a falta de correspondência entre o poder instituído e o povo. Os protestos contra o governo foram bem-sucedidos, contribuindo decisivamente para aprofundar a crise política que culminou no impeachment. Mas seu papel, como será mostrado, foi mais limitado do que estipula o modelo canônico, isto é, o impeachment não foi uma resposta à pressão popular. Vale adiantar que lideranças desses movimentos acreditaram que poderiam desempenhar esse papel, que o Brasil estaria metido em uma espécie de clima revolucionário, que o povo estaria disposto a marchar a Brasília para pressionar os políticos e arrancar Dilma do poder. Porém, não foi isso o que aconteceu.

A coesão da coalizão, sua capacidade de se adaptar e resistir a pressões externas e internas, é a premissa forte que estrutura e dá norte a este trabalho. Presidentes detêm armas e recursos para manter a unidade da coalizão. Sobretudo, têm como cobrir as ofertas de um vice-presidente desleal. Em outras palavras, presidentes não são criaturas frágeis, expostas a riscos de ser derrubadas a todo e qualquer instante por questões menores. Como será mostrado, ao contrário do que reza a lenda, Dilma reagiu, usando as armas de que dispunha para neutralizar a investida capitaneada pelo deputado Eduardo Cunha no segundo semestre de 2015.

Não se entende o impeachment de Dilma sem recuperar o entrelaçamento entre o sistema político e as investigações da Lava Jato e suas consequências políticas. Desde o início da operação, os investigadores sabiam que caminhavam na corda bamba, que era preciso calcular cada movimento para assegurar a continuidade da operação. Para dizer o óbvio, desde seus primeiros passos a Lava Jato fez política. Não poderia ser de outra forma. A operação colocou a classe política no banco dos réus. De acordo com o diagnóstico que fundamentou a operação, a corrupção seria sistêmica, o que permitiria equiparar partidos a organizações criminosas que, se assim consideradas, obedeceriam a um chefe. Preferências e inclinações políticas diversas, a que organizações burocráticas como o Ministério Público e o Poder Judiciário não estão imunes, influíram na definição dos verdadeiros culpados e, sobretudo, na identificação do bando e chefe a serem punidos. Em outras palavras, é um equívoco não atentar para as divisões internas à própria Lava Jato e os diferentes projetos acalentados pelo grupo de trabalho reunido em torno do procurador-geral da República Rodrigo Janot, e pela força-tarefa sediada em Curitiba e comandada pela dupla Deltan Dallagnol-Sergio Moro.

O livro está dividido em cinco capítulos, e os quatro primeiros tratam, cada um, de uma investida contra o mandato da presidente. A primeira, em realidade, foi uma tentativa de "emparedar" a candidata à reeleição, cujo entendimento pede que se retorne à faxina promovida por Dilma na Petrobras. O segundo capítulo trata dos primeiros seis meses do segundo mandato, quando a aliança entre os partidos de oposição e os movimentos sociais colocou o impeachment na agenda. A investida teve fim melancólico, representada pelo fracasso da Marcha pela Liberdade organizada pelo Movimento Brasil

Livre (MBL). A pressão popular não se materializou e não alterou a contabilidade das cadeiras no Congresso. A coalizão governamental, para colocar de forma inversa, não foi abalada.

O terceiro capítulo se ocupa do segundo semestre de 2015, quando o presidente da Câmara dos Deputados, Eduardo Cunha (PMDB-RJ), deixou a base do governo e partiu para o ataque, ameaçando abrir o processo contra a presidente da República. Para entender as motivações e estratégias de Cunha, julgou-se necessário retornar a 2007 e traçar as conexões e os recursos mobilizados durante sua ascensão política. A reconstituição traça as origens das suas desavenças com a presidente. Não se pode perder de vista, contudo, que o deputado só rompeu com o governo no segundo semestre de 2015, após ser denunciado pela Procuradoria-Geral da República, e, a despeito de inúmeras ameaças, só se movimentou e abriu o processo contra Dilma em dezembro, aproveitando-se da barafunda e do pânico que tomaram conta da classe política após a prisão do senador Delcídio do Amaral (PT-MS). A investida foi bloqueada. Cunha foi derrotado. A presidente sobreviveu ao terceiro ataque contra seu mandato.

O quarto capítulo reconstitui o ataque final a Dilma e a seu mandato. No início de 2016, o governo respirou e boa parte dos analistas, mesmo que contrariados e resignados, deu o impeachment como morto e enterrado. A duras penas, a unidade da coalizão havia sido preservada. As lideranças políticas, o PSDB incluído, pela primeira vez desde a reeleição de Dilma, voltaram as vistas para a eleição de 2018. A Lava Jato, entretanto, não via com bons olhos a acomodação que se ensaiava e por meio da qual os "chefes dos bandos" escapariam ilesos. A força-tarefa da Lava Jato desfechou uma verdadeira ofensiva contra o governo e o PT, começando pela Operação Triplo X (janeiro), passando pela Acarajé (fevereiro) e pela Aletheia (março) e tendo como ponto culminante a liberação das conversas entre a presidente e seu antecessor (março). A força-tarefa deixou claro que não estava disposta a tolerar a sobrevivência do governo.

O capítulo final trata de forma sumária do governo Temer, da instabilidade intrínseca à coalizão formada para se defender da Lava Jato e da cruzada que a operação desfechara contra os políticos e a corrupção. Essa instabilidade, adianto, é uma decorrência direta da própria divisão política e das alianças das duas correntes da Lava Jato, a de Curitiba e a de Brasília, com diferentes grupos políticos.

Antes de concluir, uma palavra sobre a pesquisa e a forma de sua apresentação. O texto se ancora em uma reconstituição detalhada dos acontecimentos feita a partir de consulta sistemática à imprensa diária. A memória é traiçoeira e seletiva e qualquer interpretação digna do nome deve respeitar a cronologia e se ater às evidências. A tragédia ganhou corpo e vida diante dos olhos de todos. Os envolvidos, a imprensa incluída, encontraram formas de fingir que não viam o desastre se armar. Cada um, a seu modo, contribuiu para acionar a bomba atômica, cujos efeitos tóxicos ainda são sentidos. Ninguém se salva. Esta é uma história em que sobram vilões e faltam heróis.

I.
O primeiro mandato

Dilma Rousseff completará seus primeiros cem dias de governo com um notável e inédito desempenho. Ela trouxe uma sensação de paz ao país. [...] Pela primeira vez em muitas décadas, tem-se a impressão de que o Brasil é governado por uma pessoa que chega cedo ao serviço, cuida do expediente e vai para casa sem que precise propagar evangelhos ou alimentar tensões. [...] Parece banal, mas é a paz.

Elio Gaspari, 6 abr. 2011[1]

Eu acho que isso pode, de fato, mudar o país para sempre. Pode mudar no sentido de que vai se acabar com a impunidade.

Dilma Rousseff, 15 nov. 2014[2]

A popular

Muito antes do prazo legal, tão antes e por meios tão informais e sub-reptícios que é difícil cravar uma data, a ministra Dilma Rousseff foi escolhida para concorrer à sucessão de Lula. A antecipação da escolha foi a forma encontrada para apaziguar o partido e limitar o caráter destrutivo tomado pela sua luta interna. Um a um, os candidatos potenciais foram abatidos em crises sucessivas. Não definir com rapidez um candidato, muito possivelmente, só geraria mais brigas, mais destruição.

Dilma foi a candidata possível. Como entrara tardiamente para o PT, tinha menos inimigos que as demais alternativas. Por isso mesmo, estava livre do fogo amigo que havia fulminado os competidores. Além disso, todas as correntes e os cardeais do partido podiam aspirar a cair nas graças da candidata e ser guindados ao posto de conselheiro-mor da princesa.

A assunção de Dilma não teria ocorrido sem o aval de José Dirceu, o responsável por montar e controlar a poderosa máquina burocrática em que o PT se transformara. Primeiro ministro-chefe da Casa Civil de Lula, Dirceu era tido e havido como a mais forte liderança do partido e, por isso mesmo, candidato natural à Presidência em 2010, mas foi um dos primeiros a ficarem pelo caminho.

Dirceu esteve entre os apoiadores de primeira hora da solução Dilma. Em conversas com sindicalistas do setor petrolífero, explicou que o PT sairia ganhando, pois, sem o apelo popular de Lula, Dilma teria que recorrer aos seus quadros e militantes para governar. A identificação da candidata ao partido seria completa. Não é preciso acrescentar que, para Dirceu, ouvir o partido era o mesmo que ouvi-lo.[3]

Obviamente, o ex-ministro sabia que o mais natural seria Dilma procurar Lula e que sua dependência em relação ao antecessor era maior e mais profunda do que ao partido. Sem Lula, Dilma não teria sido ministra de Minas e Energia, e muito menos ministra-chefe da Casa Civil e candidata à sua sucessão.[4] Dirceu sabia disso. Sabia também que Lula havia tomado medidas concretas para manter o novo governo sob sua influência.

Sempre que lhe perguntavam, Lula declarava que deixaria a Presidência, não a política. Concretamente, tratou de garantir os meios pelos quais continuaria a fazer política e ter peso na orientação e nas decisões do novo governo. Antonio Palocci foi o homem encarregado de desempenhar esse papel. A operação começou com a reabilitação do ex-ministro da Fazenda após sua absolvição pela Justiça. Livre dos processos, Lula tratou de lhe garantir a coordenação da campanha presidencial e, eleição ganha, moveu as cartas para que fosse guindado ao posto de ministro-chefe da Casa Civil.

Palocci, homem forte do novo governo, era o elo que garantiria a continuidade entre as administrações.[5] A Casa Civil teve seus poderes ampliados. O ministro seria responsável pelas negociações e nomeações do segundo e do terceiro escalões do governo.

A herança de Lula foi ainda mais completa, incluindo boa parte dos ministros, sobretudo os filiados aos partidos membros da coalizão. Lula, portanto, impôs seus representantes e lugares-tenentes que imprimiriam a marca da continuidade.

A história é conhecida. Palocci não resistiu mais do que seis meses no cargo. Foi abatido por denúncias sobre a multiplicação de seu patrimônio, resultado dos ganhos auferidos pela empresa de consultoria que montou depois de deixar o Ministério da Fazenda. Palocci soube como ganhar a vida, fazer dinheiro a partir das conexões acumuladas. Que serviços havia prestado? Quem eram seus clientes?

A pergunta óbvia diante de escândalos desse tipo é saber quem ou qual grupo poderia estar por trás das denúncias, isto é, os interessados em criar embaraços ao ministro. Quem levantou a lebre com certeza sabia quem Palocci representava no novo governo e, mais importante, as razões pelas quais não poderia revelar a lista de seus clientes e serviços.[6]

Lula reagiu de imediato e buscou, por todos os meios, salvar a pele de seu lugar-tenente. Ao tomar conhecimento do escândalo, arrumou as malas e partiu para Brasília. Antes de embarcar, declarou: "Estão testando o governo da Dilma. Quiseram me intrigar com ela e não conseguiram. Agora, se o governo entregar a cabeça do Palocci, vai cometer um grande erro".[7]

No entender de Lula — a declaração deixa claro —, Palocci foi abatido por fogo amigo e era ele, e não o ministro, o verdadeiro alvo. Na realidade, o objetivo seria afetar sua relação com a presidente. No frigir dos ovos, era sua influência sobre o governo que estava em jogo.

Lula voou a Brasília com a intenção de ensinar à aprendiz como proceder. A aula era simples: fazer o que o salvara de perder o cargo na crise do Mensalão. "Saia do palácio, vá às ruas e cultive as bases do PT e não se esqueça de fazer política", isto é, de atender às demandas dos políticos que integravam a base do governo.[8] A crise que derrubou Palocci ofereceu a Lula a primeira oportunidade para entoar o mantra que repetiria sempre que tivesse uma demanda a fazer ou aliado a defender.

Lula fez de tudo, o possível e o impossível, para salvar Palocci.[9] Foi o único a sair em sua defesa. O PT, ao contrário do que sempre fizera e faria com nomes identificados à sua máquina, lavou as mãos. Palocci não era um homem do partido. Não era um dos heróis do povo brasileiro a ser defendido com punhos fechados e levantados ao céu.[10] André Vargas, deputado federal pelo Paraná e secretário de Comunicação do PT, um personagem importante dessa história, foi direto ao ponto ao declarar que "o assunto Palocci é do governo, não é do PT".[11] O parlamentar não estava preocupado com o enriquecimento do colega, com o descompasso que suas atividades particulares poderiam ter com o programa do partido. Vargas, diga-se, não tivera problemas para arrecadar fundos para financiar sua campanha em 2010.[12] As razões dessa facilidade viriam à tona mais tarde.

A distinção feita por André Vargas é fundamental. Quando julgava necessário, o partido se reservava o direito de se distanciar do governo. O apoio não era automático. Antes de ser abatido pelas denúncias, Palocci já vinha sendo criticado pela máquina do PT em razão dos cortes de gastos ordenados, vistos por José Dirceu como concessões indevidas, verdadeira traição aos ideais e programa do partido.[13]

A saída de Palocci implicou a redefinição das funções atribuídas à Casa Civil e à Secretaria de Relações Institucionais, ampliando a luta campal travada entre grupos e tendências iniciada com a disputa pela presidência da Câmara dos Deputados,[14] que se estendeu ao preenchimento de postos nas comissões legislativas.[15]

Em abril, o afastamento por motivos de saúde do presidente do partido, José Eduardo Dutra, abriu a disputa por sua sucessão, colocando em campos opostos as tendências paulistas do partido, Construindo um Novo Brasil (CNB), Novo Rumo e Partido de Lutas e de Massa (PTLM). No centro da contenda, a troca de cotoveladas entre Lula e José Dirceu.[16] O nome proposto por Dirceu, Rui Falcão (PT-SP), prevaleceu.[17]

As mudanças no Ministério reacenderam as disputas. Cada grupo lutou para emplacar seu nome. Os ministros Gilberto Carvalho e Paulo Bernardo saltaram na frente na bolsa de apostas para chefiar a Casa Civil.[18] Para as Relações Institucionais, o deputado Cândido Vaccarezza (PT-SP)[19] e o senador Wellington Dias (PT-PI) foram os mais citados.[20]

Dilma surpreendeu a todos. Ignorou os nomes cogitados. As escolhas foram inteira e completamente pessoais. Para o lugar de Palocci, escolheu a senadora Gleisi Hoffmann (PT-PR),[21] e para ocupar a pasta das Relações Institucionais, Ideli Salvatti (PT-SC).[22] Nos dois casos, a escolha não agradou a gregos nem a troianos.[23]

A presidente recusou a tutela. Não fechou nem com Lula, nem com o partido (leia-se José Dirceu). Ela entendeu que, se não proclamasse sua independência, viveria sob constante ameaça. Em outras palavras, começou a montar sua própria equipe. Preocupado com as consequências das brigas no interior do partido, o secretário de Comunicação do PT, o deputado

André Vargas, fez um apelo à turma no Twitter: "Mais juízo, minha gente".

Aparentemente, não foi escutado. Denúncias e escândalos levaram de roldão outros tantos ministros herdados da administração anterior. No início do segundo semestre, saíram Alfredo Nascimento (PR-AM), ministro dos Transportes,[24] Nelson Jobim (PMDB-RS), da Defesa, e Wagner Rossi (PMDB-SP), da Agricultura.[25] Destes, apenas Jobim não saiu em razão de revelações de corrupção.[26] Em meados de setembro, foi a vez do ministro do Turismo, Pedro Novais (PMDB-MA).[27] Antes do término do ano, depois de uma pequena calmaria, a "faxina ministerial" fez novas vítimas: Orlando Silva, afiliado ao Partido Comunista do Brasil (PCdoB-SP), ministro do Esporte, no final de outubro, e Carlos Lupi, do Partido Democrático Trabalhista (PDT-RJ), ministro do Trabalho, no início de dezembro. A faxina não respeitou ideologias. Meter-se em enrascadas não era monopólio dos partidos fisiológicos. Em todos os casos, chamou a atenção a intervenção rápida e decidida de Dilma, uma indicação clara de que não estava disposta a passar a mão na cabeça de quem criasse problemas. A atitude incomum chamou atenção do *Financial Times*, que lhe dedicou um editorial elogioso.[28]

As mudanças na composição do Ministério deram cara própria à nova administração. Baixa tolerância com a corrupção seria sua marca registrada. Os rótulos não tardaram a aparecer. Falou-se em "faxina ética"[29] e em "deslulização".[30] Os rótulos e o sucesso da presidente geraram ciúmes e preocupações. Para evitar dores de cabeça, ela afirmou que sua prioridade era varrer a miséria do país.[31]

Como o *Financial Times*, lideranças empresariais e políticas se renderam aos seus encantos. Jorge Gerdau foi um dos primeiros a elogiar o estilo da presidente. Entrevistado, o empresário afirmou que "ela está conduzindo o processo com habilidade".[32] Adversários políticos, como Marina Silva e Fernando Henrique

Cardoso (PSDB-SP), engrossaram o coro. O ex-presidente, inclusive, teria sugerido que seu partido abrandasse a estratégia oposicionista e passasse a colaborar com o governo.[33]

Dilma aproveitou as comemorações dos oitenta anos do ex-presidente para devolver a mesura, ressaltando que Fernando Henrique fora um "acadêmico inovador", um "político habilidoso", e, contrariando a tese da "herança maldita", afirmou que ele fora o "ministro-arquiteto de um plano duradouro de saída da hiperinflação".[34]

Se não era de congraçamento, o clima era de paz. Não por acaso, Dilma fechou seu primeiro ano de governo com popularidade acima da alcançada por seus predecessores no mesmo período de seus governos, Lula incluído.[35] Em fins de 2012, voltou a quebrar o recorde.[36] O viés de alta e os recordes perduraram até março de 2013, quando 79% dos consultados afirmaram aprovar seu governo. Collor, Fernando Henrique e Lula não eram páreo para Dilma.[37]

Nesse período, a palavra impeachment foi banida do léxico político brasileiro. Dilma, para dizer com todas as letras, começou bem. Seus dois primeiros anos no governo foram um verdadeiro sucesso.

À deriva

A faxina ministerial foi café-pequeno se comparada à da Petrobras. Na estatal, a "faxina ética" ou "deslulização" foi para lá de radical. Sem referência a essa intervenção, é impossível entender a Operação Lava Jato e o imbróglio que, mais tarde, viria a lhe custar o mandato. Na verdade, a intervenção quase lhe custou a candidatura à reeleição.

O "pancadão" na Petrobras começou em fevereiro de 2012, com a substituição de seu presidente, Sérgio Gabrielli, no cargo desde 2005, por Graça Foster, funcionária de carreira da empresa e sabidamente próxima da presidente da República.[38] O sentido da mudança não escapou aos especialistas da área, como Adriano Pires, diretor do Centro Brasileiro de Infraestrutura (CBIE), para quem a presidência de Graça Foster seria "mais técnica e menos política" e representaria "melhor os interesses dos acionistas".[39]

Imediatamente, Graça Foster disse a que vinha, recompondo o primeiro escalão da empresa. Os diretores herdados da administração anterior foram substituídos. Não foi uma simples "troca de seis por meia dúzia", pois, contrariando a prática habitual, ela não ouviu os partidos aliados ao fazer as nomeações.[40]

Os vínculos políticos dos diretores defenestrados não eram desconhecidos. Por exemplo, sabia-se que o diretor de Abastecimento, Paulo Roberto Costa, "chegou à diretoria em maio de 2004 respaldado por indicações políticas, inicialmente do PP e, mais adiante, do PMDB, do PT e do PR".[41] A indicação política foi mencionada, e não denunciada. Surpreendente era o fato de a norma ter sido desrespeitada, que o novo diretor tenha sido escolhido exclusivamente com base em critérios técnicos.

Da mesma forma, os jornais informaram que o diretor de Serviços e Engenharia, Renato Duque, teria chegado ao posto em razão do "apoio da ala do PT liderada pelo ex-ministro e ex-deputado José Dirceu". Seu substituto, porém, teria sido nomeado sem suporte da "militância partidária".[42]

No caso da diretoria internacional, a intervenção foi ainda mais radical, uma vez que, em lugar de nomear um sucessor para Jorge Zelada, no cargo desde 2009 com o apoio do PMDB da Câmara, Graça Foster resolveu acumular o cargo, incumbindo-se pessoalmente de sanear a área.

Como seria de esperar, os partidos afetados reagiram à perda de seus diretores. O afastamento surpreendente de Paulo Roberto Costa "provocou a ira" do PP, que, segundo informaram membros da legenda, teria entrado em estado de "revolução".[43] Já a queda do diretor da Área Internacional, Jorge Zelada, teria causado "alvoroço na cúpula do PMDB". Henrique Eduardo Alves (PMDB-RN) e Eduardo Cunha (PMDB-RJ), informa ainda a nota, não admitiam a possibilidade de que não fossem ouvidos na escolha do novo diretor.[44]

Os tempos eram outros. O PMDB não foi ouvido, não indicou o substituto. Em realidade, Foster sequer nomeou novo diretor, resolvendo acumular o cargo. Como explicaria, a Petrobras

> detém empresas em uma dezena de países sem atividades operacionais desde 2012 ou que desempenham outros papéis para o sistema. Entre eles, há alguns paraísos fiscais. [...] Parte é necessária, por exemplo, para operações de compra e venda de petróleo no mercado internacional. Outras, no entanto, são uma incógnita e seus balanços financeiros não podem ser acessados. A Petrobras alega que, por terem sede no exterior, essas empresas não respondem às leis de informações brasileiras. É o caso da Petrobras America, a unidade americana, ou a PRSI, da refinaria de Pasadena.[45]

As dores de cabeça de Graça Foster não se limitavam aos paraísos fiscais e às operações obscuras de subsidiárias cujos balanços eram a "incógnita". No front interno, o descontrole também campeava. O problema maior tinha nome e endereço: Transpetro e o Programa de Modernização e Expansão da Frota (Promef). Dilma e Graça estavam pelas tampas com os "atrasos na entrega de embarcações contratadas, muitas delas a estaleiros que nem existem ainda, os chamados 'estaleiros virtuais'".[46]

Não por acaso, o cargo de Sérgio Machado, presidente da Transpetro, ficou por um fio, causando um novo "alvoroço" no PMDB, responsável pela indicação do ex-senador para o cargo, que ocupava havia nove anos.[47] Apesar dos rumores, Machado não perdeu o cargo. Seu padrinho era mais forte que o de Zelada.

Para entender os conflitos entre Dilma e o PMDB, vale dar nome aos bois. O diretor da Área Internacional, Jorge Zelada, representava o PMDB da Câmara e, em última instância, respondia a Eduardo Cunha. O presidente da Transpetro devia seu cargo ao PMDB do Senado, mais especificamente, a Renan Calheiros (PMDB-AL). As duas bancadas do partido, a da Câmara e a do Senado, tinham uma longa história de desavenças e conflitos. Por ora, basta reter que Dilma não comprou briga com Renan e sim com Cunha, briga que, como se sabe, lhe renderia muitos problemas.[48]

O PT, mais do que qualquer partido, foi o mais afetado, o que mais perdeu com a reformulação da estatal. Não poderia reclamar tão abertamente como os demais, mas não deixou de registrar suas queixas, como explicou um petista a jornalistas: "Gabrielli era nome do PT e que [portanto] o partido não aceitaria uma indicação de fora do partido".[49] Marco Maia (PT-RS), presidente da Câmara, foi ainda mais claro: Foster era parte da cota de indicações pessoais da presidente.[50]

Quadro do partido e com bons serviços prestados à causa, Gabrielli não foi deixado ao relento. Jaques Wagner (PT-BA), governador da Bahia, o nomeou secretário de Planejamento. Sua posse foi prestigiada com a presença de "caciques" da corrente CNB, como José Dirceu (PT-SP) e José Eduardo Dutra (PT-SE). Lula não compareceu, mas "também se fez presente, por meio de uma mensagem lida pelo mestre de cerimônias do evento".

Não foi um texto qualquer, protocolar. Lula atribuiu a Gabrielli a "elevação da Petrobras ao mais alto nível na indústria petroleira mundial e a liderança na descoberta do pré-sal. Graças a esse desempenho você volta para sua terra com muito mais força para ajudar a construir o futuro da Bahia".[51] Nada mal para quem havia deixado tantos e tamanhos pepinos a serem descascados, como fez questão de notar sua sucessora, cuja posse, a se confiar nos registros da imprensa, foi menos concorrida que a de Gabrielli na Bahia. Os caciques da CNB, pelo que se sabe, não compareceram.

O mal-estar interno cresceu quando, em 25 de junho, Graça Foster apresentou o plano de negócios da Petrobras para o quatriênio 2012-6. Foram "onze slides consecutivos sobre metas de produção descumpridas na administração Gabrielli, prazos desrespeitados e custos superelevados" para, então, "estabelecer metas de produção menores, segundo ela, realistas e factíveis".[52]

A intervenção não deve ser interpretada como uma política de tolerância zero com a corrupção. Longe disso. Mesmo na Petrobras, Dilma não foi às últimas consequências. Sérgio Machado, por exemplo, apesar das ameaças, continuou à frente da Transpetro. A presidente, é certo, ameaçou ampliar a intervenção para outras áreas, como a Caixa Econômica Federal, sob controle do PMDB da Câmara. Por um tempo, deu-se como certo que Fábio Cleto, um dos diretores do banco, seria demitido.[53] Não foi. Indicado e a serviço (se é que se pode dizer assim) de Eduardo Cunha e seus negócios, entre eles os da JBS, Cleto só deixou o banco em fins de 2015.

Dilma mexeu no vespeiro, mas não fechou todas as fontes a que os líderes partidários recorriam para encher os cofres de suas campanhas eleitorais e os próprios bolsos. A faxina, portanto, foi limitada.

Ao procurar sanear a Petrobras, Dilma buscava salvar o ambicioso projeto de investimentos no setor naval e petrolífero arquitetado no governo anterior. De concreto, até 2012, o projeto produzira atrasos sucessivos na entrega das embarcações[54] e sondas[55], complementados com aditivos.[56]

A saga do superpetroleiro *João Cândido* sintetiza o fracasso do projeto. A embarcação foi entregue em 2010, com direito a festa com a presença de Lula e Dilma.[57] O superpetroleiro, contudo, adernou. Simplesmente não se mostrou capaz de flutuar. Voltou ao estaleiro, onde ficou por dois anos. Feitos os reparos, providenciou-se nova festa para comemorar seu relançamento. Dilma fez questão de não comparecer. Graça Foster prestigiou o evento, mas acabou com a alegria dos presentes ao anunciar que novas encomendas estavam canceladas.[58]

Dilma, muito provavelmente, resolveu pôr ordem na casa com a esperança de que ainda seria possível salvar o projeto pelo qual tanto lutara.

Ruiva e enferrujada

Em 19 de março de 2014, a compra da refinaria de Pasadena, no Texas, foi manchete Brasil afora. Uma crise que, no limite, poderia abalar a República. O jornal *O Estado de S. Paulo* publicou documentos que atestavam que, em 2006, Dilma Rousseff, então presidente do Conselho de Administração da Petrobras, havia autorizado a compra da refinaria, um negócio injustificável. No mínimo, a presidente era cúmplice da negociata que havia gerado prejuízos bilionários à estatal.[59]

A construção do escândalo de Pasadena tomou tempo. Os avisos de que o caso poderia ser explorado foram pingando, uma notícia aqui, outra ali, um pedido de investigação protocolado nessa ou naquela comissão do Legislativo, até tomar forma e explodir. Como em diversos casos análogos, os responsáveis por armar a denúncia não se puseram a campo para defender a Petrobras e o erário. Pelo contrário. Eram defensores do status quo, da preservação do esquema, avisando que não cairiam sozinhos, que sabiam o que Dilma havia feito no verão passado, que se insistisse em limpar a Petrobras ela também seria vítima da faxina.

Em linhas gerais, o caso é o seguinte. Em 2006, a Petrobras pagou 360 milhões de dólares para ficar com metade das ações da refinaria de Pasadena. O apelido da refinaria, a "ruiva", dá ideia de quão enferrujada ela estava.[60] Sua compra era tecnicamente injustificável.

A empresa belga a que a Petrobras se associara havia adquirido a refinaria no ano anterior, desembolsando apenas 42,5 milhões de dólares. No ano seguinte, os belgas exerceram o direito contratual de vender os 50% de suas ações à Petrobras, abrindo uma disputa judicial entre as duas empresas. A primeira decisão, favorável aos belgas, saiu em 2010.[61] Com o tempo, as perdas da Petrobras cresceram e, em julho de 2012, com a decisão definitiva, a estatal foi obrigada a desembolsar 1,2 bilhão de dólares aos velhos sócios.[62]

Tudo isso era sabido e havia sido noticiado pela imprensa. Graça Foster foi quem primeiro deu relevo ao caso, quando, procurando se desfazer de ativos para pagar dívidas, colocou a refinaria à venda, o que levou à necessidade de contabilizar as perdas.

Os interessados em barrar o saneamento da empresa resolveram que era a hora de incendiar o circo usando as informações privilegiadas de que dispunham. Era uma oportunidade que não podia ser desperdiçada. Dilma presidia o Conselho de Administração da Petrobras quando o negócio havia sido fechado. De uma forma ou de outra, teria que saber a história oculta e necessariamente escabrosa do negócio.

Em novembro de 2012, como quem não quer nada, o deputado Maurício Quintella (PR-AL) apresentou um requerimento solicitando que o presidente da Petrobras America, José Orlando Melo de Azevedo, prestasse esclarecimentos à Comissão de Minas e Energia da Câmara sobre as circunstâncias da compra da refinaria de Pasadena.[63]

A convocação era um aviso. O método e os vínculos políticos eram suficientes para deduzir quem estava por trás dela. Para quem era do ramo, bastava juntar os pontos para chegar a Eduardo Cunha. O deputado carioca, a quem Quintella era sabidamente ligado, era useiro e vezeiro em se valer desse tipo de convocação para defender seus interesses.

Na semana seguinte, Quintella voltou à carga, protocolando requerimento ao Tribunal de Contas da União, solicitando um ato de fiscalização e controle na Petrobras "com o objetivo de apurar as circunstâncias da compra de uma refinaria em Pasadena".[64]

A coisa parou por aí. Nenhuma das iniciativas prosperou ou teve consequências detectáveis. Quintella não se ocupou do tema no restante do ano. A mensagem, contudo, estava enviada. O grupo do deputado estava disposto a mexer no caso, levantar a tampa para ver o que havia sido escondido. Os envolvidos, quem tinha razões para manter Pasadena fora dos olhos do público, que tomassem as medidas necessárias para abafar o caso. Naquele momento, não houve mais interesse no assunto.

No início de 2013, o deputado Eduardo da Fonte (PP-PE) entendeu que a compra de Pasadena valia a instauração de uma comissão parlamentar de inquérito (CPI). Os primeiros a assinar o pedido foram os deputados Leonardo Quintão (PMDB--MG), Jovair Arantes, deputado por Goiás do Partido Trabalhista Brasileiro (PTB), André Moura, deputado por Sergipe do Partido Social Cristão (PSC), e, como não poderia deixar de ser, Maurício Quintella.[65] Todos eles próximos a Eduardo Cunha e, não por acaso, integrantes do Blocão que viria a ser criado no início de 2014.

A CPI não vingou. O presidente da Câmara, Henrique Eduardo Alves, em início de mandato, entrou em campo para enterrá-la.[66] O PMDB tinha outras prioridades, não era a melhor hora para desencavar e usar o caso.

Demover Eduardo Cunha não é uma tarefa simples. A CPI não vingou, mas o parlamentar não tirou o time de campo.[67] O grupo voltou a recorrer aos requerimentos. Por meio de um deles, Graça Foster se viu forçada a comparecer à Câmara dos

Deputados para prestar esclarecimentos sobre a compra de Pasadena. A audiência pública, realizada em 22 de maio de 2013, se estendeu por seis horas. Posta contra a parede, Foster não teve saída e reconheceu "que a estatal não adquiriria, hoje, a refinaria de Pasadena, no Texas". Em seu depoimento, a ministra "deu mais um passo rumo ao reconhecimento de que a aquisição da refinaria, na gestão Gabrielli, por 1,18 bilhão de dólares, foi uma operação injustificada".[68]

Em agosto de 2013, foi a vez de Sérgio Gabrielli prestar esclarecimentos aos congressistas. O ex-presidente da empresa garantiu que a compra de Pasadena fora um negócio "absolutamente normal", "igual a outros na época",[69] que "o negócio do petróleo, em geral, é um negócio de risco" e que o "motivo de litígio" com os belgas se deu em virtude de "uma diferença de percepção do que fazer com a empresa".[70]

Em fevereiro de 2014, novas revelações, dessa vez vindas de investigações em curso na Holanda, recolocaram a gestão da Petrobras em evidência. A SBM Offshore, especializada em aluguel de sondas petrolíferas, foi acusada de pagar propinas para obter contratos em diversos países, entre os quais o Brasil.[71]

A denúncia ofereceu nova oportunidade para que a tropa arregimentada e comandada por Eduardo Cunha entrasse em campo. O grupo articulou e aprovou a toque de caixa a constituição de uma comissão parlamentar de investigação externa com o objetivo de ir à Holanda para colher informações sobre a SBM Offshore e seus negócios no Brasil. Maurício Quintella foi eleito presidente da Comissão.

O governo detinha maioria para barrar a formação da Comissão, mas o líder do PT na Câmara, Cândido Vaccarezza (SP), deu uma mãozinha para que a iniciativa fosse aprovada.[72] Como se vê, Cunha e sua turma tinham aliados de peso dentro do PT. A bancada do partido na Câmara, como informado pela imprensa, andava descontente com o governo. A lista dos petistas insatisfeitos incluía, além de Cândido Vaccarezza, André Vargas (PR), Ricardo Berzoini (SP), Paulo Teixeira (SP) e Henrique Fontana (RS).

A insatisfação que tomava a base do governo estava diretamente associada à reforma ministerial em curso, primeiro passo da remontagem do arco das alianças políticas com vistas à eleição presidencial de 2014. Em 19 de fevereiro, em meio à conflagração generalizada por pastas ministeriais, cargos e dinheiro para regar campanhas, Eduardo Cunha capitaneou a formação do suprapartidário Blocão para exprimir "a insatisfação da base aliada na Câmara com o governo Dilma Rousseff". Compareceram à reunião de criação do grupo representantes de nada mais nada menos que oito partidos da base do governo — PMDB, PP, PSD, PR, PDT, PTB, PSC e Partido Republicano da Ordem Social (PROS). O recém-fundado Solidariedade (SD) também mandou representante. Ao sair do encontro, Eduardo Cunha declarou: "É como se fosse a base, sem PT e PCdoB, se unindo para valorizar a Câmara".[73] Valorizar, entenda-se bem, tinha um significado estrito, bem definido no léxico do então líder do PMDB.

Coincidência ou não, "na mesma noite e no mesmo prédio", no apartamento do vice-presidente da Câmara, André Vargas, cerca de quarenta deputados federais do PT promoveram reunião em que o alvo preferencial também foi o Planalto. Segundo uma reportagem da *Folha*, "os petistas reclamaram da morosidade do governo em liberar emendas no Orçamento, geralmente destinadas a pequenas obras em seus redutos eleitorais".[74]

Dias antes de receber os colegas para reclamar da "morosidade do governo", na cerimônia de abertura do ano legislativo de 2014, tendo a seu lado o presidente do Supremo Tribunal Federal (STF), Joaquim Barbosa, Vargas resolveu fazer um protesto, cerrando e erguendo o punho, repetindo o gesto de

José Dirceu e José Genoino ao começar a cumprir pena em razão das suas condenações no Mensalão.

O deputado tentou justificar a afronta, minimizando seu ato, declarando que no PT a "gente tem se cumprimentado assim", sem deixar de reconhecer que era "o símbolo de reação dos nossos companheiros que foram injustamente condenados".[75]

A boutade repercutiu. Ávidos por notícias, repórteres saíram em seu encalço para lhe conceder espaço e produzir manchetes apimentadas. Em uma dessas entrevistas, a conversa enveredou pelas relações entre a presidente e sua base parlamentar. Sem papas na língua, o deputado garantiu que "nós, do PT, temos uma ótima relação com o PMDB no Congresso", que as reclamações comuns ao Blocão e ao PT se deviam às "exigências demasiadas" com relação aos nomes indicados pelo PMDB na hora de preencher cargos.[76]

Por isso mesmo, em 1º de fevereiro de 2014, enquanto Cunha dava vida ao Blocão, Vargas reunia a bancada do PT em seu apartamento. As reclamações dos dois grupos eram as mesmas, daí porque a bancada petista não se opunha à expedição de Maurício Quintella à Holanda. As tais "exigências demasiadas" ao nomear, no léxico de Brasília, podem ser interpretadas como "a presidente não sabe e não gosta de fazer política", "não ouve as bases" e assim por diante.

A paz e o juízo estavam perdidos. O PMDB e o PP não eram os únicos partidos em estado de "alvoroço permanente". A reforma ministerial, desencadeada para colocar o coreto em ordem, só fez azedar os ânimos. O escrutínio continuou no "modo demasiado", pelo menos para os padrões esperados pela turma do Blocão e os petistas sensíveis ao punho cerrado de Vargas.

A rebelião caminhava passo a passo com a exploração política das revelações de malfeitos na Petrobras, o desvio de recursos, envolvendo a holandesa SBM e a compra de Pasadena. Pelo que tudo indica, as ameaças de escarafunchar os casos não estavam surtindo o efeito desejado, pelo menos não quando medido pelo valor agregado dos postos obtidos no primeiro e no segundo escalões do governo. PT e PMDB não estavam contentes com o rumo que as coisas haviam tomado.

Foi aí que a bomba explodiu. Aparentemente, para os que pediam concessões e mudanças de rumo, não houve outro jeito senão partir para o tudo ou nada. Em 19 de março, *O Estado de S. Paulo* noticiou:

> Documentos internos da Petrobras sobre a compra da refinaria de Pasadena (EUA) pela estatal, obtidos com exclusividade pelo "Broadcast", serviço em tempo real da Agência Estado, sugerem uma série de falhas por parte dos gestores da companhia na confecção do negócio. As decisões fizeram com que a Petrobras pagasse 1,18 bilhão de dólares pela compra da refinaria que, oito anos antes, valia 42,5 milhões de dólares. E, no fim da aquisição, no ano passado, valia quase um décimo do que foi pago.[77]

Os prejuízos da empresa não eram novidade. A Petrobras os pusera em relevo ao anunciar a intenção de vender a refinaria. A novidade estava na indicação de que Dilma avalizara o negócio, que era responsável pelas perdas e que devia explicações aos eleitores. Era a carta que Quintella e seus amigos tinham na manga e usariam caso fosse necessário.

Os "documentos internos" da Petrobras, obviamente, não chegaram à redação do jornal pelas próprias pernas. Não foram resultado de um esforço de investigação da equipe do jornal. Quem passara o documento sabia seus efeitos, sabia quem seria atingido, quem teria que dar explicações. Dilma era o alvo. Para ser mais preciso, o alvo era sua candidatura à reeleição.

A reação da presidente foi imediata e inusitada, enviando nota de esclarecimento ao jornal, na qual afirmou que o "resumo executivo elaborado pelo diretor da Área Internacional" favorável à compra da refinaria "era técnica e juridicamente falho, pois omitia qualquer referência às cláusulas Marlim e de Put Option que integravam o contrato, que, se conhecidas, seguramente não seriam aprovadas pelo Conselho".[78]

Dilma pagou o blefe. Não tinha responsabilidade direta sobre o negócio. Não devia explicações. As cláusulas responsáveis pelo grosso do prejuízo — as cláusulas Marlim e de Put Option — haviam sido deliberadamente omitidas do Conselho. O responsável pelo documento, pela omissão, fora o então diretor da Área Internacional da Petrobras, Nestor Cerveró, o autor do resumo executivo de que o Conselho se valeu para aprovar o negócio.

Nos dias seguintes, a origem do documento dominou as conversas nos círculos políticos. A colunista do *Valor Econômico* Maria Cristina Fernandes observou que as redações dos jornais "logo se alvoroçaram com a informação, plantada e regada pelo entorno governista, de que a operação, além de ter sido capitaneada pelo ex-presidente da estatal José Sérgio Gabrielli, tinha o dedo de José Dirceu".[79]

O "entorno governista" tinha suas razões para supor que Gabrielli e Dirceu haviam tentado enquadrar Dilma. Contudo, quem tivesse os olhos voltados para a Câmara dos Deputados, para a movimentação dos integrantes do Blocão, forçosamente ampliaria o círculo a ser considerado. Não faltavam interessados em dar um susto em Dilma. Como havia declarado André Vargas, as bancadas do PT e do PMDB na Câmara se entendiam bem. O problema de fundo eram os critérios da presidente, o escrutínio exagerado que dispensava aos pleitos da base, acostumados, em administrações anteriores, a padrões mais laxos.

A reação pronta e decisiva de Dilma, sua nota de esclarecimento, matou a crise no nascedouro. Ela mostrou que não tinha medo de cara feia, que não ia acomodar ou ceder. A ameaça não era crível. Pagou o blefe e os que a ameaçavam mostraram que não tinham ou não poderiam mostrar as cartas que detinham. Pelo menos, esse era o caso do PT.

Os lulistas criticaram a nota de esclarecimento, afirmando que ela teria sido "desastrosa", que Dilma tinha aberto um "flanco de ataque para a oposição", que não podia "passar imagem de desleixo administrativo". A reportagem conclui: "Petistas ouvidos pela *Folha* veem ainda uma 'chance concreta' do coro 'Volta, Lula' a depender dos desdobramentos do caso".[80]

A resposta padrão defendida por lulistas era acomodar e não comprar briga. Era essa a divergência de fundo ou de estilos de fazer política que separava Dilma de Lula. Como escreveu Maria Cristina Fernandes, em lugar de "passar por corrupta, Dilma preferiu correr o risco da inépcia".[81]

Os pré-candidatos da oposição à Presidência, Aécio Neves (PSDB-MG) e Eduardo Campos, do Partido Socialista Brasileiro (PSB-PE), não desperdiçaram a oportunidade e firmaram acordo para a instauração de uma CPI no Senado para investigar a compra de Pasadena.[82] O Blocão, mostrando de que lado estava, apoiou a iniciativa, pressionando para que fosse instalada uma comissão parlamentar mista de inquérito (CPMI). Entre os signatários da proposta, destacam-se os deputados Eduardo Cunha, André Moura (PSC-SE), Bernardo de Vasconcellos (PR-MG), Antonio Brito (PTB-BA), Paulinho da Força (SD-SP) e Fernando Francischini (SD-PR). Os parlamentares integravam o pelotão de frente do Blocão.[83]

Dois meses depois, Bernardo de Vasconcellos ganharia notoriedade ao lançar um manifesto defendendo a candidatura de Lula à Presidência. A associação não poderia ser mais clara. O Blocão queria investigar Pasadena e queria o retorno de Lula. Ainda que clara e direta, a relação parece ter escapado à atenção da maioria dos analistas.

Volta, Lula

Para garantir as primeiras páginas dos jornais, Bernardo de Vasconcellos deu ares de cerimônia oficial ao lançamento de seu manifesto. Forjou-se uma troca dos retratos pendurados na parede de seu gabinete. A foto de Dilma deu lugar à de Lula. Foi o suficiente para garantir manchetes. O parlamentar declarou que Lula era o único brasileiro capaz de promover a "conciliação nacional" diante da crise mundial em curso.[84] O manifesto não mereceu publicação.

O primeiro a prever que Lula retornaria foi José Serra (PSDB-SP). A declaração foi dada em 2011. A teoria lhe vinha a calhar.[85] Era como se Serra dissesse que não havia sido derrotado por Dilma ou pelo PT. Perdera para um político capaz de tudo, um populista, um demagogo que teria se valido de uma política inexperiente para garantir seu projeto continuísta. A desculpa era conveniente e politicamente útil para a oposição.

Lula desmentiu de pronto o candidato derrotado. Afirmou que Dilma só não seria a candidata à reeleição se não quisesse.[86] E assim foi em todas as oportunidades em que lhe perguntaram. Publicamente, negou repetidas vezes que voltaria. Mas as negativas e o bom senso não foram suficientes. A imprensa, a oposição e petistas desgostosos com Dilma sempre o trataram como candidato potencial. Nas sondagens de 2013, o Datafolha considerou dois cenários, um com Lula, outro com Dilma como a candidata do PT.

Lula, como havia avisado ao deixar o Planalto, não abandonaria a política. Continuava, pois, a lutar para influenciar as decisões do governo. Manter expectativas, alimentar incertezas e defender companheiros próximos eram as formas pelas quais continuava a fazer política, preservar seu "legado" e tentar imprimir à administração Dilma a direção a ser tomada. O Instituto Lula se tornou um verdadeiro muro das lamentações, o destino certo dos que tinham seus projetos barrados dentro do governo. O ex-presidente acolhia todos e explicava, entre tapinhas nas costas, que, se ainda estivesse na Presidência, o projeto do companheiro preterido com certeza seria prioritário.

Voltando ao ponto, o fundamental é que Lula nunca disse que concorreria às eleições em 2014. Aos interessados em sua volta, deu-se ao trabalho de explicar que o PT não teria como justificar a troca de candidatos, a retirada da candidatura Dilma seria o mesmo que uma confissão de fracasso. O Volta, Lula nunca foi um projeto seriamente considerado. Era uma reclamação, uma pressão, um susto. Era só ligar os pontos. Quem era Bernardo de Vasconcellos? Entre outras coisas, foi um dos sócios fundadores do Blocão, liderado por Eduardo Cunha. A cerimônia de Vasconcellos, portanto, não passou de mais uma casca de banana jogada no caminho de Dilma.[87]

Desde o início do ano, a montagem da coligação partidária que daria sustentação à chapa encabeçada por Dilma estava na ordem do dia. Aliados não estavam contentes. Lula estaria extremamente preocupado com as informações de que "o PMDB tem ensaiado uma rebelião" e de que a insatisfação reinante poderia resultar na formação de um "bloco independente" reunindo oito partidos na Câmara.[88]

Segundo a mesma reportagem, ao final de uma longa reunião em que Lula buscou convencer Dilma de que era necessário "atender deputados peemedebistas na reforma ministerial", os dois teriam concordado em ser fotografados sorrindo para mostrar "que não há problemas de relacionamento entre ambos".[89]

Quando pendurou a foto de Lula na parede do gabinete da liderança do PR, Bernardo de Vasconcellos não estava agindo sozinho. Era mais uma ameaça, mais um aviso. Dilma deveria ouvir Lula, "fazer mais política". O apoio do PR e dos demais partidos da base, incluindo o PMDB, liderado por Eduardo Cunha, não era incondicional.

Na formação da chapa presidencial, as alianças regionais são fundamentais. A estratégia tradicional do PT sempre foi focalizar a eleição presidencial, fazendo concessões nos estados a aliados. Em 2010, por exemplo, cedeu a cabeça da chapa ao PMDB nas eleições para o governo em Minas Gerais e no Rio de Janeiro. Pelas indicações disponíveis até aquele momento, o PT não parecia disposto a repetir o gesto. Em lugar da pressão habitual para que retirassem suas candidaturas, os pré-candidatos do partido aos governos estaduais vinham sendo estimulados.

Rui Falcão, o presidente do partido, era um dos principais defensores da mudança de estratégia. Para ele, o PT havia cedido espaço desnecessário aos aliados.[90] Embora defendesse a manutenção das concessões aos partidos coligados, Lula não bateu o pé.[91] As lideranças do PT acreditavam estar diante de uma "maré vermelha", isto é, que o ambiente eleitoral era favorável, que a votação do partido cresceria e que, portanto, seria um erro fechar acordos com aliados nas eleições aos governos estaduais. As lideranças do partido e seu presidente, Rui Falcão, mais do que quaisquer outras, nunca tiveram dúvidas de que o PT venceria a eleição presidencial, fosse quem fosse seu candidato. Em outras palavras, o Volta, Lula não foi inflado pelo temor da derrota.

Diante da pressão, como fizera com o escândalo de Pasadena, Dilma não pestanejou. Reagiu de pronto para matar o mal na raiz. Quando e onde pôde, deixou claro que não tinha a menor intenção de abdicar da reeleição. Fustigada, respondeu quando lhe deram a oportunidade: "Sei da lealdade dele [Lula] a mim".[92] Em relação ao apoio dos partidos da base, a Presidente foi igualmente enfática, afirmando que seria candidata com ou sem aliados.[93]

Em visita a Portugal, o ex-presidente recorreu à terceira pessoa para enterrar os rumores: "O Lula não é candidato. Eu não vou ser candidato. A Dilma é uma mulher de extrema competência. Ela vai vencer as eleições".[94]

As denúncias envolvendo a Petrobras, seu envolvimento com Pasadena e a briga de foice na base do governo tiveram os efeitos esperados. Candidatura alguma passaria ilesa por esses petardos. Nas pesquisas de intenção de voto, Dilma caiu 6,7% entre fevereiro e abril. O recuo, por mais substancial que fosse, não ameaçava a folgada dianteira. A presidente contabilizava 37% das intenções de voto, enquanto Aécio Neves ficava com 21,6% e Eduardo Campos, com meros 11,8%.[95] Mesmo com a queda, considerando-se os votos válidos, Dilma continuava a vencer no primeiro turno.

Em seus pronunciamentos no período, ela deixou claro que sabia o que alimentava a rejeição a seu nome. Em 14 de abril, na cerimônia de lançamento do *Dragão do Mar*, afirmou que a Petrobras era "um dos maiores patrimônios de cada um dos 200 milhões de brasileiros", que "jamais vai se confundir com qualquer malfeito" e que o "que tiver de ser apurado vai ser apurado com o máximo de rigor, o que tiver de ser punido vai ser punido também com o máximo de rigor". Para concluir, fez referência direta às prisões de Alberto Youssef e Paulo Roberto Costa, ocorridas no mês anterior,[96] afirmando:

> Os órgãos de controle e fiscalização, o Poder Judiciário, o Ministério Público, mas, sobretudo, a Polícia Federal e a Controladoria-Geral da União, que são órgãos do governo federal, estarão sempre atentos para realizar a fiscalização e os controles externos.[97]

Motivações eleitorais pesaram para reforçar sua determinação em se dissociar de seu partido, cuja imagem havia sido duramente castigada pelo escândalo do Mensalão, que só acabou nos primeiros meses de 2014.[98] Nem um mês se passou entre o fim formal do julgamento e o início do Petrolão — mais tarde conhecido como Operação Lava Jato.

O PT insistia em ignorar os efeitos eleitorais do julgamento do Mensalão, a denunciá-lo como uma armação das elites e a alçar os condenados à categoria de mártires políticos. Dilma, em razão de sua posição institucional e da eleição que se aproximava, não se juntou ao coro, para a crítica e o ressentimento dos quadros do partido. A presidente evitou os gestos caros à militância. Não cerrou o punho em público ou afrontou os responsáveis pelo julgamento, como havia feito o deputado André Vargas. O destino é caprichoso. Em abril, o Petrolão fez sua primeira vítima no mundo político, ninguém menos que o próprio Vargas, sócio do doleiro Alberto Youssef em uma empresa que mantinha negócios duvidosos junto ao Ministério da Saúde.[99]

Dilma procurou fazer do combate à corrupção sua bandeira política. Tudo quanto havia dito para o público interno em Pernambuco foi repetido em rede nacional de rádio e televisão em seu pronunciamento oficial para marcar a comemoração de Primeiro de Maio. Não mudou uma vírgula, repetindo que o "que pode envergonhar um país é não combater a corrupção, é varrer tudo para baixo do tapete".[100]

A presidente fez uma aposta de risco. Resolveu seguir a linha proposta pelo coordenador de marketing de sua campanha, João Santana, cuja influência crescia à medida que ela se afastava do PT e de suas lideranças históricas, Lula incluído. Como explicou em entrevista, Santana acreditava que eleitores decidiriam seu voto respondendo à pergunta: É honesta? Suas pesquisas mostravam que a resposta da maioria esmagadora (mais de 70%) era positiva.[101]

João Santana esbanjava confiança. Não muito depois de o país ser sacudido pelas manifestações de junho de 2013, ele declarou que a queda de 27 pontos na popularidade da presidente tinha "o valor de uma vaia em estádio", que sua candidata era favoritíssima em 2014 e ganharia "no primeiro turno, [...] porque ocorrerá uma antropofagia de anões. Eles vão se comer, lá embaixo, e ela, sobranceira, vai planar no Olimpo".[102] Muito provavelmente, Santana vendeu ao PT a previsão de que a eleição de 2014 seria marcada por uma maré vermelha. O partido confiava na vitória, mas desconfiava da presidente. Por isso mesmo, ela decidiu mostrar que não hesitaria em dinamitar pontes para obter a confirmação de sua candidatura e enterrar o Volta, Lula.

Dilma ganhou a parada. O anúncio "oficial" da sua candidatura foi antecipado. No XIV Encontro Nacional do PT, antes do início dos trabalhos, enquanto entoavam refrões saudando a presidente, os delegados referendaram, por aclamação, sua candidatura para concorrer ao segundo mandato.[103] Eleitoralmente enterrado, o Volta, Lula sobreviveu na imaginação de muitos petistas. O saudosismo viria a ser recuperado a cada dificuldade, como a ascensão fulminante de Marina Silva (PSB-AC) no início da campanha eleitoral.

Queixo de vidro

Dilma sobreviveu. Não perdeu a eleição. Esteve a pique de ser derrotada em dois momentos. Reagiu e manteve a cadeira presidencial. O resultado foi apertado, bem mais apertado do que o PT esperava. A maré vermelha esteve longe de se materializar.

Em 2010, o PT recorrera a uma coligação ampla para catapultar a candidata desconhecida e afastar sustos. Em 2014, não viu razões para cautela. Perdeu o tradicional aliado, o PSB, que lançou candidato próprio, o ex-governador de Pernambuco Eduardo Campos. O PMDB manteve a vice-presidência, mas diversas lideranças de peso do partido, como Eduardo Cunha,

Jorge Picciani (RJ), Romero Jucá (RR), Geddel Vieira Lima (BA), Henrique Eduardo Alves (RN) e Eunício de Oliveira (CE), para citar apenas as mais ilustres, abriram dissidência e se juntaram à campanha do PSDB.[104]

O primeiro susto veio com a morte de Eduardo Campos e a ascensão meteórica de sua companheira de chapa, Marina Silva. Em determinado momento, a derrota pareceu inescapável. Ao esfacelamento da candidatura improvisada e improvável de Marina Silva, seguiu-se a não menos vertiginosa escalada de Aécio Neves, que, em uma semana, recobrou forças, passou ao segundo turno e, em determinados momentos, chegou a liderar a disputa por pequeníssima margem.[105]

Entre 2010 e 2014, a margem de vitória se reduziu pela metade. Magros 3,3% dos votos válidos separaram ganhador do perdedor. O país saiu da eleição dividido. João Santana errou feio. A esperada "antropofagia de anões" por pouco não levou de roldão sua candidata. Gurus não têm o dom de antever o futuro. Ninguém seria capaz de prever a morte de Eduardo Campos e suas consequências sobre a dinâmica da campanha. Marina Silva, da noite para o dia, assumiu o posto de predestinada. Somente a intervenção divina seria capaz de explicar por que, na última hora, se recusou a embarcar no avião que cairia em Santos (SP), matando seu companheiro de chapa.[106]

Até a morte de Eduardo Campos, Santana não podia ser acusado de exagerar nas tintas. A terceira força (a chapa Eduardo Campos-Marina Silva) não se mostrara capaz de dizer a que viera, e o adversário tradicional, o PSDB, se mostrava mais fraco do que o habitual.[107] O acidente aéreo mudou a dinâmica da eleição. Cinco dias depois da morte de Campos, antes mesmo que o PSB oficializasse sua candidatura, Marina já aparecia à frente de Dilma em um eventual segundo turno.[108]

O PT, para não perder o hábito, buscou refúgio em seu líder. A possibilidade do retorno de Lula voltou a ser assoprada a jornalistas.[109] O ex-presidente, que já havia deixado saber que não estava gostando do papel marginal que lhe haviam reservado, aproveitou a oportunidade para valorizar sua contribuição, oferecendo-se para salvar Dilma da derrota.[110]

Dilma mantinha distância calculada de seu antecessor. Agia assim não por despeito ou por ser turrona. Seguia a estratégia traçada por João Santana, cujas pesquisas mostravam que Lula não tinha o capital político que os petistas lhe atribuíam. Pelo contrário. O julgamento do Mensalão fragilizara sua imagem. A associação com o padrinho era um ônus.

A ascensão de Marina reacendeu os conflitos internos do partido. O noticiário passou a dar conta de uma disputa entre dilmistas e lulistas pelo controle da campanha. Em verdade, mais do que buscar estratégias para recuperar a dianteira nas pesquisas, os petistas, atônitos, se engalfinhavam em busca de um judas para malhar.

O desalento tomou conta do partido. Segundo do *Valor Econômico* Raymundo Costa, Lula seria o único que mantinha vivas as esperanças de vitória e, por isso mesmo, "mais condescendente com a candidata do que muitos de seus companheiros".[111] Mesmo que assim fosse, o ex-presidente manteve o hábito de aconselhar publicamente a pupila. Dessa feita, insistiu que o problema era a relação com o empresariado, que era necessário antecipar o anúncio de alterações nos rumos da economia, que o ministro da Fazenda, Guido Mantega, deveria ser substituído por alguém mais afinado com os humores do mercado. Dilma, de forma atabalhoada, indicou que acatava a recomendação e que, se reeleita, Guido Mantega perderia o cargo.[112]

Quando veio a virada, na qual Marina desabou e Dilma voltou a liderar as pesquisas, em lugar de caçar vilões, petistas passaram a brigar pelo laurel da presciência e do heroísmo. João Santana, por exemplo, afirmou que teria sido o único que não "jogou a toalha". Chamou para si a responsabilidade pela reorientação da campanha, afirmando que teria identificado e explorado o "queixo de vidro" da adversária, garantindo a ressurreição de Dilma antes do primeiro turno.[113]

O tal "queixo de vidro" seria a associação da candidata do PSB com Neca Setubal, herdeira do Banco Itaú, uma das principais financiadoras de sua campanha. Santana, por meio dessa associação, retratou Marina Silva como a candidata dos banqueiros, dos que defendiam cortes de gastos que levariam à perda de renda dos mais pobres. O marqueteiro, ao contrário do que Lula havia sugerido, comprou briga com o mercado.

A interpretação dos analistas foi que o ataque revela a verdadeira "visão de mundo" de Dilma, segundo a qual "banqueiros são retratados como devoradores de pratos de comida e de empregos dos trabalhadores".[114] Atacada por todos os lados (inclusive, diga-se, pelo PSDB) e incapaz de definir com clareza a que viera, Marina despencou com rapidez similar à de sua decolagem. Os ataques e sua vacilação lhe custaram a eleição.

Aécio Neves, que considerou jogar a toalha e apoiar Marina,[115] não desperdiçou a oportunidade e deu uma arrancada espetacular para garantir sua passagem ao segundo turno. A recuperação do candidato superou as expectativas dos oposicionistas mais otimistas. O PSDB, literalmente, renasceu das cinzas.

O PT, que havia voltado a sonhar com a possibilidade de vencer no primeiro turno, pela segunda vez e de forma inesperada se viu diante da possibilidade de ser derrotado. Aécio largou na frente e liderou as primeiras sondagens de segundo turno. O clima entre dilmistas e lulistas voltou a azedar.

João Santana manteve o ex-presidente a uma distância profilática de Dilma, negando-lhe protagonismo. A "ausência gritante" de Lula[116] foi devidamente notada. Escanteado, o ex-presidente voltou a se valer do "correio elegante" oferecido por jornalistas para expressar sua contrariedade, avisando que "ainda espera o chamado de Dilma para definir sua ação no segundo [turno]".[117] Gilberto Carvalho, bem ao estilo de seu grande amigo, reclamou que não fazia sentido manter "o Pelé no banco".[118]

Com as pesquisas desfavoráveis, o discurso dos lulistas mudou. Por ter sido alijado, Lula deixava de ser parceiro de uma possível derrota, preservando assim seu capital político, jogando a eventual derrota no colo da presidente.[119] Ao lapidar e promover sua imagem, Lula projetava a de Dilma como seu reflexo invertido. O negociador cheio de ginga e jogo de cintura passara o governo a uma "gerentona" desastrada, sempre pronta a ralhar e esbravejar com auxiliares, que vivia enclausurada no Planalto, distante do povo, dos políticos e dos empresários.

Para evitar a derrota, João Santana vestiu novamente as luvas e passou a desferir cruzados e diretos. A estratégia foi a mesma usada para nocautear Marina. Se a oposição vencesse, os banqueiros imporiam uma política econômica recessiva, elevando juros e tirando comida dos pratos. A campanha do PT apelou para a emoção e pintou um governo da oposição em cores aterradoras. Na hora H, para evitar a derrota, o marqueteiro não recorreu à honestidade, mas à economia. Aparentemente, Santana não se deu conta de que apostara no cavalo errado, que na hora do vamos ver, a economia, e não a honestidade, dita o voto.

Dilma derrotou Aécio por uma margem estreita. A polarização entre militantes alcançou níveis inauditos. Como enfatizado pelas manchetes de todos os jornais, o país saíra da eleição rachado ao meio. No debate político pós-eleitoral, a campanha do PT, com seu recurso à contraposição povo-banqueiros, foi tomada como uma reafirmação da falta de princípios do partido e de seu DNA populista. O que poderia se esperar de uma presidente que, tempos antes, afirmara que "despesa corrente é vida"?[120]

Seu segundo governo seria uma continuação do primeiro. Cortes nos gastos, ajuste nas contas públicas e austeridade podiam ser descartados. O populismo macroeconômico teria enterrado de vez a responsabilidade fiscal. Afirmações e atos em contrário, como a demissão antecipada de Guido Mantega e, mais tarde, o convite a Joaquim Levy, foram e seriam ignorados.

Petistas voltaram a disputar a responsabilidade pela vitória. Ao votar, Lula soprou aos jornalistas que, sem sua participação, Dilma teria sido derrotada. Segundo ele, enquanto fora mantido afastado para poupar a presidente "de uma associação com o Mensalão", Marina Silva crescia. As coisas teriam mudado quando Lula "assumiu [...] o confronto com Marina e foi às ruas de São Paulo. Só depois disso Dilma se recuperou nas pesquisas".[121]

A narrativa mítica não se acomoda bem aos fatos. Como não demoraram a lembrar os dilmistas, o desempenho do partido no estado de São Paulo foi um dos piores em sua história. O ex-ministro Alexandre Padilha (SP), indicado por Lula para disputar o governo do estado, obtivera uma votação sofrível.[122]

Ao contrário do projetado por Santana, o combate à corrupção não rendeu votos a Dilma. Para os eleitores, não havia dilmistas ou lulistas. Havia o PT. A rejeição ao partido traçou a linha que juntaria o Mensalão ao Petrolão. Lula e Dilma eram farinha do mesmo saco, como deixou patente a manchete na revista *Veja* que chegou às bancas três dias antes do segundo turno: "Dilma e Lula sabiam de tudo, diz Alberto Youssef à PF".[123]

Dilma, contudo, não arredou pé. Manteve seu discurso. Reeleita, fez a ronda pelos telejornais das principais redes de televisão do país. Em entrevistas protocolares, semioficiais, repletas de chavões e fórmulas prontas, ela encontrou espaço para refirmar seu compromisso com o combate à corrupção.

Na primeira dessas entrevistas, concedida à Rede Record, foi direto ao ponto: "Eu vou investigar, eu vou me empenhar, doa a quem doer, não vai ficar pedra sobre pedra, eu quero todas as questões relativas a essa [Lava Jato] e a todas as outras investigações sobre corrupção às claras".

Na mesma fala, fez referência explícita à capa da *Veja*, dizendo-se indignada "com o que fizeram na última semana da campanha", que não repetiria o comportamento típico dos políticos, que com ela as coisas seriam diferentes, que iria se empenhar em levar adiante as investigações para que ficasse "bem claro quem são os responsáveis, doa a quem doer".[124] Repetiu o discurso, tim-tim por tim-tim, na Rede Bandeirantes, no SBT e no *Jornal Nacional*. Nessa última entrevista, para se mostrar afinada com as investigações em curso, reafirmou seu compromisso em interromper a "sistemática impunidade que ocorreu neste país ao longo da nossa história".[125]

Na montagem do novo ministério, Dilma deu mostras de que passaria das palavras à prática. Como observou o jornalista Raymundo Costa, ela estava disposta a "bater de frente" tanto com o "condomínio de partidos" responsável por "nomear e manter por anos um diretor como Paulo Roberto Costa" como também, e esse é o ponto mais importante, "com a tendência dominante no PT, chamada Construindo um Novo Brasil (CNB), grupo que está por trás de todas as denúncias nas quais o PT esteve envolvido, depois que assumiu o Palácio do Planalto, em 2003".[126]

As repercussões desse confronto não diziam respeito exclusivamente à escolha dos nomes para integrar o novo governo. Em 14 de novembro, véspera da data cívica de Proclamação da República, a Lava Jato desencadeou sua mais importante operação, denominada Juízo Final. Quatro presidentes e quinze altos executivos das principais empreiteiras do país foram detidos. Ordens de prisão também foram expedidas contra o ex-diretor da Petrobras Renato Duque e o lobista e operador financeiro do PMDB, Fernando Soares, conhecido como Fernando Baiano. Com a Juízo Final, a Lava Jato se tornou irreversível.

Em nota à imprensa, a Lava Jato informou que mirava um cartel de empresas que teria amealhado, "mediante fraudes e pagamento de propinas, o equivalente a 59 bilhões de reais em contratos na estatal petrolífera".[127] Dilma estava na Austrália, participando da reunião do G20, e não pôde se pronunciar. Coube ao ministro da Justiça, José Eduardo Cardozo, convocar a imprensa para uma entrevista coletiva, realizada na sala da Presidência da República em São Paulo.[128] Na ocasião, ele afirmou que a Polícia Federal seguia a "orientação da presidente Dilma Rousseff ao Ministério da Justiça" para "investigar com absoluta transparência, com absoluta objetividade, tudo o que há de irregular, para que sejam punidas todas as pessoas que praticaram atos ilícitos".[129]

Quando o fuso horário permitiu, ainda na Austrália, Dilma respaldou o ministro, afirmando que a operação poderia "mudar o país para sempre. Pode mudar no sentido de que vai se acabar com a impunidade". Para arrematar, afirmou que "a grande diferença é o fato de estar sendo colocado à luz do sol. Porque esse não é, eu tenho certeza, o primeiro escândalo. Mas é o primeiro escândalo investigado".[130]

A sintonia entre o discurso de Dilma e o da Lava Jato salta aos olhos. As investigações na Petrobras não teriam o destino das anteriores. Era o primeiro e decisivo passo para colocar um ponto-final na impunidade. Foi o que declarou em alto e bom som a presidente reeleita.[131]

Como se fosse necessário demonstrar a diferença de tratamento dispensado aos escândalos de outros governos, em fins de novembro, Gilmar Mendes, ministro do Supremo Tribunal Federal (STF), enterrou de vez o Caso Alstom, suspendendo o processo disciplinar administrativo que investigava o procurador da República Rodrigo de Grandis, determinado pelo corregedor nacional do Ministério Público. O procurador fora investigado porque deixara sem resposta o pedido de colaboração das autoridades suíças, o que levou ao arquivamento da investigação. As ramificações do caso envolviam a campanha de Fernando Henrique Cardoso à Presidência da República[132] e contratos celebrados por governos tucanos de São Paulo.[133]

Na Lava Jato, nenhum procurador perdeu prazo ou deixou alguma comunicação da Suíça sem resposta. Em maio de 2014, o ministro do STF Teori Zavascki mandou soltar Paulo Roberto Costa e ameaçou impor freios à operação recém-iniciada. Em seu despacho, censurou o juiz Sergio Moro por desmembrar inquéritos envolvendo autoridades com direito a foro especial.[134] Menos de um mês depois, sem dar explicações, a Segunda Turma do STF reviu sua decisão e reenviou os autos a Curitiba. Sergio Moro agradeceu e, no dia seguinte, com base em informações recém-chegadas da Suíça,[135] determinou a volta de Paulo Roberto Costa à prisão,[136] de onde só sairia depois de assinar acordo de delação premiada.[137]

Dilma não viu razões para censurar ou frear a Lava Jato, a despeito das dificuldades que a operação havia trazido para sua campanha. Reeleita, manteve o discurso. A impunidade teria fim, as investigações relativas aos desvios na Petrobras seriam diferentes de todas as demais. Corrupção sempre houvera. A novidade era a determinação de levar as investigações até o fim. Essa seria a marca de seu segundo governo.

A Executiva Nacional do PT tinha entendimento diverso. Em sua primeira reunião depois das eleições, aprovou documento em que se lia que o partido deveria "ser muito mais proativo no enfrentamento das acusações de corrupção, em especial no ambiente dos próximos meses, em que setores da direita vão continuar premiando delatores".[138] A Executiva estabeleceu ainda que as decisões cruciais do governo estariam submetidas a seu crivo, que "o PT deve buscar participar ativamente das decisões acerca das primeiras medidas do segundo mandato", sobretudo nas relativas à definição da política econômica, definida como "disputa principal em curso neste início do segundo mandato".[139]

Dilma ignorou deliberadamente as diretivas anunciadas pela Executiva do PT. A escolha de Joaquim Levy para o Ministério da Fazenda, apelidado de "mãos de tesoura"[140] por petistas durante o primeiro governo Lula, gerou descontentamento generalizado entre dirigentes e intelectuais ligados ao partido.[141]

O ex-presidente Lula, a despeito de seus esforços, não emplacou nomes para compor o ministério.[142] Os poucos remanescentes da sua administração, como Gilberto Carvalho, deixaram o governo, não sem expressar amargura com os rumos que as coisas estavam tomando.[143] Seu economista predileto, Henrique Meirelles, continuou a merecer o desprezo da presidente.[144] Nomes ligados a Lula e à corrente CNB foram escanteados, enquanto as tendências minoritárias ganhavam peso.[145]

O escolhido para ocupar a Casa Civil, Aloizio Mercadante, simboliza o contraste entre o primeiro e o segundo mandatos. Palocci representava a continuidade fincada por Lula. Mercadante era um dos poucos a contar com a confiança integral de Dilma. Não por acaso, passou a ser tratado como o Dilmo da Dilma.[146] Mas Lula não foi inteiramente ignorado. O perfil do ministério atendia aos conselhos insistentes do ex-presidente para acolher nomes de peso dos interesses empresariais. Joaquim Levy, por exemplo, veio diretamente do Bradesco, um dos maiores bancos privados do país. Na Agricultura, Kátia Abreu, presidente da Confederação da Agricultura e Pecuária do Brasil, faria as vezes de Roberto Rodrigues. Armando Monteiro, ex-presidente da Confederação Nacional da Indústria, era o dublê de Luiz Fernando Furlan. Em outras palavras,

Dilma replicou o modelo do primeiro governo Lula, recorrendo a cabeças de ponte para restabelecer a comunicação com o empresariado.

A tentativa falhou. O diálogo e a confiança não foram restabelecidos. A nomeação de Joaquim Levy não foi suficiente para convencer os agentes econômicos de que a presidente não repetiria as políticas de seu primeiro mandato.[147] A escolha de Kátia Abreu (PMDB-MT) não agradou a ninguém. O Movimento dos Trabalhadores Rurais Sem Terra (MST) e a Confederação Nacional dos Trabalhadores na Agricultura (Contag) não gostaram de ver uma conhecida crítica da reforma agrária ocupar a pasta.[148] Os ruralistas questionaram a adesão,[149] enquanto o PMDB da Câmara, que controlava a pasta desde 2007, se recusou a contabilizar a nomeação como parte de sua cota.[150] A rejeição mais forte partiu da JBS, cujo conflito com a nova titular do posto era antigo e profundo. Em última análise, o que estava em jogo era o controle sobre a fiscalização dos frigoríficos, questão que dividia os produtores, colocando Kátia Abreu e a JBS em campos opostos.[151]

José Eduardo Cardozo era outro nome que desagradava a petistas e aliados. As críticas eram conhecidas e repetidas à exaustão. O ministro da Justiça não daria a mínima para os abusos perpetrados pela Polícia Federal e pelo Ministério Público Federal, que, na visão do PT e seus aliados, vinha transformando o combate à corrupção na mais pura perseguição política.[152] Cardozo se manteve no cargo. Como Mercadante, era tido e havido como próximo e leal à presidente. Graça Foster, presidente da Petrobras, por razões mais do que óbvias, tampouco era vista com bons olhos e, por isso mesmo, não faltava quem pedisse sua cabeça.[153]

Sempre que pôde, Dilma reafirmou seu propósito de sanear a Petrobras e punir políticos, funcionários e empresários responsáveis pelos desvios de recursos dentro da empresa.

Por exemplo, ao ser diplomada pelo Tribunal Superior Eleitoral (TSE), Dilma "citou seis vezes a palavra corrupção" e "a comparou à escravidão", e propôs um "pacto" contra essa "herança nefasta". Animada, recorreu a chavões caros à esquerda, afirmando que a corrupção precisava ser "jogada no lixo da história".[154]

Ao tomar posse, voltou a defender um "pacto anticorrupção" para "preservar e defender a Petrobras de predadores internos e de seus inimigos externos". Foi adiante e ressaltou o "saudável empenho da Justiça, de investigar e punir".[155] O discurso não colou. A bandeira — a presidente e seu marqueteiro parecem não ter se dado conta — não lhe traria dividendos políticos. Pelo contrário.

Entre 2011 e 2014, a começar pela demissão de Antonio Palocci, passando pela troca de comando na Petrobras, Dilma Rousseff se afastou de Lula, da CNB e de parte relevante dos partidos aliados, reunidos no Blocão comandado por Eduardo Cunha. O escândalo de Pasadena foi uma tentativa de enquadrá-la. Pode, assim, ser contabilizado como a primeira tentativa de impedi-la, isto é, de impedir seu segundo mandato ou lhe cortar as asas. Mas a tentativa, complementada pelo Volta, Lula, fracassou. Dilma comprou a briga. Venceu, impondo sua candidatura, sem recuos ou acomodações.

As dificuldades enfrentadas durante a campanha acirraram a divisão. Dilma foi reeleita, mas a vitória veio a duras penas. O cenário adverso parece ter dobrado sua determinação. Como afirmou repetidas vezes, as investigações na Petrobras iriam até o fim, os culpados seriam punidos. O resultado é o que se conhece. Entre os que acabaram soterrados estaria a própria Dilma.

2.
A oposição vai às ruas e mostra a cara

> É como se a gente estivesse numa partida de futebol, com o estádio cheio. Nosso candidato à Presidência da República teve 51 milhões de votos. Cada vez que nos manifestamos aqui, estamos nos manifestando para 51 milhões de eleitores. Isso dá um ânimo danado para brigar.
>
> Antonio Imbassahy (PSDB-BA), 5 dez. 2014[1]

> Lula diz que há um golpe em marcha para depor Dilma. Bobagem! O golpe já foi dado. Por ele, Dilma e o PT ao encenarem a farsa eleitoral do ano passado.
>
> Ricardo Noblat, 9 fev. 2015[2]

"Recontabilidade"

Aécio Neves quase chegou lá. Depois de amargar uma vergonhosa rabeira, estacionado abaixo dos 20% por quase toda a campanha, o tucano deu um sprint uma semana antes do primeiro turno, deixou Marina para trás, tendo recebido 33% dos votos válidos. Na abertura do segundo turno, o viés de alta se confirmou. Aécio registrou 46% das intenções de voto contra 44% da adversária.[3]

O súbito e inesperado sucesso fez com que Aécio deixasse de sentir o chão sob seus pés. Ou melhor, passou a vê-los entrando no Planalto. A arrancada gerou empolgação entre seus apoiadores. Pela primeira vez, uma candidatura do PSDB produziu uma militância disposta a ir às ruas. A revista *The Economist* batizou a mobilização improvável de "Revolução do Cashmere".[4]

A ebulição, significativamente, ocorria nas imediações da avenida Faria Lima, onde se concentram bancos e empresas de investimentos. Depois do expediente, tucanos batiam ponto no largo da Batata para expressar seu apoio ao candidato e, sobretudo, seu repúdio à candidata do PT.

Nem todos, contudo, trajavam paletó, gravata ou traziam casaco às costas. Fardas da Polícia Militar também marcavam presença entre os que decidiram acompanhar o debate final entre Aécio e Dilma no largo da Batata, assistido em uma tela acomodada na boleia da picape da campanha do Coronel Telhada, ex-membro das Rondas Ostensivas Tobias de Aguiar (Rota), eleito deputado estadual pelo PSDB com votação expressiva.[5]

Uma das manifestantes declarou: "O Estado está tão totalitário que ele controla as crianças na escola. Ele está interferindo na hora de criar as crianças, como com o kit gay". Outro explicou que a manifestação era um "ato de indignação". Findo o debate, os militantes se puseram em marcha, tomando a direção da avenida Faria Lima. Um cínico diria que voltavam para buscar os carros deixados no estacionamento do escritório. Para evitar os perigos da noite paulistana, os tucanos foram devidamente escoltados por um contingente da Polícia Militar.[6]

A aglomeração foi o resultado do esforço de vários grupos de simpatizantes que disseminaram as "chamadas" e "convocatórias" para "manifestar a indignação" e defender "a troca do governo atual". A hashtag usada foi #VemPraRua22.[7] Os organizadores creditaram o sucesso da manifestação ao vídeo gravado por Fernando Henrique Cardoso. De fato, o ex-presidente não economizou nas tintas para trazer apoiadores às ruas: "Todos queremos mostrar agora indignação. O que está acontecendo no Brasil não dá mais para suportar. Temos que ser firmes, temos que ter coragem. Dia 22, às 19 horas, todos nós, juntos, ricos, pobres, classe média, tudo junto em favor do Brasil".[8]

A mobilização tinha um quê de resignação. Pelo tom das chamadas — mais de indignação do que de esperança —, implicitamente se reconhecia que a nova derrota era praticamente certa. O movimento tinha os olhos voltados para o futuro. O despertar fora tardio. Para evitar que o cenário se repetisse em 2018, era preciso tomar as ruas, confrontar o PT, mudar de tática e meios.

A campanha de Aécio Neves, como as demais, investiu pesado para atrair eleitores pelas rede sociais. Com um segundo turno disputado palmo a palmo, toda e qualquer iniciativa era bem-vinda.

Xico Graziano, o responsável pela campanha de Aécio na internet e membro do Instituto Fernando Henrique Cardoso, que mantinha um blog com ataques ao PT, foi buscar reforços entre "celebridades da direita radical", isto é, jovens mais afeitos aos meios de comunicação modernos. As tais celebridades, diga-se, não tinham um portfólio propriamente vistoso. Sua experiência eleitoral se resumia à direção da campanha de Paulo Batista, o "Raio Privatizador", candidato a deputado estadual em São Paulo pelo Partido Republicano Progressista (PRP). A estratégia de marketing lhe valeu mais likes que votos.[9] Ainda assim, Graziano achou boa ideia recrutá-los para ajudar Aécio a derrotar Dilma.

Que se tenha notícia, a contribuição dos "experts" em redes sociais se resumiu ao "Jornal do Futuro", apresentado pelo humorista Danilo Gentili, com notícias alarmantes sobre o que seria o Brasil — um misto de bolivarianismo e stalinismo — caso o PT vencesse.[10] Não fosse a expressão que o grupo ganharia em 2015, a colaboração entre Graziano e os idealizadores do Raio Privatizador passaria em brancas nuvens.

Os especialistas arregimentados pelo tucano sairiam do anonimato no ano seguinte, já devidamente batizados de Movimento Brasil Livre (MBL).

Xico Graziano teve papel secundário na campanha de Aécio. Foi rebaixado após bater de frente com quem de fato dava as cartas, Andrea Neves, irmã do candidato. Para acomodar as coisas, a solução foi criar uma campanha na internet separada das redes sociais.[11] Esta última, a que importava, ficou nas mãos do mineiro Rodrigo Baggio.

Enquanto Graziano se conectou ao futuro MBL, Baggio se aproximou do que viria a ser o Vem Pra Rua (VPR). Ironicamente, de acordo com o relato do próprio líder do VPR, Rogerio Chequer, seu contato com Baggio se deu um dia depois de ser despachado por Xico Graziano do apartamento do ex-presidente Fernando Henrique Cardoso, onde fora gravar novo vídeo-convocação para uma manifestação que estava organizando.[12] Cioso de suas prerrogativas, Graziano alegou que precisava proteger a imagem de seu chefe do desgaste que vídeos amadores causariam.[13]

Vetado por Graziano, Chequer e seu grupo foram acolhidos por Baggio, que lhe telefonou, coincidência ou não, no dia seguinte pela manhã. O coordenador da campanha de Aécio nas redes franqueou ao grupo liderado por Rogerio Chequer o acesso a uma página no Facebook com 3 milhões de seguidores, a grupos de WhatsApp que atingiam 50 mil pessoas e contatos com quinhentos centros de voluntários espalhados pelo Brasil.[14]

Em lugar do habitual largo da Batata, na antevéspera da eleição os "indignados" se reuniram em frente ao vão livre do Museu de Arte de São Paulo Assis Chateaubriand (Masp), na avenida Paulista. Eduardo Jorge, candidato derrotado à Presidência pelo PV, e o senador José Serra foram os destaques do evento. Manifestantes vestiam amarelo e traziam duas faixas: uma estampava o nome do candidato do PSDB, outra, duas vezes maior, pedia "Fora PT". Pelos cálculos dos organizadores, o comício reuniu 2,5 mil manifestantes.[15]

O PSDB ocupou as ruas, mas colheu nova derrota eleitoral. Os vencidos teriam de amargar sua indignação por mais quatro anos. Para os mais radicais, não foi fácil processar o revés, aceitar a discrepância entre a indignação que levara as pessoas às ruas e o resultado proclamado. Para o Coronel Telhada, a "omissão e covardia" dos que votaram branco e nulo foram determinantes. "Acho que chegou a hora de São Paulo se separar do resto desse país",[16] afirmou o coronel.

O separatismo não foi encampado por ninguém. Entretanto, o PSDB abraçou uma tese igualmente bizarra. Na quinta-feira, dia 30 de outubro, quatro dias depois da proclamação dos resultados oficiais, apoiando-se em "uma somatória de denúncias e desconfianças por parte da população brasileira", o partido protocolou pedido de auditoria das urnas eletrônicas junto ao TSE.[17] Não há como dourar a pílula: o partido contestou a legitimidade da apuração. O pedido do PSDB punha em questão a imparcialidade da Justiça Eleitoral. E tudo que tinha para justificar eram rumores disseminados pelas redes sociais. O pedido não tinha pé nem cabeça. Era tão estapafúrdio quanto o separatismo do Coronel Telhada.

Como explicou o presidente do PSDB paulistano, Milton Flávio, o partido resolvera dar ouvidos aos "movimentos que estiveram conosco nas ruas", que havia "muita gente" questionando a isenção do presidente do TSE, José Dias Toffoli.[18] Além de Toffoli, somente o corregedor-geral do órgão, ministro João Otávio de Noronha, veio a público rechaçar a contestação tucana, notando que "o problema é que não estão colocando em xeque uma ou duas urnas, mas o processo eleitoral".[19]

Gilmar Mendes, vice-presidente do TSE, não se pronunciou. Os demais membros do Supremo Tribunal Federal, que haviam ocupado ou ocupariam a presidência do TSE, também se calaram. Eles tinham questões mais prosaicas com que se ocupar: a mudança de idade de suas aposentadorias compulsórias.[20] Gilmar Mendes explicou a razão da mudança: com as saídas forçadas, ao final do segundo mandato de Dilma, ele seria o único ministro indicado pelo PSDB, o que, no seu entender, transformaria o Supremo em uma corte bolivariana.[21]

Os editoriais dos grandes jornais tampouco criticaram a insensatez da contestação feita pelo PSDB e suas consequências para a legitimação dos resultados da eleição presente e das futuras. Paradoxalmente, os que demonstravam preocupação com os rumos da democracia no Brasil seguiam a toada do ministro Gilmar Mendes. A quarta vitória consecutiva do PT foi recebida como uma perigosa aproximação, para não dizer guinada, rumo ao "bolivarianismo". Temor, diga-se, fundamentado em raciocínios tão ilógicos e disparatados quanto os que alimentaram a tese da fraude na contagem dos votos.

Não foi fácil decifrar se o PSDB realmente acreditava nas alegações que estava fazendo. Aécio Neves não foi encontrado para dar explicações. As atenções se voltaram para o deputado Carlos Sampaio (PSDB-SP), coordenador jurídico da campanha de Aécio e autor do pedido protocolado no TSE. Para limpar a barra do candidato derrotado, ele chamou para si a responsabilidade pelo documento.[22] Mas a operação falhou. A imprensa não demorou a descobrir o óbvio: Sampaio não daria o passo sem o aval de seu chefe.[23] Pior, os tucanos se esqueceram de que, em sua página no Facebook, Aécio Neves havia postado:

O PSDB entrou, hoje (quinta-feira), no TSE, com um pedido de auditoria especial no resultado das eleições. O partido requer a análise de cópia dos boletins de urna de todas as seções eleitorais do país e todos os documentos que contenham dados da apuração. Tenham certeza de que Aécio está ciente das manifestações que se espalharam pelas redes sociais com denúncias de possíveis fraudes e continuará lutando para que sejam esclarecidas. Vocês não estão sozinhos. Como em toda essa caminhada, permanecemos juntos e lutando pelo nosso Brasil.[24]

O PSDB tinha plena noção de onde partiam os rumores que estava a encampar. Sabia que os "movimentos que estiveram nas ruas" com o partido não estavam dispostos a abandonar o espaço público e que esses mesmos movimentos estavam organizando protestos pelo Brasil afora para pedir a recontagem dos votos.

Não era a primeira vez que a idoneidade do sistema adotado pelo país desde 1996 era contestada. A alegação vinha de longe e era popularíssima entre militantes da extrema direita saudosos do regime militar.[25] As manifestações foram convocadas para 1º de novembro, o sábado seguinte à eleição. Poucos se dispuseram a ir às ruas, a despeito da movimentação intensa nas redes sociais. O comparecimento foi baixo, insuficiente para obter repercussão. Exceto por São Paulo, não tanto pelo número de manifestantes, mas pelo fato de bandeiras do PSDB terem disputado espaço com faixas e cartazes pedindo intervenção militar.[26]

A direita controlou o protesto. Subiram ao caminhão de som o cantor Lobão (que reivindicou o direito à "recontabilidade" [sic] dos votos), Eduardo Bolsonaro (que fez questão de mostrar o revólver que trazia na cintura e afirmar que, se candidato, seu pai "teria fuzilado Dilma"), entre outros. Para dar tom científico à arenga, Ricardo Molina, perito da Universidade Estadual de Campinas (Unicamp) — o mesmo perito que nunca deixou de estar à disposição em casos rumorosos[27] —, garantiu que as urnas eletrônicas são fraudáveis. "Qualquer um que não é analfabeto sabe disso."

O PSDB, ao dar entrada no pedido de auditoria das urnas, estava encampando as teses defendidas por Lobão e Eduardo

Bolsonaro. As bandeiras do partido disputaram espaço na avenida com cartazes pedindo intervenção militar. A questão ficou no ar: até onde o PSDB estava disposto a ir? De férias, o presidente do partido, Aécio Neves, não foi encontrado para esclarecer as dúvidas. Coube ao vice-presidente da sigla, Alberto Goldman, prestar os devidos esclarecimentos:

> Não houve nenhuma intervenção partidária. Nem nossa, nem de nossos aliados na mobilização. É um ato espontâneo, voluntário, produto de uma indignação que está existindo. Muita gente indignada não só com o resultado [das eleições], mas porque o resultado é também fruto de uma das campanhas de mais baixo nível de que tivemos conhecimento.[28]

Indignação com o resultado das eleições? Voluntária? Perdedores, obviamente, não gostam do resultado das urnas e buscam explicações que justifiquem a derrota. Mas daí a dizer que as urnas haviam sido fraudadas vai uma distância enorme. Velho de guerra, escolado por anos de militância, Goldman sabia que protestos não brotam como água das minas, que caminhões de som não aparecem do nada, que quem os aluga terá direito a usar o microfone. Lobão, Eduardo Bolsonaro e Molina não tinham ido à Paulista a passeio. Além disso, não foi por acaso que, ao final da manifestação, o caminhão de som saíra na direção da sede do Comando Militar do Sudeste.

O PSDB poderia alegar falta de controle sobre a militância, mas preferiu considerar a manifestação uma forma legítima de indignação. A imprensa não se deu ao trabalho de identificar os grupos envolvidos na organização. Muito provavelmente, a chamada partiu do Movimento Brasileiro de Resistência (MBR).[29] Tampouco se sabe que grupo empunhou bandeiras da campanha de Aécio. Sabe-se, por relato pessoal, que os líderes do futuro Vem Pra Rua marcaram presença na manifestação. Afeito às artes da comunicação, Chequer compareceu para protestar contra a "vulnerabilidade das urnas".[30] Os idealizadores da página do Raio Privatizador afirmam ter participado ativamente das chamadas para o ato, mas ainda sem identidade própria.[31] Geraldo Alckmin (PSDB-SP), reeleito governador de São Paulo, foi um dos poucos tucanos a manter a compostura e pedir distância das palavras de ordem das manifestações: "Sou totalmente contra. Totalmente".[32] Com um estado a governar, declarou-se disposto a um diálogo "aberto e produtivo" com a presidente reeleita.[33]

Xico Graziano foi às redes sociais repudiar a adesão de militantes do PSDB à manifestação. Escreveu que quem fosse contra os "benefícios sociais" e "sonha com a ordem militar" deveria deixar o PSDB. "Vocês é que estão no lugar errado, não eu!" Graziano foi tratado sem dó nem piedade. O assessor de Fernando Henrique Cardoso foi abandonado pelos tucanos: poucos tiveram coragem de sair em sua defesa. A truculência imperou. O caso é indicativo do funcionamento das redes sociais e da inclinação política dos grupos a que o PSDB estava se atrelando.[34]

Na semana seguinte, ao voltar ao batente, Aécio jurou de pés juntos que o PSDB se mantinha fiel à democracia. "Sou filho da democracia, talvez o primeiro candidato viável após a geração de 64." Quanto à legitimidade da contagem dos votos, afirmou que "o resultado está aí. Fui o primeiro a ligar para a presidente".[35] Entretanto, a despeito das declarações, o PSDB não retirou o pedido de auditoria das urnas.[36]

Não é fácil digerir quatro derrotas consecutivas. A emergência de uma direita mais "aguerrida", "indignada" e disposta a ir às ruas soou como um misto de ameaça e oportunidade a ser aproveitada. Lideranças do PSDB passaram a reconsiderar suas estratégias, argumentando que seria necessário acertar o passo com o humor da militância disposta a ir às ruas para enfrentar o PT. Aécio, provavelmente, tinha os olhos voltados para 2018. A direita radicalizada poderia vir a ser um trunfo na competição interna com Geraldo Alckmin pela candidatura na eleição presidencial seguinte.

Entusiasmada com a repercussão, a direita paulista convocou novas manifestações para 15 de novembro. Dessa feita, novos movimentos, ligados ou não ao PSDB, se associaram ao esforço, e a avenida Paulista acabou ocupada por um número maior de caminhões de som. Entre os que debutaram com caminhões próprios, estavam o Vem Pra Rua[37] e a turma do Raio Privatizador, agora denominada Movimento Brasil Livre.[38] As informações disponíveis dão conta da presença de cinco caminhões de som, tendo dois deles franqueado seu palanque a Eduardo Bolsonaro.[39] De acordo com um relato, o Coronel Telhada foi a maior estrela do ato, arrancando aplausos ao bradar: "Basta à corrupção! Lugar de bandido é na cadeia e não governando".[40]

Como é comum em protestos, os diferentes grupos organizados disputam espaço e manifestantes. Cada grupo procura imprimir sua marca por meio de palavras de ordem e estratégias. Em 31 de outubro, as urnas e os pedidos de intervenção militar deram a tônica da manifestação. A de 15 de novembro foi mais plural e dividida, com mais grupos e diferentes palavras de ordem. Fraude e intervenção militar disputaram espaço com a denúncia da corrupção promovida pelo PT e o apoio à Lava Jato, que, no dia anterior, havia deflagrado a Operação Juízo Final, prendendo 21 executivos, entre eles presidentes de três das principais empreiteiras do país. O ex-diretor da Petrobras Renato Duque, ligado ao PT, também tinha sido detido pela Polícia Federal.

O *Jornal Nacional* dedicou treze minutos e 36 segundos à cobertura da Operação Juízo Final. A declaração do promotor federal, Carlos Fernando Lima, recebeu destaque: "Hoje é um dia republicano". Aécio Neves foi outro a merecer espaço e ser entrevistado, quando aproveitou para endossar o discurso dos investigadores, segundo o qual a corrupção estava a cargo de uma "organização criminosa". A reportagem destacou também as relações entre Renato Duque, José Dirceu e João Vaccari Neto, tesoureiro do PT. O PMDB foi igualmente atingido em razão da decretação da prisão de Fernando Soares, o Fernando Baiano, apontado como o operador do partido.[41] Na sua primeira página, em 15 de novembro, a *Folha de S.Paulo* destacou que a Lava Jato "investiga o maior esquema de corrupção da história da estatal, que teria desviado recursos para políticos que apoiam o governo".[42]

A repercussão da Juízo Final certamente contribuiu para o sucesso da mobilização. A cobertura dos jornais deu destaque aos cartazes e às faixas com apoio à Lava Jato e ao juiz Sergio Moro, que, do dia para a noite, deixou o anonimato e passou a ser tratado como herói.[43] Dependendo dos cálculos, teriam comparecido à avenida Paulista de 5 mil a 10 mil pessoas.[44] Na dispersão, cada grupo tomou rumo próprio, procurando mostrar quem de fato trouxera os manifestantes às ruas.[45] Saudados como novidades, o Vem Pra Rua e o MBL acreditaram que poderiam caminhar com as próprias pernas e, ignorando os demais grupos, convocaram nova manifestação para 6 de dezembro. Líderes do PSDB, Aécio incluído, participaram da convocação.[46] O resultado foi pífio. Poucos atenderam ao chamado. Entre os que o fizeram, muitos insistiam em defender intervenção militar.[47]

Aécio Neves mudou de estratégia. Abandonou a fraude, mas continuou a contestar a legitimidade dos resultados, adotando o discurso que ganhou corpo com a entrada da Lava Jato em cena, afirmando que "Eu perdi a eleição para uma organização criminosa que se instalou no seio de algumas empresas brasileiras patrocinadas por esse grupo político que aí está."[48] A estratégia, ao contrário do que pode parecer, não era desprovida de riscos. As empreiteiras comandadas pelos detidos na Operação Juízo Final haviam feito doações igualmente generosas à sua campanha. De acordo com cálculos divulgados pela imprensa, teriam destinado 68,5 milhões de reais para o PT e 40,2 milhões de reais para o PSDB.[49] Difícil sustentar que PT e PSDB levantassem fundos de forma diversa, que apenas um deles mereceria ser tratado como uma "organização criminosa".[50]

O próprio Aécio, no início de novembro, entabulara um armistício, negociando um acordo a portas fechadas com o governo para definir a lista dos que deporiam na CPMI da Petrobras.[51] O senador voltou atrás após o vazamento do acerto de bastidores. Uma vez mais, o deputado Carlos Sampaio assumiu a culpa:[52] o partido publicou nota oficial em que afirmava não pactuar com qualquer tipo de acordo que impedisse a "responsabilização de todos que cometeram eventuais crimes, independentemente da filiação partidária".

Se tivesse prosperado, não seria a primeira vez que os dois partidos acertavam um pacto de proteção mútua em comissões parlamentares. Um acordo desse tipo, por exemplo, fora firmado durante a campanha presidencial de 2010, como se viria a saber com a homologação da delação de Paulo Roberto Costa.[53]

Aécio Neves hesitou. Em um primeiro momento, voltou a se comportar de acordo com o costume, acertando os ponteiros a portas fechadas para preservar o status quo. A repercussão negativa do entendimento para controlar danos o fez mudar de posição e manter a postura agressiva. Após a Operação Juízo Final, radicalizou e não desperdiçou oportunidades de pôr em xeque a legitimidade dos resultados da eleição presidencial. Em 18 de dezembro de 2014, o PSDB voltou ao TSE para pedir a cassação do registro da chapa Dilma-Temer, alegando que

A eleição presidencial de 2014, das mais acirradas de todos os tempos, revelou-se manchada de forma indelével pelo abuso de poder, tanto político quanto econômico, praticado em proveito dos primeiros réus, Dilma Vana Rousseff e Michel Miguel Elias Temer Lulia, reeleitos presidente e vice-presidente da República, respectivamente.[54]

Segue a peça:

> [...] resta evidente, portanto, que o dinheiro desviado da Petrobras financiou direta e indiretamente a campanha dos requeridos, não se podendo olvidar que os dois partidos que mais receberam recursos das empreiteiras envolvidas com o escândalo da Petrobras foram o da candidata a presidente da República, o PT, e o do candidato a vice-presidente da República, o PMDB.[55]

Em outros trechos, o PSDB alegou ter havido "abuso de poder econômico" e que o PT recorrera a "deslavadas mentiras", como havia deixado clara a candidata ao afirmar sua intenção de "fazer o diabo quando é a hora da eleição". [56] Como no caso da auditoria das urnas, não se sabe se o PSDB acreditava que sua ação tinha chance de sucesso ou se estava jogando para a plateia.[57]

Uma coisa é certa: o PSDB radicalizou. Desde a redemocratização, perdedores não haviam contestado o resultado proclamado. Aécio resolveu cruzar o Rubicão, apostando na força dos movimentos de protesto que ganharam vida no final da campanha eleitoral. O senador Aloysio Nunes Ferreira (PSDB-SP) achou por bem assumir o compromisso de "chamar aqueles que despertaram para a política" e dialogar "com as novas formas de organização".[58]

À medida que a Lava Jato ganhou tração, as urnas e a intervenção militar foram esquecidas. A corrupção e seu uso eleitoral deram nova bandeira aos protestos. Dilma só havia derrotado Aécio por ter se valido dos recursos desviados da Petrobras. Sempre pronto para conferir legitimidade jurídica às demandas da direita, o advogado Ives Gandra Martins elaborou um pedido de impeachment da presidente. O crime cometido: ter participado da autorização da compra de Pasadena.[59]

O pacote e as Dez Medidas

O primeiro mandato de Dilma acabou mal. Bem mal. O governo se arrastou para fechar o ano. Como a última imagem é a que fica, seus dois primeiros anos de governo foram rápida e inteiramente esquecidos. O tamanho e a profundidade da crise não fechavam com o resultado eleitoral.[60] A mudança da direção dos ventos se deveu a vários fatores. O maior deles, sem dúvida, foi a desaceleração da atividade econômica e sua repercussão sobre o nível de emprego e, consequentemente, a renda dos mais pobres. As promessas feitas na campanha, ficou claro, não passavam disto: promessas. Pior, o governo parecia saber que a recessão era inevitável. O eleitorado havia sido enganado. Tudo não passara de um grande e premeditado "estelionato eleitoral".

A Lava Jato contribuiu decisivamente para agravar os problemas do governo. As ações da Petrobras perderam valor na razão inversa do avanço da operação e do acúmulo das denúncias e prisões. O balancete da petroleira se tornou uma batata quente. A empresa de auditoria, a PwC, se negou a assinar as contas enquanto Sérgio Machado, presidente da Transpetro, não fosse afastado.[61] Criou-se um impasse. A maior parte dos membros do Conselho de Administração da Petrobras não aceitava as imposições da auditoria. As ações da estatal derretiam enquanto não se chegava a um acordo. Graça Foster foi a única a aceitar os termos da PwC.[62]

Foi o suficiente para que ela se tornasse o bode expiatório, a causa de todos os problemas da empresa, presentes, passados e futuros. Quem tivera suas asas cortadas aproveitou para ir à forra. Uma funcionária da Petrobras afirmou que Foster fora avisada e não tomara as devidas providências.[63] O deputado Eduardo Cunha, candidato a presidir a Câmara dos Deputados, usou a oportunidade para encomendar a demissão da presidente da Petrobras.[64] O PSDB fez coro. O Vem Pra Rua também, indo acampar na frente do apartamento de Foster.[65]

A pressão surtiu efeito. Graça Foster deixou o cargo. Nas manchetes dos jornais, a síntese do que se passara: "Lava Jato derruba amiga de Dilma da presidência da Petrobras".[66] O desfecho do caso mostra que Dilma não estava colhendo os dividendos políticos da luta contra a corrupção. Pelo contrário. Em fevereiro de 2015, depois da queda de Graça Foster, 52% dos entrevistados pelo Datafolha disseram acreditar que a presidente sabia de tudo e deixara que a corrupção tomasse conta da Petrobras.[67]

Dilma, contudo, não alterou o rumo. Na primeira reunião ministerial de seu segundo mandato, voltou a pregar que "o combate à corrupção e à impunidade" eram os "maiores desafios vivenciados por nosso país". Disse mais. "Com a autonomia da Polícia Federal e com a independência do Ministério Público", seria capaz de afirmar ao término de seu segundo mandato que "nunca um governo combateu com tamanha firmeza e obstinação a corrupção e a impunidade". Não deixou de escarafunchar a ferida, fazendo referência explícita à Petrobras e ao "saudável empenho da Justiça" para "apurar com rigor tudo de errado que foi feito".[68]

E não parou aí. Anunciou que o governo estava dando os toques finais em um pacote de medidas contra a corrupção a ser enviado ao Congresso em fevereiro. Ela adiantou que o pacote visaria "transformar em crime e punir com rigor os agentes públicos que enriquecem sem justificativa ou que não demonstrem a origem dos seus ganhos ou do seu patrimônio", "apressar o julgamento de processos que envolvem o desvio de recursos públicos" e, por último, dar "maior agilidade aos processos movidos contra aqueles que têm foro privilegiado".[69]

Pode soar estranho, mas as propostas apontavam para uma forte sintonia entre o Planalto e a Lava Jato. As medidas pregadas por Dilma eram as mesmas que os mentores da Lava Jato, o juiz Sergio Moro e o procurador Deltan Dallagnol, vinham defendendo em seus trabalhos "acadêmicos".[70] O pacote de Dilma só aterrissou no Congresso depois das manifestações de 15 de março. Os protestos puseram o governo contra a parede. O ministro da Justiça, José Eduardo Cardozo, repetiu: "A Lava Jato decorre da postura governamental de assegurar a autonomia da investigação". A corrupção, portanto, sempre existira, mas não era investigada. "Se um fato não é investigado ele não aparece e se tem a falsa ilusão de que nada acontece."[71]

Três dias depois das manifestações, em 18 de março, o governo lançou o prometido pacote contra a corrupção, com direito a pomposa cerimônia no Palácio do Planalto.[72] A proposta foi recebida com descrédito, se é que foi notada. Ninguém levava a sério as intenções do governo.[73] Os mentores da Lava Jato não compareceram à solenidade e ignoraram o pacote. Fizeram mais: se anteciparam, anunciando que estavam finalizando um conjunto de propostas com o intuito de combater a corrupção.[74] Menos de três dias depois, o Ministério Público Federal (MPF) lançou suas "Dez Medidas contra a Corrupção".[75] Como notaram os que compareceram aos dois eventos, os pacotes do governo e do MPF eram quase idênticos. Indagados, os membros do MPF não foram capazes de explicar por que não haviam encampado a proposta governamental.[76]

O fato é que os mentores da Lava Jato se recusaram a ser sócios do governo. A decisão foi fruto de um cálculo político.

Os dois pacotes eram calcados na ideia de que a impunidade é a causa maior da corrupção. O problema fundamental, para usar a expressão de Sergio Moro em artigo de 2004, era uma decorrência da excessiva "carga de prova exigida" pela lei para condenar "agentes públicos corruptos".[77] Essa seria a raiz do problema. Quem desviava recursos públicos sabia de antemão que não seria punido. A impotência do sistema de justiça gerava a certeza da impunidade.

O objetivo primordial dos dois pacotes era o mesmo: baixar as exigências legais para punir corruptos. Em seu trabalho de mestrado, Deltan Dallagnol defendeu

> a necessidade de um elastecimento da valoração probatória, a necessidade do adequado uso da prova indireta, e a possibilidade, no contexto jurídico brasileiro e avalizada por Tribunais de Direitos Humanos, da valoração da ausência de explicação alternativa pelo réu, em casos que a demandam.[78]

Nas Dez Medidas contra a Corrupção, os mentores da Lava Jato dão contornos concretos à doutrina jurídica alinhavada por Dallagnol, isto é, transformam em projetos de lei o que entendem por uso da "prova indireta" e a "ausência de explicação alternativa pelo réu". O primeiro ponto, por exemplo, é coberto pelos projetos contidos na sétima medida do pacote, a que trata das nulidades, nela se elencam nada menos que dez condições em que provas colhidas ilicitamente possam ser aceitas em juízo.[79]

Em editorial, o jornal *O Estado de S. Paulo* observou que "para combater o ilícito, o MPF quer ter a possibilidade de usar outro ilícito", para concluir que, "logicamente, tal proposta fere a ordem jurídica e o regime democrático".[80]

As propostas reunidas na segunda medida, sobre enriquecimento ilícito, transferem à defesa o ônus de provar que os bens dos agentes públicos acusados são compatíveis com seus rendimentos.[81] Para dar cabo da corrupção, seria necessário facilitar a vida do Ministério Público, cuja acusação poderia se valer de "indícios e presunções" e dificultar a da defesa, a quem caberia obter provas da inocência do réu.

Ao propagandear o lançamento das Dez Medidas, o coordenador da Lava Jato, Deltan Dallagnol, explicou que a corrupção no Brasil deveria ser tratada como um fenômeno endêmico. "Se nós queremos que essa corrupção diminua, devemos mudar a estrutura."[82] Em resumo, se aprovadas, as Dez Medidas favoreceriam sobremaneira o trabalho da acusação. As prerrogativas discricionárias enfeixadas nas mãos do Ministério Público para escrutinar o comportamento dos políticos seriam amplas, para não dizer ilimitadas. Selecionados por concurso e dotados de grande autonomia institucional, os membros do órgão teriam o poder de punir representantes eleitos pelo povo. A proposta é inspirada por uma visão generosa do papel reservado ao Ministério Público e ao Judiciário em um regime democrático, reservando-lhes o poder de defensores da moralidade pública. Em uma palavra, se aprovadas, as Dez Medidas alterariam o equilíbrio entre os três poderes.[83]

A recepção às Dez Medidas não diferiu da dispensada ao pacote anticorrupção do governo. Moro e Dallagnol se sentiram como pregadores no deserto.[84] O apoio à Lava Jato não era doutrinário e pouco tinha a ver com suas pretensões de atacar as "causas estruturais" da corrupção. O apoio à operação vinha de seus resultados, das suas consequências concretas para o embate político e, para ser ainda mais claro, para as dificuldades que gerava para o governo petista.

Se as exigências excessivas da "carga probatória" impediam as ações do Ministério Público e do Judiciário, como explicar o sucesso da Lava Jato? Seus mentores sabiam que a operação se mantinha graças a métodos não ortodoxos, aplicados durante a

Operação Mãos Limpas. Os juízes italianos, como notou Sergio Moro em seu artigo de 2004, contornaram as exigências processuais que travavam a ação do Poder Judiciário, recorrendo ao tripé prisão preventiva-publicidade-delação premiada.

Vistas desse ângulo, as Dez Medidas podem ser interpretadas como o projeto político dos mentores da Lava Jato por meio da institucionalização das práticas processuais heterodoxas a que a operação recorria. Assim, para Moro e Dallagnol, a Lava Jato era apenas uma demonstração do que poderia ser alcançado caso as práticas adotadas passassem de extraordinárias a ordinárias. Assim, os resultados alcançados pela operação podem ser classificados como parciais, como meios para se obter um fim maior.[85]

A Lista Janot

Nos primeiros meses de 2015, a Lava Jato já havia produzido avanços concretos. As delações premiadas de Paulo Roberto Costa e Alberto Youssef, assinadas após meses de prisão preventiva, forneceram os elementos necessários para dar continuidade à operação, atingindo em cheio a nata da classe política. Com base nessas duas delações, o procurador-geral da República, Rodrigo Janot, elaborou uma lista de políticos a serem investigados, que ficaria conhecida como Lista Janot. Em razão da prerrogativa do foro especial, a abertura dos processos dependia da autorização expressa do Supremo Tribunal Federal.

O conteúdo das delações era de conhecimento público, mas não seus anexos com as provas que corroborariam os fatos narrados pelos delatores. Assim, cabia à Procuradoria-Geral da República (PGR) avaliar as provas apresentadas e decidir se eram suficientes para embasar uma denúncia.[86] Para a força-tarefa sediada em Curitiba, o fundamental era implicar o maior número possível de agentes públicos. A solidez das acusações era uma questão secundária.

Tomem-se como exemplo as referências a Aécio Neves na delação de Alberto Youssef.[87] O doleiro afirmara ter "ouvido dizer" que o ex-governador mineiro se beneficiava de um esquema de propinas em Furnas. E isso em um passado distante o suficiente para que todos os mencionados tivessem falecido. Que provas Youssef poderia ter oferecido para secundar suas afirmações? Como as delações continham referências desse tipo, sabia-se que nem todos os mencionados seriam incluídos na Lista Janot. Alguns escapariam por falta de provas ou pressão política. À espera de Janot, Brasília se transformou em uma enorme casa de apostas.

Era certo, porém, que o presidente do Senado, Renan Calheiros, e o da Câmara, Eduardo Cunha, seriam incluídos. Tarimbado por anos de proximidade com o poder e inúmeras denúncias anteriores, Renan não esperou a decisão da PGR para mostrar suas garras. Aproveitou o pacote de medidas apresentadas pelo ministro da Fazenda, Joaquim Levy, para deixar claro que não cairia sem atirar. Usou sua prerrogativa e, de uma canetada, alegou inadequação aos preceitos constitucionais para devolver a medida provisória 669, furando o pacote arquitetado por Levy.[88] A resposta do senador foi um indicador claro da tensão nos meios políticos. A bomba estava para estourar. Em 3 de março, a apreensão teve fim. Rodrigo Janot entregou sua temida lista ao STF. Foi solicitada a abertura de 28 inquéritos contra 54 pessoas, com ou sem mandato parlamentar.[89]

Entre os investigados, a elite da classe política. O PP foi o mais castigado, dezoito citados ou 45% da sua bancada. O PMDB e o PT contribuíram com oito nomes cada. Da oposição, o único a ser incluído foi o do senador e ex-governador Antonio Anastasia (PSDB-MG). Aécio Neves, como se previa, ficou de fora. O senador Delcídio do Amaral (PT-MS) e o ex-deputado Henrique Eduardo Alves (PMDB-RN) também foram poupados.[90]

No meio político, ninguém acreditou que as exclusões tinham sido ditadas exclusivamente por critérios jurídicos.[91] A imprensa foi inundada por rumores, alguns dos quais indicando que as delações premiadas teriam sido filtradas para poupar Aécio Neves.[92] A composição partidária da lista foi influenciada pelas afinidades políticas dos delatores, ligados diretamente ao PP e, em menor medida, ao PMDB. Os nomes do PT citados tinham pouca expressão no partido. Por isso mesmo, recorreram à generosidade pessoal de Paulo Roberto Costa para financiar suas campanhas.

O impacto político da Lista Janot não pode ser minimizado. As principais lideranças políticas do país estavam sendo acusadas. A Lava Jato avançara mais do que todas as investigações anteriores. Nem o processo do Mensalão tinha ido tão longe. Os presidentes da Câmara e do Senado, terceiro e quartos nomes da linha sucessória da Presidência, foram denunciados. Não há governo que não seja afetado por uma ameaça desse quilate. A PGR não amaciara. A elite política tinha a corda no pescoço. A reação de Renan foi apenas uma amostra do que os ameaçados fariam para escapar das garras da Lava Jato. Mas os políticos sabiam que processos legais tomam tempo. O ritmo das decisões do STF era mais lento que o da primeira instância. Além disso, o tribunal estava aberto a todo tipo de pressão. Havia razões para temor, mas não para pânico. Ainda não.

A marcha

Depois do fracasso do final do ano, os líderes dos movimentos de protesto voltaram a se entender e a atuar em conjunto. Novas manifestações foram marcadas para 15 de março de 2015.[93] Os líderes do MBL publicaram artigo-manifesto na *Folha de S.Paulo*, convocando os manifestantes:

O principal objetivo do movimento, no momento, é derrubar o PT, a maior nêmesis da liberdade e da democracia que assombra o nosso país. Mas o leitor que não se engane: uma vez derrubado esse colosso do estatismo, ainda haverá muito trabalho a fazer. Querendo ou não, o Estado continuará gigantesco, e isso não é culpa apenas do PT. [...] Convocamos todos os brasileiros às ruas, no dia 15 de março, para defender a República desse bando de saqueadores instalados no poder. Às ruas, cidadãos![94]

Muitos cidadãos atenderam à chamada e foram às ruas. As expectativas, mesmo as mais otimistas, foram superadas. A avalanche de participantes não foi antecipada por ninguém. O recorde icônico das Diretas Já foi quebrado. A Polícia Militar estimou que 1 milhão de manifestantes compareceram à avenida Paulista. São Paulo se tornou o epicentro do movimento. Os números não foram tão espetaculares em outras capitais, mas suficientes para chamar atenção e quebrar recordes.[95] O gigante voltou a despertar. Dessa feita, ao contrário de 2013, sem ambiguidade. O PT era o inimigo.

Unidos na data, os movimentos continuavam a se dividir na hora de definir os rumos a tomar. Renan Santos, líder do MBL, classificou os membros do Vem Pra Rua como "mais velhos, mais ricos" e com o PSDB por trás. "Eles vão pro protesto sem pedir impeachment. É como fumar maconha sem tragar."[96] O fundamental era se livrar do PT. Pela primeira vez, alguns dos que subiram aos caminhões de som pediram o impeachment da presidente. O Vem Pra Rua, contudo, ainda resistia a abraçar a causa.

O PSDB, como se quisesse confirmar o folclore, se dividiu. O senador Aloysio Nunes Ferreira observou que o impeachment não era a melhor opção para o partido, declarando com sinceridade rara entre políticos: "Não quero que ela [Dilma] saia, quero ver o governo sangrar, não quero ser governado pelo [vice-presidente] Michel Temer".[97] Já a bancada do PSDB da Câmara, afinada com Aécio Neves, preferia apostar no impeachment. Carlos Sampaio abusou da retórica: "A degradação moral, a degradação ética, a degradação da política, a degradação da economia faz com que ela resvale, esparre e adentre dentro do impeachment".[98]

Em 15 de março, os movimentos que haviam se consolidado após a reeleição de Dilma deram inegável demonstração de força. O governo não tinha como negar que parte considerável da opinião pública tomara as ruas para protestar e buscou oferecer respostas, enviando ao Congresso seu pacote de medidas para combater a corrupção. Apesar de significativas, as manifestações não foram suficientes para gerar fissuras na base do governo. Nem mesmo a oposição, representada pelo PSDB, estava convencida de que abreviar a estadia de Dilma na Presidência era a melhor forma de acertar o passo com os movimentos de protesto.

Dos partidos com representação no Congresso, o único a fechar questão favoravelmente ao impeachment foi o Solidariedade.[99] Nenhum partido da base de apoio ao governo fez menção de abandonar seus postos ou pastas ministeriais. O ministro das Cidades e presidente do PSD, Gilberto Kassab, minimizou o significado dos protestos, declarando que "as manifestações foram genéricas".[100]

Os líderes do MBL podiam não concordar com o ministro, mas sabiam que o movimento, embora expressivo, não geraria resultados sem que a pressão aumentasse. Do alto de seu caminhão de som, no encerramento das manifestações, sem consultar os demais movimentos, convocou novos protestos para 12 de abril. O MBL havia se convencido de que era preciso continuar protestando "até atingirem o objetivo de tirar Dilma do poder".[101] Seus líderes parecem ter acreditado que comandavam as ruas. Erraram no cálculo. A chamada para uma nova manifestação não gerou entusiasmo nem nas redes sociais. Em vez de admitir o fracasso, passaram a responsabilidade adiante, culpando as lideranças rivais pela baixa mobilização: "O Vem Pra Rua cada hora está com uma pauta. No último protesto, todos vieram com a defesa do impeachment e eles ajudaram a confundir a pauta". Rogerio Chequer, líder do Vem Para Rua, contra-atacou: "Estamos buscando diálogo para coordenação [dos protestos] com o MBL há semanas, mas não houve resposta. Temos divergências, mas temos muitas causas em comum".[102] Dos Estados Unidos, Olavo de Carvalho entrou na briga, escrevendo em sua página no Facebook:

> Ou o sr. Rogerio Chequer passa a pedir abertamente o fim do PT e do Foro de São Paulo bem como a destituição da presidente por qualquer meio legal disponível ou passarei a chamá-lo de Chequer Semfunds [sic] — e esse apelido vai pegar. O prazo termina amanhã à noite.

Ao que tudo indica, Chequer pensou melhor e resolveu não comprar briga, pelo menos foi o que declarou Olavo de Carvalho em sua página. Dias depois do chega pra lá do guru, "o Vem Pra Rua passou a defender o impeachment de Dilma".[103] A despeito da unidade obtida a fórceps, a "mobilização permanente" decepcionou as lideranças dos movimentos. Em São Paulo, a participação refluiu, ficando em torno de 100 mil.[104] Nas demais capitais, o cenário foi desalentador. Poucos atenderam às convocações. A mobilização perdera força. A pressão sobre os políticos não se materializou.

Para provar que fumavam e tragavam, os integrantes do MBL continuaram a acreditar na tese da "mobilização permanente", que a maioria do povo queria e iria às ruas para pressionar os políticos. O momento pediria novas estratégias: "A fórmula da manifestação de rua e em grandes capitais foi explorada ao limite e não obteve os resultados que deveria". Era preciso, concluíram, inovar, procurar novas formas de pressão, "a natureza do ato tem de ser diferente".[105]

Ao passar da teoria à prática, o MBL resolveu organizar uma marcha de São Paulo a Brasília.[106] Em 24 de abril, pouco mais de dez dias após a frustrante manifestação na avenida Paulista, vinte e poucos de seus militantes pegaram a estrada com "o objetivo de angariar apoio político. Vamos realizar atos nas cidades durante todo o trajeto, assim esperamos reunir mais apoio".[107]

A expectativa era que a marcha engrossaria à medida que avançasse, que uma multidão entraria triunfalmente em Brasília para exercer pressão sobre os políticos que teimavam em ignorar a verdadeira vontade do povo. Os líderes do PSDB na Câmara dos Deputados, Carlos Sampaio e Bruno Araújo, a ala radical do partido, fizeram a ponte com o MBL, garantindo que o senador Aécio Neves estaria a postos para receber a Marcha pela Liberdade quando esta chegasse a Brasília.[108] A marcha, entretanto, foi tão penosa quanto infrutífera. Ninguém deu a menor bola. Que se tenha notícia, o grupo atraiu uma única simpatizante em sua caminhada, atropelada por um motorista bêbado.[109]

Aécio Neves percebeu onde havia amarrado seu burro e, como bom mineiro, não viu problema em faltar ao encontro marcado. Esticou a estadia em Nova York, deixando a Carlos Sampaio a tarefa de explicar sua ausência.[110] Informados da ausência do senador quando se preparavam para a última pernada do trajeto, os líderes do MBL recorreram às redes sociais: "O PSDB anunciou que não vai aderir à pauta do impeachment, traindo assim os mais de 50 milhões de votos adquiridos na última eleição dos brasileiros que apostaram nessa falsa oposição que continua nos decepcionando todos os dias".[111]

Como de costume, quanto mais pessoal o ataque, maior seu sucesso nas redes sociais: "Aécio Neves está sendo um covarde, cúmplice desse governo corrupto e a mando do ex-presidente Fernando Henrique Cardoso".[112]

83

Os ataques viralizaram. Foi a redenção. A mobilização dos likes bastou para reanimar o grupo.[113] Carlos Sampaio teve que fazer das tripas o coração para honrar sua palavra, arrebanhando alguns poucos colegas para se juntar aos quilômetros finais da Marcha e conseguir que o pedido de impeachment que traziam de São Paulo fosse entregue em mãos ao presidente da Câmara.[114] A presença de Cunha valeu fotos e repercussão na imprensa, mas foi insuficiente para apagar o fracasso da estratégia.[115] A mobilização deu com os burros n'água.

Sacudido pela realidade, Aécio caiu do muro. As ruas, a pressão popular, a mobilização prometida não passavam de miragem. Para encobrir o recuo, o PSDB encomendou parecer aos juristas Miguel Reale Júnior e Janaina Paschoal.[116] Pizza encomendada, pizza entregue. O parecer da dupla concluiu que não havia base legal para um processo de impeachment. Para disfarçar o recuo, os juristas protocolaram um pedido de abertura de ação penal contra a presidente na PGR.[117]

Os peessedebistas radicais não se conformaram e acusaram os líderes de traidores. Coube a Reale Júnior explicar o bê-á-bá da política para Carlos Sampaio e Bruno Araújo: "Os deputados do PSDB precisam reconhecer a contabilidade. Ela mostra que não há condições de levar a plenário".[118] O senador Aloysio Nunes Ferreira foi mais didático: "Hoje não há 342 votos na Câmara a favor do impeachment".[119] Simples assim. Sem os 342 votos na Câmara, o impeachment não iria a lugar algum. A Marcha pela Liberdade não alterou um voto sequer.

Não inteiramente, é certo. O presidente da Câmara, Eduardo Cunha, sabia o que estava fazendo ao acolher o MBL. No futuro, os radicais poderiam lhe ser de alguma serventia. Cunha, afinal de contas, não escapara da Lista Janot e acompanhava de perto as movimentações da PGR. O deputado já sabia que precisaria de uma mãozinha de quem estivesse disposto ao sacrifício de distinguir entre a corrupção do PMDB e a do PT.

3.
O chantagista-mor da República

A campanha é deles [petistas], não
é nossa [PMDB]. Não temos de estar
satisfeitos, mas disponíveis. Se não
tem missão específica, a gente procura.

Eduardo Cunha, ago. de 2010[1]

Nos meus quase quarenta anos
de jornalismo, nunca vi ninguém
igual ao Eduardo Cunha. Seu
poder político é devastador.
Ninguém consegue detê-lo.

Jorge Bastos Moreno, maio de 2013[2]

Não vou votar no Eduardo Cunha.
O chamo de o chantageador-
-geral da República.

Clarissa Garotinho, fev. de 2015[3]

Antecedentes

Eduardo Cunha foi capital para o impeachment. Sem ele,
muito provavelmente Dilma teria completado seu mandato.
As desavenças entre ambos, a intransigência da presidente e
a determinação do parlamentar foram decisivas para o desenlace da crise. Fossem outros os personagens, fossem Dilma e
Cunha mais afeitos à moderação, acordos poderiam ter sido
firmados e a crise teria outro desfecho. A incompatibilidade
entre ambos conta parte da história, mas não a mais relevante.
A carreira de Eduardo Cunha, sua ascensão meteórica do baixo

ao alto clero, se deu no segundo mandato de Lula, após sua adesão ao governo. O deputado foi um apoiador de primeira hora da candidatura de Dilma à Presidência em 2010, trabalhando com o afinco e os métodos que lhe eram característicos para a eleição dela.

Assim, para entender o conflito que tomaria corpo no segundo semestre de 2015, é preciso retroceder à eleição de 2006 e à entrada do PMDB da Câmara para a base do governo após a reeleição de Lula. Naquele ano, Eduardo Cunha deixou o PP e se filiou ao PMDB, em que passou a integrar a facção que apoiava a pré-candidatura de Anthony Garotinho à Presidência da República. O ex-governador foi neutralizado pelas lideranças do partido. Como os analistas haviam previsto, o PMDB preferiu ficar de fora da disputa pela Presidência, deixando campo aberto para que cada grupo tomasse rumo próprio.

Os senadores do partido penderam para o lado do governo, com quem tinham fechado um acordo depois da crise do Mensalão e obtido o controle sobre dois ministérios, Comunicações e Minas e Energia. A maioria dos deputados ficou com o candidato oponente, Geraldo Alckmin, seguindo a orientação do presidente do partido, o deputado Michel Temer. O grupo de Garotinho também se juntou à candidatura do PSDB, mantendo seu apoio ao candidato derrotado até o fim da campanha.

Após a reeleição de Lula, o "PMDB do Senado", liderado por Renan Calheiros, entendeu que chegara a hora de unificar o partido sob seu comando. O grupo lançou Nelson Jobim, ex-ministro do STF e ex-ministro da Justiça do governo Fernando Henrique Cardoso, à presidência do partido. Mas as raposas do PMDB subestimaram o pragmatismo dos mais jovens. Tomaram uma rasteira épica. Por baixo do pano, o PMDB da Câmara acertou sua adesão ao governo por meio de uma aliança com correntes do PT ligadas à ex-prefeita de São Paulo Marta Suplicy.[4]

Concretamente, o acordo valeu a eleição de Arlindo Chinaglia (PT-SP) à presidência da Câmara, derrotando Aldo Rebelo (PCdoB-SP), candidato à reeleição, que de início contava com o apoio do Planalto. A manobra comprometeu o acordo tácito entre o governo e o PMDB do Senado. Nelson Jobim, antevendo a derrota, retirou sua candidatura, não sem antes acusar o ministro das Relações Institucionais, Tarso Genro (PT-RS), de ingerência indevida nas questões de seu partido.[5]

Nas escaramuças entre as chapas, Eduardo Cunha deu mostras de sua valia, encontrando assinaturas duplicadas entre os apoiadores de Jobim, um deslize formal que poderia causar a impugnação da chapa e, com isso, a exclusão da partilha nos postos de direção do partido.[6] Com a reeleição garantida, a convenção do PMDB ganhou ares de festa de congraçamento entre os novos aliados. Convidado de honra, Arlindo Chinaglia, já eleito presidente da Câmara, aproveitou a oportunidade para "agradecer à bancada do PMDB" e enaltecer "a visão estratégica do partido", reafirmando que o PT honraria os compromissos firmados e apoiaria a volta de Michel Temer à presidência da Câmara para o biênio 2009-10.[7]

O acordo mirava a eleição presidencial de 2010, com a possibilidade da formação de uma aliança eleitoral entre PT e PMDB. E, como tudo que dizia respeito ao PT, contou com o endosso de José Dirceu.[8] Ao discursar em convenção de seu partido em março de 2007, Michel Temer fez a devida referência à futura aliança eleitoral: "Como maior partido, o PMDB tem o direito de lançar o candidato".[9]

Dilma Rousseff, já na raia para disputar a indicação do PT, classificou "qualquer discussão hoje sobre 2010" como "prematura e, do ponto de vista do governo, estranha. Nós estamos iniciando o terceiro mês de governo do segundo mandato de quatro anos. Então, o nosso foco está concentrado em governar bem nos próximos quatro anos".[10] Os acertos sobre 2010 viriam em seu devido tempo. Pragmático, o PMDB da Câmara voltou os olhos para o espaço a ganhar na Esplanada dos Ministérios.

Para contemplar seus interesses, os deputados reivindicaram duas pastas: Integração Regional e Agricultura. A primeira, para atender aos interesses da bancada do Nordeste. A segunda, para contentar os deputados do Sudeste. Geddel Vieira Lima (BA)[11] e Reinhold Stephanes (PR)[12] foram escolhidos para ocupar os cargos. O Ministério da Saúde, a despeito da filiação a toque de caixa do sanitarista José Gomes Temporão ao PMDB, promovida pelo sempre prestimoso governador Sérgio Cabral, não foi contabilizado na cota do partido. Para efeitos políticos, foi considerado indicação pessoal do presidente Lula.[13]

O PMDB do Senado, desnecessário frisar, preservou seu espaço, mantendo o controle sobre o Ministério de Minas e Energia e o das Comunicações. Quanto ao PT, o rearranjo ministerial passava pela acomodação da ex-prefeita de São Paulo Marta Suplicy, cuja musculatura política fora reforçada após ter patrocinado a aliança com o PMDB da Câmara. Seu grupo sonhou alto, reivindicando o valiosíssimo Ministério da Educação, um sinal evidente de que a ex-prefeita mirava a sucessão presidencial. Depois de muita especulação e longas negociações, a ex-prefeita cedeu ao "apelo pessoal" do presidente e se contentou com o inexpressivo Ministério do Turismo.[14]

O grupo de Garotinho, recém-chegado ao PMDB, precisou lutar para ganhar postos na administração pública. Leonardo Picciani (PMDB-RJ), filho do peso pesado da política carioca Jorge Picciani (PMDB-RJ), foi brindado com a presidência da poderosa Comissão de Constituição e Justiça da Câmara. Não demorou para fazer o posto render, nomeando o "coordenador da bancada carioca do partido", deputado Eduardo Cunha, relator da admissibilidade da emenda constitucional que renovaria a Contribuição

Provisória sobre Movimentação Financeira (CPMF).[15] Nas mãos de um parlamentar qualquer, a relatoria seria uma tarefa burocrática, a ser resolvida em poucas semanas. Cunha, contudo, nunca se comportou como um parlamentar qualquer.

Por meses, ele ignorou os apelos do governo e adiou, sob as mais variadas alegações, entre elas a midiática participação na CPI do Apagão Aéreo,[16] a entrega do parecer. Não escondeu suas razões. Só encontraria tempo quando Luís Paulo Conde, ex-prefeito do Rio de Janeiro e membro do grupo de Garotinho, fosse nomeado presidente de Furnas.[17] Obviamente, o parlamentar não agiu apenas com o respaldo da bancada fluminense do PMDB. Cândido Vaccarezza (PT-SP), por exemplo, vinculado ao grupo de Marta Suplicy, criticou a resistência do governo, afirmando que se "o PT quer uma aliança permanente com o PMDB, para garantir inclusive nosso projeto rumo à Presidência, em 2010, não pode ficar brigando assim".[18] Como se vê, Eduardo Cunha não demorou para costurar alianças com petistas. Sem esse apoio, não teria sido capaz, por mais obstinado que fosse, de sustentar a obstrução por todo o primeiro semestre de 2007. Em julho, o governo cedeu. O nome de Conde foi confirmado e o parecer, emitido.[19]

Obtida a nomeação, Cunha garantiu seu "naco" na administração pública e o fez render. Nem as consequências desastrosas de sua obstinação — o atraso na renovação da CPMF, que acabou rejeitada pelo Senado — lhe valeram reprimendas ou perda de poder. O efeito foi o inverso. A reputação estava criada. O mais acertado era não comprar briga com Cunha. Se era para ceder, melhor cedo que tarde. Durante a Legislatura de 2007 a 2010, o deputado não sossegou um minuto. Onde havia oportunidade, lá estava Cunha pronto a gerar dificuldades para negociar a solução. A CPI do Apagão Aéreo lhe garantiu notoriedade e oportunidades nunca desperdiçadas de fazer ameaças a autoridades e empresários.[20]

A presidência de Furnas era pouco para suas pretensões. Rapidamente, seu interesse se voltou para os contratos no Ministério de Minas e Energia,[21] área sob controle do PMDB do Senado. A pasta estava em plena turbulência em razão das revelações da Operação Navalha, responsável pela queda de um indicado de José Sarney, Silas Rondeau.[22] O vendaval nesse ministério só amainou nos primeiros meses de 2008, quando Edison Lobão assumiu a pasta e o PMDB da Câmara passou a controlar a diretoria internacional da Petrobras, com a indicação de Jorge Zelada para o lugar de Nestor Cerveró.[23]

Vale registrar a resistência de Delcídio do Amaral (PT-MS) à saída de Cerveró.[24] O senador lutou o quanto pôde para evitar a substituição. Foi derrotado. Cerveró, pelos serviços prestados, foi brindado com um cargo de consolação.[25] Jorge Zelada, Nestor Cerveró e Delcídio do Amaral seriam personagens centrais do impeachment de Dilma Rousseff, como se verá adiante. Por ora, interessa frisar as alianças e os interesses que deram base à ascensão vertiginosa do poder político de Cunha.

Já em 2007, Eduardo Cunha passou a integrar o seleto grupo dos Cem Cabeças do Congresso identificado pelo Departamento Intersindical de Assessoria Parlamentar (Diap), que o rotulou como "debatedor", além de "articulador".[26] Em 2009, sua biografia passou a registrar "vínculos com o setor elétrico". Faltou acrescentar os laços recém-conquistados com o setor petrolífero. Se em 2010 o Diap escolhesse os dez em lugar dos cem cabeças do Congresso, Cunha certamente estaria entre eles.

Em sua ascensão, o parlamentar mostrou que não tinha rivais na arte da negociação política. Sua obstinação e seu pragmatismo eram incomparáveis. Desafiá-lo era inútil. Cunha nunca cedia um milímetro sequer e sempre vencia a parada. Além disso, tinha um faro invejável para achar limões e deles fazer uma boa e rentável limonada. O apoio à abertura de CPIs se tornou uma de suas ferramentas mais eficientes. Exemplo dessa estratégia foi a criação da CPI da Agência Nacional de Energia Elétrica (Aneel), cujo objetivo era "investigar os preços abusivos praticados pelo setor". O requerimento de instauração, assinado por Eduardo da Fonte (PP-PE), afirmava que "a Aneel tem se omitido de sua atribuição legal de garantir tarifas justas de energia elétrica".[27]

A relatoria da CPI coube a Alexandre Santos (PMDB-RJ), outro aliado de Cunha, apoiado com uma mãozinha amiga do líder do PT na Câmara, Cândido Vaccarezza.[28] Não é preciso dizer que as conclusões da CPI — se os preços praticados pela Aneel eram ou não justos — dependiam do atendimento dos pleitos dos parlamentares junto à agência. Ao relatar uma medida provisória, Cunha enxergou a oportunidade para que a Eletrobras recebesse o status de empresa estratégica, o que significaria equivaler seu status ao da Petrobras, que, em lugar de licitações, podia adotar o modelo de carta-convite. A oposição entendeu aonde o deputado pretendia chegar e criticou a proposta. Afiado, Cunha lhes cobrou coerência, pois o modelo fora implantado na Petrobras pela Reforma Bresser.[29] Nesse caso, Cunha perdeu. A emenda foi rejeitada, mas o deputado mostrou entender como as coisas eram tocadas na petroleira, onde passara a dar cartas desde a nomeação de Jorge Zelada à diretoria internacional.

Quando PT e PMDB fecharam o acordo para lançar a chapa Dilma-Temer à sucessão de Lula, Eduardo Cunha era um dos cardeais do PMDB da Câmara, um dos líderes a ter voz na construção da coligação. Sem sua colaboração, a chapa não teria saído do papel. O deputado entrou de corpo e alma na montagem da campanha de Dilma Rousseff. Entretanto, sua relação com a bancada carioca já não era a mesma, em razão de suas desavenças com o governador Sérgio Cabral. Cunha fazia questão de proclamar aos quatro ventos: "Eu não voto no

Cabral. Vou cuidar da minha vida e dar apoio à ministra Dilma, à candidatura da base aliada. O Cabral não defende o partido no Rio. É um governo dos amigos dele, não é partidário".[30]

Como Lula e José Dirceu, Eduardo Cunha depositou grandes expectativas na mais do que provável vitória de Dilma. Contudo, provou o sabor amargo da desilusão. Na sua avaliação, uma vez eleita, a presidente se comportaria como o governador Sérgio Cabral. Como viria a repetir em inúmeras declarações, Dilma não queria dividir o poder com os aliados.[31]

Pusilânimes

Em junho de 2010, com a campanha prestes a se iniciar, o PMDB cobrou fidelidade aos diretórios estaduais. O acordo com o PT não se resumia à eleição presidencial. Candidatos ao governo deveriam estar alinhados à chapa nacional e quem saísse da linha deveria ser chamado imediatamente à ordem, papel que Eduardo Cunha assumiu e desempenhou com distinção e mérito: "Não podemos começar uma aliança passando a imagem de pusilânimes".[32]

Viabilizar o acordo pediu muito sangue, muito suor e poucas lágrimas do deputado. Em nenhum momento Cunha mostrou comiseração, delicadeza ou mesmo civilidade para com os pemedebistas que hesitavam em aderir à aliança com o PT. Em muitos estados, o espelhamento da aliança nacional pediu a reconfiguração completa do quadro político local e coube a Cunha produzir o milagre de colocar no mesmo barco quem até outro dia trocava sopapos.

Em nenhum estado a reestruturação foi tão completa quanto em Minas Gerais, onde PT e PSDB haviam firmado uma espécie de entente,[33] cujo ponto alto fora o apoio dos dois partidos ao candidato do PSB, Márcio Lacerda, à prefeitura de Belo Horizonte em 2008. Na ocasião, o PMDB apresentou o candidato da oposição.[34] Cunha chamou para si a missão de acertar as arestas e fechar um acordo.[35] Foram longas e penosas negociações, cruciais para dar a musculatura necessária à chapa e garantir que o PMDB trouxesse votos para Dilma na região Sudeste.[36]

Para encurtar a história: o deputado carioca acumulou muitos créditos durante a campanha presidencial. Trabalhou dia e noite para a eleger Dilma e Temer. Sendo essa a lógica no mundo político, esperava recompensa pelos serviços prestados. Reeleito, retornou a Brasília com a fatura em mãos. O governo, contudo, começou a operar em câmera lenta. As nomeações para o segundo e terceiro escalões, chaves para os operadores políticos do quilate de Cunha, dormiam na mesa do ministro Antonio Palocci.

O deputado não viu saída senão recorrer ao seu método: aproveitou a tramitação do projeto de lei que reajustava o valor do salário mínimo para apresentar emenda propondo valor superior ao pretendido pelo governo.[37] A paz entre os partidos só voltou a reinar quando, autorizado expressamente por Dilma Rousseff, Palocci iniciou a distribuição dos cargos de segundo e terceiro escalões. Ato contínuo, Cunha se esqueceu da sorte dos mais carentes e retirou sua emenda.[38]

O padrão se repetiu diversas vezes. Ameaças, seguidas de armistícios. O controle sobre Furnas, por exemplo, voltou a gerar faíscas.[39] Nada se compara, porém, ao desacerto na aprovação do novo Código Florestal, quando o PMDB não endossou o projeto defendido pelo governo, motivando o desastrado telefonema de Palocci a Temer para cobrar a fidelidade do partido coligado.[40] A pressão bruta pegou mal, e Palocci foi forçado a recuar, dando o dito pelo não dito.

Palocci deixou o governo logo depois. Entretanto, as rusgas públicas envolvendo o superpoderoso ministro-chefe da Casa Civil e o PMDB nada tiveram a ver com sua renúncia.

O PMDB fez questão de lavar as mãos, a fim de deixar claro que não pretendia participar das lutas internas do PT, inclusive entre Lula e Dirceu, para influir sobre a presidente.[41]

Consumada a queda do ministro-chefe da Casa Civil, o PMDB da Câmara entrou em campo para influir na recomposição do ministério, em sintonia com seus aliados dentro do PT, declarando seu apoio às pretensões de Cândido Vaccarezza, citado entre os prováveis ocupantes da pasta das Relações Institucionais.[42]

Dilma frustrou todos que haviam apostado na sua inexperiência e que acreditavam que a tutelariam. Para surpresa geral, aproveitou a oportunidade para decretar sua autonomia. Cunha, Vaccarezza e tantos outros não gostaram nem um pouco da escolha de Gleisi Hoffmann (PT-PR) e Ideli Salvatti (PT-SC) para os cargos vagos.

Após a substituição de Palocci, a relação entre o governo e o PMDB se caracterizou pela troca de uns poucos beijos e muitos tapas. Quando os primeiros perdiam para os segundos, invariavelmente Cunha era o escalado para fazer valer o peso do apoio do partido ao governo.

Ao final de 2011, para dar um exemplo, os ânimos se exaltaram em razão de disputas em torno dos nomes a compor o conselho curador dos recursos do FI-FGTS, controlado pela Caixa Econômica Federal. A discórdia girou em torno da recondução de Fábio Cleto, indicado ao posto por ninguém menos que o próprio Cunha.[43] A disputa envolvia a possibilidade de o fundo destinar parte de seus recursos a obras para a Copa do Mundo de 2014 e para a Olimpíada de 2016. Era uma oportunidade única para a Delta, conhecida como a empreiteira do PMDB. O governo bloqueou a manobra, já que lei específica havia definido a fonte de recursos para as obras necessárias aos dois eventos.[44]

Em março de 2012, Eduardo Cunha deu à luz um manifesto público visando "chamar a atenção do governo que o PMDB está sendo tratado como partido de segundo escalão".[45] Em realidade, quem vinha sendo tratado mal pelo governo não era o PMDB, e sim a Delta, cuja sobrevivência estava ameaçada em razão dos inúmeros escândalos em que se vira envolvida e que lhe haviam causado perdas vultosas.

Cunha entrou em campo para salvar a empreiteira e seus negócios. Recorreu a seus amigos da JBS, que, por sua vez, se dispuseram a assumir a empresa se contassem com empréstimo do BNDES. O governo, contudo, negou seu aval ao negócio, que, assim, não se concretizou. Cunha protestou, recorrendo à ladainha que usaria vezes sem conta: o PT não sabia dividir o poder.[46] A demissão de Jorge Zelada, em abril de 2012, completou o quadro. O PMDB perdeu sua diretoria na Petrobras, uma fonte certa e segura de recursos. Daí para a frente, a relação entre a presidente e o líder peemedebista azedou de vez. Acabaram-se os beijos, sobraram os tapas, muitos tapas.

Para Eduardo Cunha, mais do que para qualquer político, a permanência da presidente no poder era um empecilho. Seus interesses — e os que ele representava e defendia — seriam prejudicados enquanto Dilma ocupasse a cadeira presidencial. Cunha, obviamente, não era o único político desgostoso. Na ponta do lápis, provavelmente as perdas do PT excediam as do PMDB. Mas não pegava bem que petistas liderassem os protestos contra a presidente. Coube a Cunha encabeçar a reação.

Não faltavam vespeiros a ser explorados. Valendo-se de um esquadrão de aliados, como Maurício Quintella (PR-AL), Eduardo da Fonte (PP-PE) e Jovair Arantes (PTB-GO), entre outros, Cunha multiplicou as iniciativas para investigar a Petrobras. A compra de Pasadena, pelos danos que poderia causar à imagem da presidente, foi seu alvo predileto.

Educado, demasiadamente educado

Michel Temer teve trabalho para assegurar a preservação da aliança PT-PMDB na eleição de 2014. Muitos cardeais do partido, na Câmara e no Senado, não viam razões para manter a coligação e reapresentar a chapa Dilma-Temer. O acordo com o PT não trouxera as vantagens esperadas e não traria, julgavam, enquanto Dilma Rousseff estivesse no poder. O problema de fundo, como o deputado André Vargas declararia no início de 2014, eram as "exigências demasiadas" da presidente.

Ameaçado, temendo não ter controle sobre a Convenção Nacional do PMDB, Temer reassumiu a presidência do partido, da qual estava licenciado desde 2011.[47] A manobra foi insuficiente para apagar o incêndio. Os mais resistentes à aliança se reuniram em torno da bancada carioca, comandada por Jorge Picciani e Eduardo Cunha. Entre os rebeldes, destacavam-se pesos pesados do partido, como Henrique Eduardo Alves e Geddel Vieira Lima. Entre os senadores, o todo-poderoso Romero Jucá puxava a fila dos que queriam se bandear para a candidatura Aécio Neves.

Temer mostrou que sabia jogar. Controlou a Convenção e derrotou os adversários. O então presidente da Câmara dos Deputados, Henrique Eduardo Alves, sintetizou as demandas dos derrotados:

No parlamento, em algumas decisões a serem tomadas junto ao Executivo [...] muitas vezes recorremos ao Michel. E nós sentimos, por ser educado demais, o constrangimento dele, por ser vice, em estabelecer limites muito rígidos com a demanda do partido. [...] Agora ele pode deixar de ser educado demais e ser apenas educado.[48]

Michel Temer não deixou a peteca cair e respondeu à altura, dizendo que no segundo governo Dilma as coisas seriam diferentes: "Nós teremos no próximo governo uma participação muito efetiva do PMDB, porque nós não seremos apenas aliados, nós seremos o próprio governo".[49] Os dissidentes não viram razão para acreditar nas promessas do vice-presidente. Para Cunha e Picciani, Temer não deixaria os maneirismos bacharelescos de lado para defender o partido. Desgostosos com Dilma e Temer, os dois resolveram que tinham mais a ganhar apoiando a candidatura tucana, para a qual fizeram campanha aberta.

Quando Aécio Neves tomou a dianteira nas pesquisas de intenção de voto, Cunha aproveitou para espezinhar o presidente de seu partido, declarando que "Se a aliança do PMDB fracassar, certamente aqueles que levaram à aliança sairão derrotados do processo". Como se o recado não fosse claro o suficiente, acrescentou que, se Dilma não fosse reeleita, Temer não teria "condição política de conduzir uma participação no governo [de Aécio Neves]".[50]

Os momentos finais da campanha registraram sucessivas trocas de "amabilidades" entre os dois grupos.[51] Michel Temer e Eduardo Cunha literalmente dividiram o PMDB da Câmara ao meio. Pela contabilidade de ambos, cada um contava com o apoio de metade da bancada eleita pelo partido. Com a vitória de sua chapa na eleição presidencial, Temer contra-atacou, cobrando coerência do deputado. Como havia sido derrotado, deveria retirar sua candidatura à presidência da Câmara.[52]

Era o roto falando do rasgado. Coerência não fazia parte do léxico político de nenhum dos dois. Cunha nem sequer se deu ao trabalho de responder, ignorando solenemente a cobrança. Temer ensaiou dar uma lição no deputado, acenando que trabalharia para produzir uma candidatura alternativa, mais afinada ao governo. Após sentir o terreno, jogou a toalha e achou razões para justificar sua neutralidade.[53]

Cunha era imbatível. Sua base estava bem azeitada. O governo não enxergou o óbvio. Não seguiu o exemplo do vice-presidente e resolveu enfrentar seu inimigo número um. O resultado não surpreendeu ninguém. Cunha aplicou uma verdadeira sova no candidato apoiado pelo governo, Arlindo Chinaglia, aquele mesmo que, em 2007, se valera da aliança com o PMDB para se eleger presidente da Câmara.

Para o governo, a eleição de Eduardo Cunha era um mau presságio. Para as oposições radicalizadas, uma esperança. Ninguém duvidava de que Cunha se valeria do cargo para extrair vantagens do governo. Confrontado em seus interesses prioritários, ele não hesitaria em partir para o confronto. Ao contrário do vice-presidente, o deputado carioca não teria problema em esquecer a educação e partir para a ignorância. Não seria agora, eleito presidente da Câmara, que Eduardo Cunha mediria as consequências de seus atos.

O bom ambiente de negócios

A eleição de Eduardo Cunha comprovou sua força entre os deputados.[54] Foi eleito com o apoio de uma bancada suprapartidária, formada, cultivada e lubrificada desde a reação à reforma ministerial do início de 2014. O Blocão, o partido pessoal de Cunha, entrou em ação. O investimento do governo para derrotá-lo, lançando candidato próprio, conferiu caráter oposicionista à sua candidatura. Para muitos, sua vitória teria demonstrado que determinação, força bruta e, digamos assim, uma boa dose de incivilidade seriam necessárias para derrotar o PT.

O PSDB, nessa visão, padeceria do mesmo mal que Temer: seria demasiadamente civilizado e, por isso, colhera derrotas sucessivas. Assim, Eduardo Cunha foi alçado à estatura de um líder nacional, de candidato potencial à Presidência em 2018, um nome capaz de derrotar o PT.

Correu à boca pequena que a JBS havia despejado rios de dinheiro em sua campanha. Entrevistado pela *Folha de S.Paulo*, Eduardo Cunha negou ter contado com aportes das empresas de Joesley Batista e irmãos. Pressionado, admitiu que os empresários poderiam ter investido na sua candidatura, mas sem seu conhecimento, como outros tantos empresários desgostosos com as seguidas administrações petistas:

> Veja bem, há um sentimento da grande parte do país, principalmente São Paulo, em que o equilíbrio e independência do Poder Legislativo significa melhoria do ambiente do processo econômico do país. Tenho certeza que se você fizer uma enquete com os cem maiores empresários do país certamente talvez 98 preferissem a minha eleição. Não preciso pedir, eu via na rua. Não quer dizer necessariamente que tenha tido poder econômico na minha eleição.[55]

Custa crer que a JBS estivesse interessada em promover a independência do Poder Legislativo e, mais ainda, que se interessasse por aprimorar o "ambiente do processo econômico do país". Seus interesses não eram assim tão nobres. A associação entre a empresa e o PMDB da Câmara foram costuradas desde que o partido assumira o Ministério da Agricultura em 2007. A JBS tinha razões de sobra para investir na candidatura de Eduardo Cunha à presidência da Câmara.

A composição ministerial do segundo governo Dilma contribuiu de forma decisiva para que a JBS reforçasse sua aliança com Cunha, uma vez que a indicação de Kátia Abreu desagradou à empresa em virtude de sua defesa dos frigoríficos voltados para o mercado local.[56] Fora uma escolha pessoal de Dilma. Como a JBS, outros tantos homens de negócio tinham suas razões para apostar em Cunha. André Esteves, do BTG Pactual, por exemplo, tratou de convidá-lo para fazer palestras aos seus clientes, ocasiões nas quais "não economizou elogios a Cunha antes de apresentá-lo à plateia".[57]

André Esteves, tanto quanto a JBS, sabia da importância dos contatos políticos para fazer negócios. Não por acaso, seu banco figurava entre os principais doadores às duas campanhas presidenciais, a de Dilma e a de Aécio. Eduardo Cunha, não se deve estranhar, também recebeu seu quinhão. Entre os muitos negócios em que o BTG se envolvera, destacam-se seus investimentos em campos de petróleo na África em parceria com a Petrobras.[58] Em outras palavras, os elogios de Esteves a Cunha não eram fortuitos ou desinteressados.[59]

Em suma, após ser eleito presidente da Câmara, Eduardo Cunha conseguiu se vender como o agente da "melhoria do ambiente do processo econômico do país", como uma expressão da crescente "aversão ao PT", conforme afirmou em entrevista ao programa *Roda Viva*.[60]

O deputado, porém, não tinha pressa. Cortejava a oposição, mas não rompia com o governo. Era uma no cravo,[61] seguida de outra na ferradura.[62] A possibilidade de que, em uma dessas rusgas, viesse a pautar o impeachment ocupava lugar de proa nas mentes e nos corações da oposição. A indignação com o que era classificado de "assalto aos cofres públicos promovido pelo PT" não era estendida ao seu principal beneficiário.[63]

Ninguém melhor que o próprio Cunha definiu sua relação com o governo Dilma: "Sempre foi assim. Na prática, a gente finge que está [no governo]. E eles fingem também [que o PMDB está no governo]".[64] Por um tempo, o Planalto considerou que poderia escanteá-lo, que teria forças para formar um novo partido capaz de atrair os membros do Blocão, uma reedição da estratégia que levara à criação do PSD. A tarefa foi confiada a Cid Gomes, ministro da Educação.[65] O tiro saiu pela culatra e o resultado foi a demissão vexatória de Gomes do ministério, noticiada pelo próprio Eduardo Cunha e, posteriormente, confirmada pelo Planalto.[66]

O governo se deu conta de que estava dando murro em ponta de faca. Era preciso rever sua estratégia e achar meios para conviver com Eduardo Cunha. Não havia como marginalizar o presidente da Câmara. A saída foi recorrer a Michel Temer e seu grupo. Caberia ao PMDB a responsabilidade por administrar as demandas da sua bancada. O primeiro a ser convidado para a missão ingrata, Eliseu Padilha, não aceitou o encargo.[67] Dilma recorreu então ao topo da hierarquia, confiando a missão ao presidente do PMDB e vice-presidente da República.[68] O problema era do PMDB, cabia ao partido domesticar a fera. Como diz o ditado, quem pariu Mateus que o embale.

A estratégia funcionou. O nível de ruído baixou. Chegou-se à acomodação possível.[69] Estocadas aqui e ali, mas nada crítico. A despeito da indignação e das manifestações populares, Cunha fez ouvidos de mercador aos apelos insistentes para que aceitasse um dos pedidos de impeachment protocolados à Mesa Diretora da Câmara.

Enquanto o MBL seguia pelo acostamento em direção a Brasília, o Tribunal de Contas da União trouxe à baila as pedaladas fiscais, sinalizando que a presidente poderia ter cometido crime de responsabilidade. Era uma possibilidade de abertura de um processo de impeachment contra Dilma. Eduardo Cunha não se convenceu:

> O que chamam de pedalada eu acho que é uma má prática das contas públicas, de adiar pagamentos para fazer superávits primários que não correspondem à realidade. Isso vem sendo praticado ao longo dos últimos dez a quinze anos e não tinha nenhuma punição.[70]

O presidente da Câmara ainda não estava disposto a incomodar Dilma. Seus problemas com a Justiça, contudo, vinham lhe causando dor de cabeça. O grupo de trabalho reunido pela PGR, comandada por Rodrigo Janot, demonstrou interesse em aprofundar as investigações sobre suas relações com o empresário Julio Camargo, que, para escapar da prisão, assinou delação premiada com a Lava Jato em fins de 2014. O nome de Eduardo Cunha não figurava no documento, mas o pessoal de Brasília desconfiou que o empresário subtraíra informações em sua delação premiada.

Eduardo Cunha não esperou a coisa estourar para reagir e recorrer ao método desenvolvido e aprimorado ao longo de sua carreira política.[71] A CPI em curso na Câmara lhe ofereceu a oportunidade para ameaçar e constranger seus adversários. Contudo, a estratégia deu com os burros n'água.

Omissão premiada

Como todos os incluídos na Lista Janot, Eduardo Cunha tinha razões para pôr as barbas de molho. Entretanto, por mais barulho que a Lava Jato pudesse fazer, políticos sabiam que o ritmo de Brasília era outro, que a Procuradoria-Geral da República e o Supremo Tribunal Federal não se moviam com a mesma velocidade que Curitiba.

Ninguém precisava se exasperar. A morosidade das instâncias superiores jogava a favor dos políticos, Eduardo Cunha incluído. Não se podia descartar a possibilidade de que a Lista Janot tivesse o destino de tantos outros escândalos e denúncias do passado.

Não era, é certo, o que a Lava Jato anunciava aos quatro ventos. Ao ganhar tração, no final de 2014, com a Operação Juízo Final, a força-tarefa sediada em Curitiba venceu nova batalha para manter o controle das investigações. Os advogados

dos empresários presos pela Juízo Final alegavam que as investigações deveriam ficar a cargo da PGR e do Supremo, pois envolviam políticos protegidos pelo foro especial.

Sergio Moro respondeu de bate-pronto, classificando de "fantasiosa" a alegação de que estaria "ocultando o nome de agentes políticos envolvidos nos crimes" para manter sob sua tutela as investigações. O magistrado foi taxativo, asseverando que "a ação que tramita na Justiça Federal no Paraná não envolve crime de corrupção de agentes políticos" e que o objetivo da defesa dos onze executivos das maiores empreiteiras do país era "tirar o caso da Justiça Federal no Paraná".[72]

Segundo o noticiário, os advogados das empreiteiras estariam costurando um grande acordo de leniência com o procurador-geral da República, Rodrigo Janot. Na visão da força-tarefa, o acordo que se desenhava representaria o fim da Lava Jato.[73]

Curitiba recorreu à imprensa para denunciar a estratégia e caracterizá-la como encomenda da tradicional pizza com que casos anteriores haviam sido encerrados. Assim, reafirmou seu compromisso radical com o combate à corrupção, na linha do mote empregado pela presidente: a investigação iria até o fim, só seria finalizada quando não sobrasse pedra sobre pedra.

Curitiba colocou a PGR contra a parede, forçando-a a se comprometer com seu projeto. Entretanto, impossibilitada de investigar políticos, não tinha como atingir seus objetivos sem o concurso da PGR e do STF. O ex-presidente Lula, por não exercer mandato eletivo ou cargo de primeiro escalão, era a única liderança política de peso ao alcance.

Paradoxalmente, embora a Lava Jato tenha denunciado o acordo entre as empreiteiras e a PGR, acertos desse tipo eram a força motriz da operação. Delações premiadas são acordos em que criminosos confessos obtêm penas mais brandas (ou a liberdade) em troca de provas que incriminem seus comparsas. A queda de braço entre Curitiba e Brasília, portanto, não dizia respeito a fazer ou não acordos, e sim a quem caberia fazê-los, pois quem os fizesse definiria os rumos da operação. A força--tarefa, por isso, recorreu à pressão da opinião pública, visando manter sob sua jurisdição as negociações e os termos dos acordos com os empresários detidos. Em última análise, o que estava em jogo era a definição dos alvos preferenciais da investigação ou, para dizer de outro modo, dos mandantes do crime.

Os mentores da Lava Jato entendiam que o objetivo da operação era desmantelar uma organização criminosa com hierarquia e chefia claramente definidas. De acordo com essa visão, delações seriam válidas desde que inferiores comprometessem seus superiores, e tal camada superior era composta por políticos.[74] A tensão entre os dois centros nervosos da Lava Jato, Curitiba e Brasília, era inevitável. Os alvos preferenciais e a costura dos acordos passavam pela interpretação de cada um deles sobre quais políticos comandavam a organização criminosa.

Do ponto de vista processual, o conflito interno aos órgãos de justiça passava pela delimitação das competências das diferentes instâncias para tocar as investigações. Em última análise, a disputa dependia dos "fatiamentos" determinados pelo ministro Teori Zavascki, isto é, por suas decisões sobre quais casos envolveriam (ou não) acusados com direito a foro especial. Não é preciso acrescentar que tais decisões eram absolutamente subjetivas e discricionárias.

Assim, para preservar sua autonomia e as investigações, a força-tarefa se via forçada a caminhar na corda bamba. Para não perder a jurisdição sobre os casos que tinha em mãos, o juiz Sergio Moro escreveu que "o objeto deste processo não envolve o crime de corrupção de agentes políticos, mas sim crimes licitatórios, de lavagem e, quanto à corrupção, apenas dos agentes da Petrobras. Não há agentes políticos aqui investigados, nem haverá, perante este Juízo".[75]

O esforço para deixar "agentes políticos" fora do processo se estendeu ao conteúdo das delações premiadas assinadas em Curitiba. Ao menos, foi como se justificou o empresário Julio Camargo, proprietário da Toyo Setal, responsável pelas provas que embasariam a denúncia oferecida pela PGR contra Eduardo Cunha em agosto de 2015.

Inicialmente, em delação assinada no final de 2014, o empresário não mencionou o deputado.[76] A omissão era evidente, pois tanto Paulo Roberto Costa quanto Alberto Youssef haviam relatado as conexões do empresário com Eduardo Cunha. De duas, uma. Ou os ciosos investigadores da Lava Jato não confrontaram as delações assinadas, ou fecharam os olhos para a omissão seletiva que manteria o caso em suas mãos.[77]

A omissão chamou a atenção dos procuradores do grupo de trabalho montado pela PGR para preparar as acusações dos políticos incluídos na Lista Janot. Era fácil perceber que ali tinha coisa: Julio Camargo havia evitado esclarecer determinados episódios. Com o aval do Supremo, a PGR tomou novos depoimentos do empresário a respeito de suas relações com o lobista Fernando Soares e, por extensão, com Eduardo Cunha.

Em Brasília, a memória do executivo foi avivada e ele não se esqueceu de nada, fornecendo pistas detalhadas sobre as pressões sofridas para pagar a bagatela de 5 milhões de dólares ao parlamentar em razão de contratos com a Petrobras, intermediados por Fernando Soares.

Os esclarecimentos prestados revelam os métodos empregados por Cunha. Camargo atrasou o pagamento da propina, alegando que a Petrobras suspendera o contrato. As explicações não convenceram o deputado. Para receber o seu, recorreu a uma de suas armas prediletas: a aprovação de um requerimento de informação, pelo qual o empresário era convocado a esclarecer aos parlamentares seus negócios com a petroleira. Procurando esconder suas digitais, Cunha redigiu o requerimento, mas quem o assinou foi a deputada Solange Almeida (PMDB-RJ). Julio Camargo recorreu aos préstimos de Paulo Roberto Costa para obter a intervenção do ministro de Minas e Energia, Edison Lobão. Sem obter resultados, o empresário se viu forçado a levantar recursos com Alberto Youssef para pagar a propina reclamada por Eduardo Cunha. Após o pagamento, o requerimento de informação foi retirado.

As investigações comandadas pela PGR levaram a Polícia Federal à Câmara dos Deputados. Consulta aos metadados do arquivo eletrônico do requerimento apresentado pela deputada Solange Almeida provou que ele havia sido redigido no gabinete de Eduardo Cunha. O presidente da Câmara, portanto, acompanhou de perto a coleta das provas que o incriminariam.

Para salvar a cara da Lava Jato, arranjou-se que Julio Camargo prestaria novo depoimento ao juiz Sergio Moro. A audiência ocorreu em junho, mas o vídeo do depoimento só foi liberado ao público em 16 de julho de 2015.[78]

Em seu segundo depoimento, Camargo deu uma verdadeira aula sobre as engrenagens envolvidas nos contratos entre as empresas e a Petrobras, a começar pela atuação das empresas estrangeiras, passando pelos seus representantes no Brasil, como ele próprio, até chegar ao papel desempenhado pelos políticos. O depoimento comprovou que era impossível fatiar as investigações. Empresários, burocratas e políticos agiam em conjunto.

Lá pelo minuto 21 da gravação, Camargo afirma que teria sido "alertado que casos que envolvessem políticos não deveriam ser feitos aqui em Curitiba, que deveriam ser feitos em Brasília, devido ao foro privilegiado".

Sergio Moro, vendo a dificuldade do réu em justificar sua omissão, saiu em seu socorro, sugerindo explicações, como ameaças à sua vida e às de seus familiares.[79] Os advogados da defesa, por outro lado, não foram tratados com a mesma cortesia e consideração. Ao contrário, o magistrado mal lhes concedeu a palavra e não hesitou em interrompê-los ou desconsiderar suas objeções. Como se notasse que não havia se comportado de forma imparcial, ao final da sessão achou por bem esclarecer ao réu que "o juízo não conduz nada aqui, quem conduz é a polícia e o Ministério Público".

A publicidade dada ao depoimento colocou Eduardo Cunha em maus lençóis. As explicações do empresário, os detalhes dados e as ameaças de toda ordem a que o parlamentar teria recorrido para recolher a propina serviram para comprometer de vez sua imagem.

Fosse o deputado um político comum, as coisas se encaminhariam como em tantas ocasiões similares. Para matar o escândalo, entregaria os anéis e salvaria os dedos. Poderia, por exemplo, renunciar à presidência da Câmara, se afastar dos holofotes para ganhar tempo, deixando que o manto protetor do foro privilegiado se encarregasse da sua defesa. Eduardo Cunha, entretanto, não era um político comum, daqueles que recuam e acomodam. Para se defender, como sempre, Cunha partiu para o ataque.

Impasse mexicano

Um dia depois da liberação do vídeo com o depoimento de Camargo a Sergio Moro, em 17 de julho, o presidente da Câmara rompeu com o governo e passou à oposição.[80] Alegou que estava sendo perseguido, que havia motivação política por trás dos depoimentos e que a PGR estava agindo a mando do Planalto. Antes mesmo de anunciar o rompimento, Cunha mandou emissários para sondar Aécio Neves e Fernando Henrique Cardoso e saber como o PSDB reagiria a um eventual governo Michel Temer.[81]

O vice-presidente, de pronto, veio a público rechaçar a tese. O impeachment, afirmou, era "impensável".[82] Aécio Neves e

Fernando Henrique não confirmaram nem negaram o encontro. O fato é que, poucos meses depois de ter enterrado a ideia, a oposição, comandada por Aécio Neves, voltou a flertar com o impeachment, aceitando de bom grado se colocar a serviço do presidente da Câmara. Cunha, em verdade, nem esperou pela resposta dos tucanos para passar à ação, deixando claro que, se Dilma queria paz e completar seu mandato, deveria protegê-lo de Rodrigo Janot. Era isso ou enfrentar um processo de impeachment.

No início de agosto, logo após a retomada dos trabalhos, o presidente da Câmara tratou de aplainar o terreno. Em um só dia, fez aprovar todas as contas presidenciais pendentes, a começar pela de Itamar Franco.[83] Assim, se houvesse necessidade, as contas do mandato de Dilma poderiam ser objeto de consideração do plenário. As pedaladas fiscais, antes desconsideradas, entraram em seu radar. Induzidos, direta ou indiretamente, pela movimentação de Cunha, os movimentos sociais de direita (Revoltados Online, MBL, Vem Pra Rua e uma miríade de outros grupos com menor expressão) superaram suas desavenças e formaram a Aliança Nacional dos Movimentos Democráticos, cuja liderança ficou nas mãos de Carla Zambelli, do Nas Ruas.

Os líderes dos Movimentos Democráticos convocaram novas manifestações nacionais para o dia 16 de agosto. Acertou-se que todos os movimentos usariam as mesmas três palavras de ordem: "Fora corruptos", "Fora Dilma" e "Lula nunca mais".[84] Decidiram também poupar o presidente da Câmara.[85] Zambelli explicou que "a questão do Eduardo Cunha não é central para nós. Ele não é o foco, mas vamos pressioná-lo pela admissibilidade dos pedidos de impeachment que estão na Câmara".[86]

A despeito dos esforços e da união das lideranças dos movimentos de protesto, as manifestações voltaram a decepcionar. A Aliança Nacional dos Movimentos Democráticos compreendeu que não teria gás suficiente para colocar parlamentares contra a parede e resolveu se dissolver à espera de dias melhores.[87]

Em 20 de agosto de 2015, a PGR ofereceu a denúncia formal contra Eduardo Cunha.[88] O relato de Julio Camargo foi confirmado por um mar de provas. A PGR colheu registros de entrada e saída de prédios e, mais importante, juntou comprovantes de depósitos aos autos.[89] O documento trazia ainda novas revelações e indícios de envolvimento de Eduardo Cunha em diversos outros casos.[90] A peça expunha em detalhes a natureza do ambiente de negócios em que ele se movia.

A oposição tratou de preservar o eventual aliado. O líder do DEM na Câmara, Mendonça Filho, afirmou: "Ninguém pode ser condenado previamente". Já o líder do PSDB na Câmara, Carlos Sampaio, afirmou que se tratava apenas do "início de um processo de apuração e, dessa forma, é preciso aguardar antes de se fazer qualquer julgamento".[91]

No final de agosto, para complicar a vida de Eduardo Cunha, correram rumores de que Fernando Soares, o Fernando Baiano, estaria prestes a assinar sua delação premiada. O empresário era considerado o operador do PMDB e teria informações a acrescentar ao que já se sabia, incluindo o imbróglio envolvendo Julio Camargo e as sondas alugadas pela Petrobras. Com as novas revelações, fios soltos se juntariam, incluindo os que apontavam na direção de Michel Temer,[92] que reafirmou não conhecer Camargo, e muito menos Fernando Baiano.[93]

Vendo-se em apuros, em 24 de agosto o vice-presidente anunciou que sua missão estava encerrada. Ele deixava formalmente a intermediação das relações entre o governo e o PMDB. Não rompeu com o governo, mas indicou que, caso fosse forçado a decidir, seguiria Cunha e abandonaria Dilma.[94] As bancadas do PMDB, no Senado e na Câmara, entretanto, não passaram à oposição, reafirmando seu compromisso com a sustentação política da presidente e de seu governo. Os demais partidos da base de apoio ao governo tampouco se moveram.

Eduardo Cunha, mesmo sem contar com seu partido, continuou a preparar o confronto. Descontente com os pedidos de impeachment aguardando seu parecer, ele se encarregou de produzir um documento com maior peso político. O MBL, seguindo suas instruções, dispensou os serviços de Ives Gandra Martins, demasiadamente ligado à direita, e bateu à porta de Hélio Bicudo, cujas credenciais como fundador do PT dariam maior peso político ao pedido. O jurista, assessorado pela professora Janaina Paschoal, aceitou o encargo.[95] De início, o pedido elaborado pela dupla Bicudo-Paschoal não agradou a Eduardo Cunha. As críticas e sugestões do presidente da Câmara foram incorporadas à segunda versão do documento.[96]

Mas Dilma não permaneceu inerte. A reação tomou forma em uma profunda reforma ministerial que marcou sua reaproximação com Lula e com o PMDB carioca, liderado por Jorge Picciani e pelo governador do estado, Luiz Fernando Pezão.[97] O PMDB saiu da reforma com mais duas pastas, Saúde e Ciência e Tecnologia, entregues respectivamente a Marcelo Castro (PI) e Celso Pansera (RJ), este último um integrante da tropa de choque de Cunha.[98]

Dilma, portanto, reagiu à altura, dividindo as tropas de seu principal adversário. O presidente da Câmara sentiu o golpe. Criticou os colegas, defendendo que o PMDB deveria se manter fiel a "projetos" e não a cargos.[99] Henrique Eduardo Alves, seu velho amigo, aboletado no Ministério do Turismo, não assinou o manifesto preparado por Cunha. Como a maioria do PMDB, preferiu o certo ao incerto, negando-se a apoiar o impeachment.[100]

Dilma reviu também suas relações com o PT. Aloizio Mercadante, conselheiro político e principal assessor da presidente, foi deslocado da Casa Civil para a Educação, para ceder seu lugar a Jaques Wagner. Ricardo Berzoini foi para as Relações Institucionais. A tendência mais forte do partido, a Construindo um Novo Brasil, voltava ao centro do poder. Entre os mais próximos a Dilma, o ministro da Justiça, José Eduardo Cardozo, foi o único a ser mantido no cargo, a despeito das críticas contundentes dos petistas, incluindo Lula, que o responsabilizavam, direta ou indiretamente, pela liberdade com que a Lava Jato avançava sobre os quadros do partido.

A reforma ministerial, portanto, marcou a reaproximação entre Dilma e Lula, responsável direto pela negociação bem-sucedida com o grupo de Jorge Picciani. A aproximação poderia ter sido maior e mais completa se Lula tivesse aceitado a oferta de integrar o ministério, assumindo a pasta das Relações Exteriores. O colunista Raymundo Costa, sempre certeiro, comentou:

> A nomeação do ex-presidente Luiz Inácio Lula da Silva para o Ministério das Relações Exteriores foi seriamente discutida no governo. Lula brecou as conversas. Em vez de sentir júbilo por ser chamado para ajudar numa hora de dificuldades, considerou o convite um desejo de alguns de mantê-lo longe do país. Quem primeiro arruína o príncipe é sua corte, já dizia quem entende do riscado.[101]

Lula preferiu não se associar a um governo impopular e em dificuldades, priorizando a preservação do seu capital político. O Pelé da política, para usar a analogia de Gilberto Carvalho e Ricardo Berzoini, não queria entrar em campo. Guardava as energias para momento que julgasse oportuno. A dupla Wagner-Berzoini mostrou que a reorientação era para valer: o governo estava decidido a brecar o impeachment a qualquer custo. A estratégia envolveu acenos a Eduardo Cunha, indicando que as portas estavam abertas para entendimentos.

A reforma ministerial, finalizada nos últimos dias de setembro, foi suficiente para frear o ímpeto de Eduardo Cunha. O deputado sofreu novo baque quando autoridades da Suíça confirmaram que ele era titular de contas bancárias naquele país.[102] Mas as oposições não se convenceram. Carlos Sampaio estendeu ao parlamentar "o benefício da dúvida" com base na "confiança mútua" construída entre as partes. Tradução: Cunha poderia contar com o manto protetor da oposição se desse início ao processo de impeachment contra Dilma.[103]

Com a corda no pescoço, Cunha manteve o suspense, adiando sua decisão. Alegou que os pedidos apresentados, incluindo o elaborado pela dupla Bicudo-Paschoal, eram falhos por não se circunscreverem aos crimes de responsabilidade cometidos no segundo mandato da presidente.[104] O PSDB resolveu entrar em campo, oferecendo os préstimos de Miguel Reale Júnior para dar os toques finais no documento. O ex-ministro da Justiça não dourou a pílula, declarando que se dedicara a um exercício de "recorta e cola" para acomodar as novas exigências feitas por Eduardo Cunha, que, ainda assim, continuou a reclamar da fragilidade da obra da trinca.[105]

O conteúdo do pedido, em verdade, era irrelevante. O problema era de outra ordem. Cunha adiava sua decisão por saber que não tinha os votos necessários para aprovar o impeachment. O apoio dos partidos da oposição era insuficiente. Sem o PMDB e demais partidos da base do governo, o pedido seria derrotado. Ele ganhava tempo. A cada semana, apresentava um motivo diferente para protelar seu parecer.[106]

Em 13 de outubro, Cunha passou a lutar para sobreviver em mais um front, o Conselho de Ética da Câmara dos Deputados. Por ter mentido na CPI da Petrobras, poderia perder o mandato por quebra de decoro parlamentar.[107] Os deputados da oposição (PSDB e DEM), desnecessário dizer, não estavam entre os 46 signatários da representação (32 assinaturas eram de membros do PT).

A composição partidária da comissão especial colocou o destino de Cunha nas mãos do PT. O partido controlava os votos que poderiam absolvê-lo. A balança, assim, pendeu para o lado de um entendimento entre ambos. Uma mão poderia lavar a outra. Cunha engavetava o impeachment e o PT garantia seu mandato. Os ministros Jaques Wagner e Ricardo Berzoini estavam ali para isso. Eles haviam assumido a coordenação política do governo para fechar acordos que preservassem o mandato de Dilma.[108] O líder do governo no Senado, Delcídio do Amaral, era outro a pregar o armistício. "Não dá para fazer nenhuma operação política na Câmara sem botar Cunha no jogo."[109]

No PT, nem todos consideravam essa a melhor estratégia. Para alguns, a chance de se livrar do presidente da Câmara não deveria ser desperdiçada.[110] Sem sua liderança, não haveria impeachment. Para Eduardo Cunha, contudo, o acordo tinha que ser duplo. Não bastava ter os votos do PT na Comissão de Ética. Rodrigo Janot e o processo aberto pela PGR deveriam entrar na barganha. Concretamente, Cunha exigia a substituição do ministro da Justiça, José Eduardo Cardozo, por alguém mais confiável, que desarmasse a Lava Jato. O nome sugerido foi o do vice-presidente Michel Temer.[111]

Quanto à necessidade de impor controles à Lava Jato, havia uma clara convergência entre Cunha e lideranças do PT.[112] Para Lula, seu velho e bom amigo Nelson Jobim seria a pessoa mais indicada para assumir o posto e se incumbir da tarefa.[113] Além de pedir a cabeça de Cardozo, Lula não se cansava de alardear que o prazo de validade de Joaquim Levy se esgotara, que era hora de convocar Henrique Meirelles e lhe passar o bastão da economia.[114]

A oposição demorou, mas percebeu que estava sendo enrolada. De adiamento em adiamento, Cunha não iria dizer nem sim nem não ao pedido de impeachment. Em 11 de novembro,

PSDB e DEM finalmente se convenceram de que o presidente da Câmara tinha contas na Suíça. Era hora de trocar de lado e apoiar a cassação de seu mandato.[115] Vendo que as chances de levar adiante o impeachment eram cada vez menores, o PSDB voltou-se para o processo que movia no TSE visando impugnar a chapa Dilma-Temer.[116]

Eduardo Cunha sabia que a oposição não teria como assegurar sua sobrevivência. "Se eu derrubo Dilma agora, no dia seguinte vocês me derrubam."[117] Para ser exato, faltava a Cunha o essencial: os votos que permitiriam derrubar a presidente. A contabilidade continuava a falar mais alto. O PMDB mantivera sua fidelidade ao governo. O gambito de Dilma, orquestrado por Lula, tinha dado certo. O PMDB não estava disposto a embarcar em aventuras.[118]

Assim, no final de novembro de 2015, a montanha estava prestes a parir um rato. O impeachment, apesar da profunda crise política, não saíra do papel. Gerou-se um impasse. Cambaleando, o governo sobrevivia.[119] Em 11 de novembro, Eduardo Cunha anunciou que decidira deixar a apreciação dos pedidos de impeachment para 2016.[120] O colunista de *O Estado de S. Paulo* José Roberto de Toledo sintetizou a situação: "O impasse não tem solução, pois tanto avançar quanto retroceder pode ser fatal para qualquer dos envolvidos. É o que acontece entre governo, oposição e Eduardo Cunha. Bravatas à parte, ninguém quer atirar primeiro para não ser abatido em seguida".[121]

Em um duelo, assinalou o analista, ganha o gatilho mais rápido, mas quando três pistoleiros se enfrentam, quem atira primeiro sabe que também levará tiro. O final anunciado não agradou ao MPF, que resolveu deixar a plateia e assumir a direção do faroeste. A PGR resolveu entrar em cena e o fez em grande estilo, prendendo um senador, Delcídio do Amaral.

A hora e vez de Rodrigo Janot

Como vários outros, Fernando Baiano não suportou o longo período de prisão preventiva determinada pelo juiz Sergio Moro.[122] O empresário, com negócios na Petrobras desde a época do Apagão Elétrico no governo Fernando Henrique Cardoso,[123] fechou o acordo em setembro de 2015.[124] Mesmo já tendo sido condenado por Moro a cumprir pena de dezesseis anos de cadeia, o operador do PMDB pôde deixar a prisão e voltar para seu luxuoso apartamento no Rio de Janeiro.[125]

Delações valiam pelos nomes e pelas informações fornecidas, eram o combustível que fazia a operação avançar. O objetivo era escalar a montanha, obter provas que pudessem comprometer gente graúda. Como nos casos anteriores, com a delação assinada, os investigadores da Lava Jato passaram a considerar novos alvos. Salomônico, o ministro Teori Zavascki determinou o "fatiamento" das investigações resultantes da delação assinada por Fernando Baiano, repassando "para o juiz Sergio Moro, responsável pela Operação Lava Jato no Paraná, a investigação de pessoas sem foro privilegiado que foram citadas pelo delator. Um dos alvos de Moro será o empresário José Carlos Bumlai, amigo do ex-presidente Lula". A notícia segue:

> As investigações de políticos com mandato seguem no STF, nas mãos de Teori Zavascki. Entre os políticos citados por Baiano estão: o líder do governo no Senado, Delcídio do Amaral (PT-MS), o presidente do Senado, Renan Calheiros (PMDB-AL), o presidente da Câmara, Eduardo Cunha (PMDB-RJ).[126]

A divisão de trabalho proposta seguia a lógica que vinha sendo adotada desde o início da Lava Jato. A novidade era a definição clara dos objetivos próprios a ser perseguidos pelas duas sedes da Lava Jato. Curitiba iria atrás de Bumlai para chegar a Lula, enquanto Brasília se ocuparia do senador Delcídio do Amaral para poder avançar sobre a cúpula do PMDB, os presidentes do Senado e da Câmara dos Deputados.

O "fatiamento" institucionalizou a competição entre o grupo de trabalho lotado na PGR e a força-tarefa que obedecia ao comando de Deltan Dallagnol. A disputa tomou a forma de uma corrida ao topo de duas "organizações criminosas", isto é, aos líderes de dois partidos, o PMDB e o PT. Quem chegasse primeiro levaria os louros da vitória.

A primeira instância largou na frente. Na Operação Passe Livre, desencadeada em 24 de novembro, a força-tarefa prendeu o pecuarista José Carlos Bumlai. Conforme os jornais haviam informado, ele tinha livre acesso ao Planalto enquanto Lula era presidente.[127] Daí seu apelido: "primeiro amigo". Bumlai foi preso em razão de um empréstimo contraído em 2004 com o fim de alimentar os cofres do PT.[128]

Sergio Moro, como de costume, acatou as ponderações da força-tarefa e decretou a prisão preventiva do pecuarista.[129] No despacho, o juiz se defendeu das críticas de que estaria abusando do expediente. Em lugar de se ater à doutrina jurídica, Moro apelou a argumentos de ordem política:

Embora as prisões cautelares decretadas no âmbito da Operação Lava Jato recebam pontualmente críticas, o fato é que, se a corrupção é sistêmica e profunda, impõe-se a prisão preventiva para debelá-la, sob pena de agravamento progressivo do quadro criminoso. Se os custos do enfrentamento são grandes, certamente serão maiores no futuro. O país já paga, atualmente, um preço elevado, com várias autoridades públicas denunciadas ou investigadas em esquemas de corrupção, minando a confiança na regra da lei e na democracia.[130]

O despacho, como se pode notar, recorre ao quadro geral — a corrupção sistêmica — para legitimar a prisão de Bumlai. Para o magistrado, situações excepcionais pediriam medidas extraordinárias. Entretanto, quem decretava que a situação era excepcional era a mesma autoridade que tomou a decisão. E quem disse que no Brasil, em 2015, se vivia em um estado de corrupção sistêmica?[131] Além disso, o crime havia sido cometido em 2004. Como alegar que o empréstimo contraído minava a "confiança na regra da lei e na democracia"? O risco à ordem pública foi usado largamente por Sergio Moro para justificar as prisões preventivas dos investigados pela Lava Jato.[132] A referência ao possível "agravamento progressivo do quadro criminoso" dá a entender que Bumlai estava em plena atividade, fazendo novos empréstimos, usando de sua proximidade do poder para obter benefícios.[133] O pecuarista, entretanto, era o "primeiro amigo" de Lula, não de Dilma.

Seja como for, o fato é que Curitiba acreditou ter dado um passo decisivo para chegar ao topo da pirâmide que lhe fora reservada após o fatiamento da delação de Fernando Baiano. Se o pecuarista falasse, com certeza sobraria para Lula.[134]

Em um primeiro momento, Eduardo Cunha acreditou que a prisão do "primeiro amigo" lhe oferecia a oportunidade para abrir o processo contra a presidente. Sondou o ambiente e concluiu que o choque não abalara a base do governo. Assim, protelou, uma vez mais, seu parecer.[135]

Finalmente, quem havia depositado confiança nos acordos apalavrados com o presidente da Câmara viu que era hora de puxar o freio de mão. Para Carlos Sampaio, a ficha caiu: "Ele [Eduardo Cunha] está utilizando o cargo dentro da Casa para poder fazer manobras em defesa de si mesmo".[136] No dia 25 de novembro, PSDB, DEM e o Partido Popular Socialista (PPS) anunciaram que, juntamente com o Partido Socialismo e Liberdade (PSOL) e a Rede Sustentabilidade, entregariam à PGR um pedido de afastamento de Eduardo Cunha da presidência da Câmara. Como explicou Chico Alencar (PSOL-RJ): "Ele [Eduardo Cunha] extrapolou todos os limites e isso tem que ter um fim".[137]

Janot não chegou a receber o relatório. No mesmo dia, a PGR resolveu pegar o touro à unha. Em operação por ela orquestrada, o Supremo Tribunal Federal determinou a prisão em flagrante de Delcídio do Amaral. Brasília veio abaixo. O senador foi preso por tramar a fuga de Nestor Cerveró. A prova era uma gravação feita pelo filho do ex-diretor de uma reunião com Delcídio e o advogado Edson Ribeiro em que se discutiu o que Cerveró deveria fazer caso fosse solto.[138] Fugir e buscar asilo na Espanha foi uma das possibilidades consideradas.

Um primeiro ponto a chamar a atenção é a peregrinação da fita. Segundo o relato do próprio Rodrigo Janot, Bernardo Cerveró a teria entregado a uma advogada que, por sua vez, a repassou a um de seus assessores antes de chegar às suas mãos.[139] O procurador-geral da República resolveu ouvir a gravação depois do expediente, em sua casa. No dia seguinte, reuniu-se com o ministro Teori Zavascki, a quem entregou o pen drive. Após ouvi-lo durante o fim de semana, o ministro achou por bem preparar o terreno, compartilhando o conteúdo da gravação com colegas mais próximos a fim de assegurar o apoio necessário para obter uma decisão coletiva. Entre a reunião e a decisão do Supremo que determinou a prisão em flagrante se passaram 21 dias.[140] Para atender à Constituição, criou-se a figura do crime permanente.

A PGR colheu o que plantou. A via crucis das fitas é suficiente para deixar claro que a PGR atuou em conjunto com o ministro Teori Zavascki para gerar a crise e sua solução.[141] A ideia de gravar a conversa, Cerveró reconheceria posteriormente, havia partido do Ministério Público.[142] O STF reagiu, procurou transmitir altivez e superioridade, mas havia sido posto contra a parede.[143] A primeira parte do plano de Delcídio dependia da colaboração de ministros do Supremo. Além disso, o senador fez referências a conversas dele e de outros políticos com membros da Corte em que teriam sido discutidos planos para enterrar a Lava Jato.[144]

Delcídio do Amaral era o cabeça da lista das prioridades definidas após a homologação da delação de Fernando Baiano. O segundo, o presidente da Câmara, também foi atingido pela operação. Entre o material recolhido na casa de um assessor do senador estava um recibo de pagamento relativo a emendas apresentadas pelo deputado para favorecer o BTG Pactual.[145] Reportagens nos jornais *Valor Econômico* e *O Globo* escarafuncharam essas pistas, demonstrando que Eduardo Cunha era useiro e vezeiro em pendurar jabutis para favorecer o BTG.[146] As relações entre o deputado e o proprietário do banco eram tão estreitas quanto comprometedoras. Sem dúvida, o deputado sabia criar um bom ambiente de negócios para seus associados.

A prisão de um senador dirigiu os holofotes para Brasília. Janot e seu grupo de trabalho roubaram a cena.[147] Curitiba se viu ofuscada. A liderança da Lava Jato trocou de mãos. A PGR estava mais próxima de atingir seus objetivos. Os dias de Eduardo Cunha estavam contados e a cúpula do PMDB que se cuidasse.

Curitiba não perdeu apenas o protagonismo, perdeu também um delator de peso, Nestor Cerveró. Como indicam as conversas ao final da reunião gravada por seu filho, o ex-diretor da Petrobras, responsável pela elaboração do relatório que embasara a compra de Pasadena, estava prestes a fechar os termos de sua delação premiada com a força-tarefa.

Delcídio e Esteves sabiam dessas negociações, mas haviam tomado precauções, acertando com o ex-diretor da Petrobras o que poderia ou não ser revelado. Em troca, o banqueiro havia se comprometido a garantir a sobrevivência da família Cerveró. Entretanto, uma nova versão da delação, com adições feitas à mão pelo próprio Cerveró, foram parar nas mãos de Esteves, indicando que o trato seria quebrado.

Pressionado, Bernardo Cerveró desconversou. Disse não reconhecer a letra paterna e desconhecer as adições, mas afirmou que seu pai fora traído por Fernando Baiano, que os dois haviam acordado o que cada um entregaria, mas o empresário não havia cumprido o trato, deixando seu pai sem ter o que oferecer aos investigadores para obter sua liberdade. Em suma, se queria sair da prisão, Cerveró teria que quebrar o acordo feito com Esteves e Delcídio. A força-tarefa pedia a entrega de peixes graúdos (leia-se Dilma e Lula) em troca de sua liberdade.

Brasília, ao abrir negociações com Bernardo Cerveró, puxou para si a definição dos termos da rendição do ex-diretor da Petrobras.[148] Além disso, ao trazer à tona as relações entre André Esteves e Eduardo Cunha, a PGR deu mais um passo para desferir o golpe de misericórdia no presidente da Câmara. Resumo da ópera: Curitiba tinha em mãos um bilhete premiado. A resistência de Nestor Cerveró estava por um fio. Sua delação tinha tudo para abalar os alicerces do mundo político. Delcídio e Esteves entraram em campo para tentar barrar o acordo entre Curitiba e Cerveró. O que ambos não sabiam era que a PGR havia aberto negociações paralelas com a família de Cerveró e se encarregou de puxar para si a resolução do imbróglio.

Diz-se que não é salutar saber como salsichas são produzidas. Pode-se dizer o mesmo de operações que visam restaurar a moralidade pública. A Lava Jato, como se depreende das conversas na reunião organizada por Delcídio do Amaral, funcionava como um verdadeiro "mercado persa", onde era possível adquirir de tudo. Presos acertavam versões dos fatos e as "autoridades" que entregariam entre si. Advogados passavam a perna em colegas. Policiais vendiam documentos, permitindo que os investigados antecipassem passos da investigação.

Promotores e procuradores recorriam abertamente a ameaças para arrancar as confissões que lhes interessavam.

O fato é que, ao mandar prender Delcídio, a PGR rompeu o impasse que havia entre PT, Cunha e oposições. O tiroteio foi imediato. O PT foi o primeiro a atacar. Em 1º de dezembro, os três membros do partido no Conselho de Ética anunciaram que votariam pela cassação de Eduardo Cunha.[149] No dia seguinte, o presidente da Câmara se mexeu, acatando o pedido de impeachment, que deixara na prateleira por meses.[150] O vice-presidente da República também foi rápido e em 7 de dezembro publicou carta rompendo com a presidente.[151] As oposições tampouco perderam tempo. Aécio Neves anunciou que estava ao lado de Eduardo Cunha e de Michel Temer[152] e os líderes dos movimentos de protesto se apressaram em convocar o povo a ir às ruas.[153]

Queimando pontes

Cada grupo tinha razões para se mexer. Eduardo Cunha, sem dúvida alguma, era o mais ameaçado. O precedente estava aberto. Quem era capaz de prender um senador não hesitaria em prender um deputado, mesmo que fosse o presidente da Câmara.[154] Não, Cunha deve ter pensado, se esse presidente da Câmara cedesse aos clamores dos que pretendiam dar cabo de Dilma e do PT.

Tudo considerado, Eduardo Cunha não era o único com a corda no pescoço. A classe política havia sido posta na linha de tiro. O governo estava acuado. Dilma e o PT não mexeram uma palha para defender Delcídio do Amaral.[155] Quem se mexeu, o ministro Aloizio Mercadante que o diga, entrou na dança. A mensagem foi clara. O governo não tinha forças para salvar os seus. A possibilidade de uma debandada da base parlamentar de apoio surgiu pela primeira vez no radar:

A crise em torno do petista [Delcídio do Amaral] também deflagrou um clima de alerta entre parlamentares que estão na mira da Lava Jato. Integrantes do governo e da oposição, no Senado e na Câmara, viram na decisão do Supremo um sinal de que o Judiciário passará a agir com rigor inédito nos casos relacionados à operação.[156]

A elite política entrou em pânico. Eduardo Cunha, mais ameaçado do que nunca, sabia que ali estava sua chance, que a desorientação do governo, aturdido com o golpe recebido, era a oportunidade que vinha esperando.[157] Imediatamente, as oposições se esqueceram do documento pedindo sua destituição. O presidente do PSDB, o senador Aécio Neves, disse que as "motivações" do deputado carioca eram irrelevantes, que cabia ao próprio "externá-las", concluindo que "nós do PSDB estamos absolutamente serenos com o nosso comportamento em todo esse processo".[158]

Hibernando desde a decepcionante manifestação de agosto, a Aliança Nacional dos Movimentos Democráticos acordou e resolveu reocupar o espaço público, marcando manifestações em favor do impeachment para domingo, dia 13 de dezembro.[159] Sempre atento aos detalhes e às regras, Cunha havia tomado as providências necessárias para facilitar a investida contra o mandato de Dilma, baixando normas para regulamentar a tramitação do processo de impeachment. O rito seguido no impeachment de Fernando Collor de Mello foi modificado. Obviamente, todas as alterações visaram aumentar o controle do próprio Cunha sobre o desenrolar do processo.[160]

As mudanças não eram pequenas ou sem significado.[161] A mais controversa retirava das mãos das lideranças dos partidos a prerrogativa de compor a comissão especial encarregada de emitir o parecer de admissibilidade do pedido de impeachment. Em lugar das indicações acordadas entre os líderes, o rito previa a escolha por voto secreto entre as listas que fossem oferecidas.[162]

Os líderes dos partidos da base do governo não acompanharam a dupla Cunha-Temer. O líder do PMDB, Leonardo Picciani, anunciou publicamente que o partido não abandonaria Dilma.[163] Em 8 de dezembro, em votação tumultuada, marcada por cenas de pugilato, Cunha deu uma inequívoca demonstração de força, voltando a aplicar uma sova no governo. A chapa por ele apoiada bateu a do governo por 272 a 199. Se fosse a votação final, ficariam faltando setenta votos para chegar aos 2/3 exigidos para a aprovação e remessa ao Senado. A base do governo havia trincado. Muitos haviam seguido Cunha e abandonado Dilma. O governo, não há outra forma de colocar as coisas, fora arremessado às cordas, teria que lutar para evitar a derrota.[164]

Cunha, contudo, para manter a analogia pugilística, recorrera a golpes abaixo da linha da cintura. O árbitro interviria para restabelecer a ordem, era ao menos essa a opção que restava ao governo. Foi o que ocorreu. Partidos de esquerda recorreram ao STF, para reverter o rito proposto por Cunha. Na mesma noite, o ministro Edson Fachin acatou um deles e suspendeu a tramitação do processo contra a presidente. A decisão definitiva, a ser tomada pelo plenário da Corte, ficou marcada para 16 de dezembro.[165]

A intervenção do STF deu às ruas uma chance de ouro de influenciar o processo, de mostrar sua musculatura e pressionar tanto o Supremo quanto os parlamentares. Contudo, como em agosto, a mobilização ficou aquém do esperado e do necessário. O número de manifestantes foi insuficiente para que a pressão popular se fizesse sentir. O impeachment, é certo, contava com apoio de parte expressiva da população, mas não o suficiente para limitar o grau de autonomia dos ministros e dos parlamentares.[166]

A PGR se apressou em concluir o trabalho incompleto. Correndo contra o relógio, com o impeachment avançando e as férias do Judiciário batendo às portas, no dia 15 de dezembro, um dia antes da sessão plenária do STF para deliberar sobre o rito do impeachment, a PGR colocou nas ruas a Operação Catilinárias, cujo alvo principal era ninguém menos que o presidente da Câmara. Como de costume, a Polícia Federal chegou de madrugada à residência particular do deputado para surpreendê-lo, onde a imprensa já a aguardava.

A operação se estendeu a velhos aliados de Eduardo Cunha, como os ministros Henrique Eduardo Alves, Celso Pansera e Fábio Cleto, ex-vice-presidente da Caixa Econômica Federal. A PGR, segundo informado, pretendia fazer busca e apreensão na residência oficial do presidente do Senado, Renan Calheiros, mas não obteve autorização do ministro Teori Zavascki.[167] Sérgio Machado, ex-presidente da Transpetro, apadrinhado por Renan, não teve a mesma sorte e foi forçado a receber a Polícia Federal em casa, em Fortaleza.[168]

Em ritmo acelerado, em um dia a PGR deu entrada no STF a um pedido de afastamento de Eduardo Cunha da presidência da Câmara, argumentando que o deputado usava o cargo para obter vantagens e bloquear as investigações. A apreciação preliminar da solicitação cabia a Teori Zavascki, relator da Lava Jato no Supremo.[169]

O pedido não teve o impacto esperado.[170] O gambito armado pela PGR não funcionou. Zavascki deixou para analisar o pedido em fevereiro, depois do recesso do Judiciário.[171] Com o impeachment andando, afastar Eduardo Cunha pedia determinação e coragem.[172] No mínimo, teria que ser uma decisão bancada pelo plenário do STF, como fora a que determinara a prisão de Delcídio. Mas, como mostrou a decisão daquele dia sobre o rito do impeachment, união era artigo em falta nas prateleiras do Supremo.

A Corte derrubou o rito de Cunha e, no fundamental, restabeleceu as regras que haviam regulado o processo contra Collor.[173] Não foi, portanto, uma intervenção e sim uma restauração. Para colocar de outra forma, o STF livrou o processo dos casuísmos introduzidos pelo presidente da Câmara. Mas não houve unanimidade. Gilmar Mendes e Dias Toffoli votaram pela manutenção do rito proposto por Cunha, alegando intromissão indevida do Poder Judiciário no Legislativo.[174]

Com a decisão do STF, a tramitação do processo contra a presidente voltou à estaca zero. O presidente da Câmara logo reagiu, criticando a decisão e fazendo constar imediatamente que recorreria.[175] Sem as alavancas que criara, o sucesso da empreitada era para lá de improvável.

Do dia para a noite, o parlamentar passou de líder a vilão. As oposições não tiveram o menor pudor em responsabilizá-lo pela derrota.[176] Cunha teria intoxicado o processo. Enquanto permanecesse à testa da Câmara dos Deputados, Dilma sobreviveria.

Para dizer o mínimo, o clima era desalentador. Nenhum líder político tinha razões para festejar. Não havia vitoriosos. Todos chegaram enfraquecidos ao final do primeiro ano do segundo mandato de Dilma. O STF entrou em férias, deixando pendentes a publicação do acórdão que definiria os procedimentos a serem seguidos para processar a presidente da República e a apreciação do pedido de afastamento do presidente da Câmara.

Livre das pressões políticas e com as contas acertadas com a Justiça, em dezembro, perto das festas do final do ano, o empresário Julio Camargo encontrou recursos para casar a filha como manda o figurino.[177] Um cínico diria que Camargo quis provar que, se seguido de delação, o crime compensa.

4.
Cognição sumária

O Aécio não tem condição, a gente sabe
disso, porra. Quem que não sabe? Quem
não conhece o esquema do Aécio? Eu, que
participei de campanha do PSDB...

Sérgio Machado,
conversa com Romero Jucá,
gravada em 11 mar. 2016[1]

É isso, querido. Como eu disse pros
senadores. Eu não quero incendiar o país. Eu
sou a única pessoa que poderia incendiar
o país. Não quero fazer como Nero, sou
um homem de paz, tenho família.

Lula,
conversa com o presidente da CUT, Vagner Freitas,
gravada por volta de 11 mar. 2016[2]

O balão de oxigênio que a Corte deu à
presidente naquele momento parece que não
foi efetivo. Agora estamos diante desse quadro
mais caricato, talvez um dos mais caricatos
que a nacionalidade já tenha enfrentado.

Gilmar Mendes,
comentário ao votar rito do impeachment,
15 mar. 2016[3]

A presidente respira

O ano começou bem para Dilma. A decisão do STF trouxe tranquilidade e tempo para arrumar a casa. Enquanto o acórdão não fosse publicado, o processo de impeachment permaneceria paralisado. Eduardo Cunha não estava acostumado a ser derrotado, muito menos a ter que esperar a decisão dos demais. Antes mesmo da publicação do acórdão, protocolou recurso contestando a interpretação do STF.[4] A ação intempestiva contribuiu para reforçar seu isolamento.

O vice-presidente foi o primeiro a se afastar. O controle do PMDB estava em jogo. Temer retornou a Brasília no primeiro dia útil de 2016. Desembarcou e anunciou que o impeachment não passara de uma aventura de verão, que suas mágoas com a presidente da República eram página virada e que pretendia manter relações harmoniosas com Dilma.[5]

Renan Calheiros aproveitou o passo em falso do vice-presidente para entrar na disputa pelo controle do PMDB.[6] Necessitado de trunfos para conquistar votos, Temer passou a defender a manutenção da aliança PT-PMDB em 2018, acenando com a possibilidade de que seu partido encabeçasse a chapa.[7]

O PSDB também se deu conta de que havia errado a mão. Posar de radical e se colocar a serviço dos interesses de Eduardo Cunha não caíra bem com seus eleitores. Comandados por Tasso Jereissati, os senadores do partido passaram a defender o abandono da tática do quanto-pior-melhor. Se queria chegar a 2018 com chances de recuperar a Presidência da República, o PSDB teria que adotar uma política positiva.[8]

Em sua luta contra os mais jovens, aboletados na Câmara e próximos a Aécio Neves, os "cabeças brancas" eram amparados pelos resultados das pesquisas de opinião a indicar que a intransigência e o radicalismo estavam custando votos ao partido. Ante tais evidências, o senador Aécio Neves foi convencido de que posar de radical não o levaria ao Planalto.[9]

Assim, no início de 2016, o PSDB passou a centrar fogo na "agenda positiva" alinhavada por Jereissati. Sua aprovação passava, necessariamente, por negociações e acordos com o governo, cuja base continuava a controlar a maioria das cadeiras nas duas casas legislativas. O PSDB deu prioridade à aprovação de projetos com efeitos concretos sobre a Petrobras, como o que retirava da empresa o monopólio da exploração do pré-sal e os relacionados à corrupção, caso do projeto de lei que visava diminuir a influência política na gestão dos fundos de pensão e do que tratava de rever o modelo de governança das estatais, Petrobras incluída.[10]

Para além da "agenda positiva", centrada em projetos em apreciação no Senado, para vertebrar sua candidatura à Presidência, Aécio Neves resolveu que era preciso "confrontar o PT no ponto central do discurso político-eleitoral dos petistas, a área social". O senador anunciou que promoveria uma série de seminários em março, reunindo representantes da sociedade civil, com o objetivo de "mostrar que o modelo de inclusão do PT — baseado exclusivamente na transferência de renda, sem se preocupar com a qualificação, com o ambiente de negócio, com a geração de renda, e o emprego — fracassou".[11]

O clima político era outro. O impeachment havia saído da pauta. O horizonte temporal se alargou. Tudo indicava que o calendário eleitoral seria respeitado. O PSDB, ao menos, havia voltado os olhos para a eleição de 2018.[12] A oposição parecia disposta a virar a página. Chegou a manifestar disposição de apoiar a aprovação da Desvinculação de Receitas da União (DRU), que, admitia-se, poderia incluir a recriação da CPMF. Mais importante, também abriu diálogo sobre uma possível reforma da Previdência.[13]

A bola estava com o governo, a quem cabia formatar a agenda, acertar os ponteiros, retomar a iniciativa e, eventualmente, se tudo desse certo, escapar do atoleiro em que estava metido desde a proclamação dos resultados da eleição de 2014.

Dilma não tinha alternativas. Sem dar um jeito na crise econômica, seu governo continuaria a patinar. O déficit público era o principal problema e o governo precisaria mostrar que estava disposto a controlar gastos. Como declarou o ministro Jaques Wagner, o Planalto não tinha coelhos na cartola. A única saída era seguir a cartilha.[14] Isto é, nada de Nova Matriz Econômica ou qualquer coisa que cheirasse a heterodoxia.

A maior pressão sobre as contas públicas vinha dos gastos com a Previdência Social. Para superar a crise, portanto, não havia escapatória. Sem propor e aprovar uma reforma da Previdência, o governo não iria a lugar algum.

O governo não hesitou em mostrar que sabia o que fazer. O noticiário econômico dava conta dos preparativos de medidas visando impor restrições e cortes ao Orçamento,[15] congelamento do salário mínimo[16] e outras tantas medidas do gênero.[17] O "mercado", como seria de esperar, reagiu bem.[18] O governo não se esqueceu do principal, anunciando que em abril enviaria ao Congresso a reforma da Previdência.[19] Convocado, Lula apoiou a proposta, reconhecendo que não havia jeito: de tempos em tempos, em razão do aumento da expectativa de vida, tal reforma era necessária.[20]

Muitos petistas não gostaram. Recessão não traz votos e os que dependiam da renovação de seus mandatos foram os primeiros a gritar. Como de costume, não faltou quem questionasse as credenciais ideológicas e o compromisso da presidente com o programa do PT.[21] O fogo amigo cresceu quando o ministro Jaques Wagner ensaiou uma espécie de mea-culpa, reconhecendo que a sigla "se lambuzara" após chegar ao poder, isto é, se comportara como os demais partidos, que tanto criticara, e errara ao não investir na reforma política.[22]

O clima de entendimento entre governo e oposição tinha críticos à direita e à esquerda. Nada garantia que seria possível sair da crise. Para muitos, sem que a crise política fosse resolvida (leia-se sem que o PT deixasse o poder), a crise econômica perduraria.

Seja como for, no início de 2016 o governo respirou. O sepultamento do impeachment foi encomendado. Os partidos passaram a olhar para 2018 e a fazer cálculos mirando a eleição presidencial. O PT amargava a pior situação. Ele estava na lona, abatido pela crise e pelas revelações da Lava Jato. As chances de obter nova vitória eleitoral e manter o controle da Presidência eram mínimas.

Acomodar e esperar. Tocar o barco e sobreviver da melhor forma possível, essas eram as palavras de ordem. Aos que haviam jogado suas fichas no impeachment, restava apenas se resignar. Eliane Cantanhêde, em coluna de 21 de fevereiro de 2016 no jornal *O Estado de S. Paulo*, assim sintetizou o clima político: "Chegamos, então, à perspectiva de mais três anos com Dilma, num 2016 de dar medo. [...] As expectativas são desanimadoras na economia, a política está para se livrar de Eduardo Cunha, mas nem por isso vai virar uma maravilha".[23]

No dia seguinte, a força-tarefa da Lava Jato reacendeu as esperanças dos que não aceitavam "mais três anos com Dilma". Pela primeira vez, a operação ameaçou diretamente a presidente.

O julgador sobe a rampa

A bolsa subiu e o dólar caiu.[24] Assim reagiram os mercados à Operação Acarajé, em 22 de fevereiro de 2016. A Lava Jato matou na raiz a acomodação política que se desenhava. Dados os seus alvos, a Acarajé representou uma declaração de guerra a Dilma e ao seu governo. Um aviso de que a força-tarefa não aceitaria uma composição entre as manobras políticas.

Pela primeira vez, a Lava Jato passou a investigar fatos ocorridos durante os governos Dilma. Para ser mais preciso, a operação passou a investigar os recursos destinados pela Odebrecht à campanha eleitoral de 2014, razão mais do que suficiente para levar a presidente ao desespero. Seus marqueteiros, João

Santana e Mônica Moura, sabidamente próximos a ela, foram presos. Certamente, o fantasma de Duda Mendonça passou a rondar os sonhos da presidente. A história se repetia. Era o início da reedição do Mensalão.

O casal de marqueteiros estava na República Dominicana. Voltaram ao país no dia seguinte e foram escoltados à prisão por policiais armados, como se fossem criminosos perigosos, prontos a fugir. Não foram algemados, mas forçados a cruzar os braços às costas. Como a maioria dos investigados, Mônica Moura e João Santana foram direto para a prisão, onde sabiam que permaneceriam até decidir cooperar com as autoridades. Era o padrão. Sergio Moro também seguiu o seu, o que tinha a fazer era um corta e cola:

> Embora as prisões cautelares decretadas no âmbito da Operação Lava Jato recebam pontualmente críticas, o fato é que, se a corrupção é sistêmica e profunda, impõe-se a prisão preventiva para debelá-la, sob pena de agravamento progressivo do quadro criminoso. Se os custos do enfrentamento hoje são grandes, certamente serão maiores no futuro. O país já paga, atualmente, um preço elevado, com várias autoridades públicas denunciadas ou investigadas em esquemas de corrupção, minando a confiança na regra da lei e na democracia.[25]

As justificativas não variavam. Serviam igualmente a marqueteiros e a quem havia contraído empréstimos fraudulentos, como José Carlos Bumlai. Quem estivesse relacionado à "organização criminosa" necessariamente contribuía para minar "a confiança na regra da lei e na democracia".

Pressionado por juristas, Sergio Moro resolveu aprimorar e introduziu novas justificativas ao deter Santana:

Impor a prisão preventiva em um quadro de fraudes, corrupção, lavagem e evasão fraudulenta sistêmica é aplicação ortodoxa da lei processual penal. [...] Excepcional no presente caso não é a prisão cautelar, mas o grau de deterioração da coisa pública revelada pelos processos na Operação Lava Jato [...].[26]

O magistrado reconhece que a medida tomada fere a ortodoxia processual, mas a justifica em razão da situação extraordinária vivida pelo país. Em outras palavras, Moro se sentiu no direito de se investir da autoridade para rever os procedimentos legais e legitimar seus próprios atos.

Em suas sentenças, sempre regradas por sua "cognição sumária" — a expressão aparece sete vezes na decretação da prisão de Bumlai e dez na de João Santana —, as referências aos crimes cometidos na Petrobras eram meramente ilustrativas. Em 2004, ao advogar a transplantação dos métodos empregados pelas Mãos Limpas ao Brasil, o juiz já havia chegado às mesmas conclusões.[27]

Sejam quais forem as inclinações ideológicas e afinidades políticas de Sergio Moro, é inegável que, progressivamente, redigia seus despachos com os olhos e ouvidos voltados à repercussão que causariam junto ao público. Os despachos saíam da sua mesa de trabalho direto para as redações dos jornais. O tom salvacionista de suas mensagens se acentuou após a virada do ano. Como ficaria claro nos meses seguintes, o julgador de Curitiba não hesitaria em apelar à sua cognição sumária para agir.

Ao incluir a presidente Dilma Rousseff em seu radar, Curitiba radicalizou. A Operação Acarajé marca o início da contraofensiva da força-tarefa para recuperar a direção da Lava Jato.[28] A prisão de João Santana e Mônica Moura, como escreveu o colunista Raymundo Costa, "levou a Lava Jato para dentro do Palácio do Planalto".[29] Um caminho sem volta.

A presidente se deu conta da ameaça e ouviu as críticas. Decidiu dispensar os préstimos do ministro José Eduardo Cardozo e saiu em busca de alguém que se dispusesse a impor controles sobre a Lava Jato.[30] Fácil dizer, difícil encontrar quem tivesse o perfil e a capacidade para desempenhar a tarefa.[31] Se é que, pelo adiantado da hora, alguém teria condições de fazê-lo. O governo bateu cabeça.[32]

Aécio e seu círculo se esqueceram da agenda positiva e retornaram ao campo de batalha com ânimo redobrado. Inicialmente, deixaram o impeachment de lado para apostar no processo contra a chapa Dilma-Temer. Por artes e magias do ministro Gilmar Mendes, o processo não apenas havia sido exumado como estava reaberto o período para coleta de provas.[33]

Se o TSE apressasse o passo e a impugnação ocorresse antes do fim do ano, novas eleições presidenciais teriam que ser convocadas. Essa era a esperança. Aécio acreditava que seria um candidato imbatível. As vantagens da via TSE sobre o impeachment eram óbvias.

O PSDB, contudo, não poderia manter os pés em duas canoas. O avanço do processo no TSE reaproximava o PMDB do PT, matando as chances de aprovação do impeachment. Os tucanos, portanto, tinham que decidir se o PMDB era parte do Brasil a ser passado a limpo ou se caberia a ele fazer a limpeza.

Imediatamente, o governo engavetou suas propostas de cortes de gastos e os estudos iniciados para reformar a Previdência. Para piorar as coisas, os jornais passaram a publicar trechos vazados da delação a ser assinada por Delcídio do Amaral verdadeiramente devastadores para Dilma e Lula.[34] O senador revelaria o que Nestor Cerveró deixara de falar sobre a compra de Pasadena.[35] Além disso, teria afirmado que a presidente, em mais de uma oportunidade, tentara barrar investigações.[36]

O terrorismo dos vazamentos foi ecumênico. Aécio Neves também teria papel de destaque nas revelações acertadas por Delcídio. O fantasma de Furnas, mencionado na delação de Alberto Youssef, voltou a ameaçar o senador.

Dilma voltou à UTI e as chances de sair dali com vida eram pequenas. Era uma questão de tempo e forma: pela cassação da chapa ou pelo impeachment. Para sobreviver, o governo precisava demonstrar força. Mas essa demonstração Dilma, por si só, não seria capaz de dar. Lula, somente Lula, tinha o capital político necessário para dar sobrevida ao governo.

Para o ex-presidente, a equação não era assim tão simples. Sobravam variáveis, faltavam as constantes. Não era certo que Lula seria capaz de salvar Dilma. Não era improvável que fosse dragado pela crise e sucumbisse com a presidente. Além disso, tinha a própria pele a considerar. Sua prioridade era escapar das garras da Justiça e, para esse fim, era essencial manter acesa a chama de sua candidatura em 2018. Abandonar Dilma à própria sorte, portanto, poderia ser o melhor curso a tomar, para Lula e para o PT.[37]

Non ducor duco

Em 24 de setembro de 2015, reunidos pelo Grupo de Líderes Empresariais (Lide), mais de seiscentos empresários se acotovelaram para ouvir o juiz Sergio Moro discorrer sobre sua obsessão: "As Lições da Operação Mãos Limpas". João Doria Júnior, fundador do Lide e pré-candidato à prefeitura de São Paulo pelo PSDB, fez as vezes de mestre de cerimônias e foi direto ao ponto logo na primeira pergunta: "Dr. Sergio, várias perguntas sobre um mesmo tema e um mesmo personagem: Luiz Inácio Lula da Silva, ex-presidente do Brasil. Diante do que os autos indicam, pode-se afirmar que a prisão do ex-presidente Luiz Inácio Lula da Silva é uma questão de tempo?".[38]

As expectativas dos empresários tinham fundamento, como viria a comprovar o fatiamento da delação de Fernando Baiano. Em novembro de 2015, com a prisão do pecuarista José Carlos Bumlai, o cerco começou a se fechar. Não demoraria para que o dr. Sergio não precisasse recorrer a subterfúgios quando indagado.

A Lava Jato não era a única investigação a preocupar Lula. Havia outras, como a Operação Zelotes. Pelo final de 2015, para onde voltasse a vista, Lula via a tempestade se armando. Definitivamente, o clima não era dos mais agradáveis, sobretudo por lhe faltar a proteção do foro privilegiado.

Em geral, após deixar o poder, ex-presidentes democraticamente eleitos buscaram algum tipo de proteção. Juscelino Kubitschek e José Sarney, por exemplo, procuraram refúgio no Senado. Fernando Henrique inovou, preferindo patrocinar projeto de lei que estendia o foro privilegiado a ex-presidentes. O PT inicialmente foi contra, mas mudou de posição em meio ao clima de entendimento que marcou a transição de poder em 2002. Em defesa da proposta, Fernando Henrique explicou que não buscava foro privilegiado, e sim "adequado". "Não tem sentido nenhum que um ex-ministro, um ex-presidente ou o que seja, tenha que responder por perseguição política, processo que não tem nenhum fundamento."[39]

Em 2005, com a crise do Mensalão na rua, o STF resolveu atender a pedidos protocolados pela Associação Nacional dos Membros do Ministério Público e declarou a lei inconstitucional.[40] Gilmar Mendes se insurgiu contra a decisão de seus pares. "Qualquer equiparação absoluta entre agentes políticos e os demais agentes públicos é equivocada", afirmou. "As perseguições, inclusive processuais, ocorrem depois do abandono do cargo."[41] Como dizia a velha propaganda, o mundo gira e a Lusitana roda.[42]

Ao deixar o poder, Lula dispensou patrocinar legislação que o protegesse ou buscar refúgio no Senado. Por certo, ele contava dispor de couraça à prova de "perseguições políticas". Na reforma ministerial de outubro de 2015, já enfrentando problemas com a Justiça, esnobou o convite para ocupar uma pasta.[43] E não mudou de postura à medida que se viu enredado por uma miríade de investigações. Sempre que questionado, dizia que não tinha o que temer, que todas as acusações feitas eram politicamente motivadas e sem fundamento. Aceitar um cargo que lhe garantisse prerrogativa de foro, acrescentava, seria visto como falta de convicção na própria inocência.

Era um misto de bravata e ameaça. Na sua mitologia, quando ameaçado pelo escândalo do Mensalão, deixou o palácio e buscou apoio do povo para se safar. Era essa a estratégia que vinha recomendando a Dilma desde a queda de Palocci. Era a que usaria, caso insistissem em "persegui-lo". Sua expectativa era que a ameaça de "pôr fogo no país" fosse suficiente para dissuadir seus adversários.

Mas nem todos estavam dispostos a contemporizar. Em fins de janeiro de 2016, o promotor paulista Cassio Roberto Conserino concedeu entrevista à revista *Veja*, anunciando que ultimava os detalhes de denúncia contra o ex-presidente. A acusação se baseava na conexão entre a falência da Cooperativa Habitacional dos Bancários de São Paulo (Bancoop), a aquisição de parte de seu passivo pela OAS e o triplex no Guarujá.[44]

Dois vértices do caso montado pela promotoria de São Paulo, João Vaccari Neto e Léo Pinheiro, estavam sob custódia da Lava Jato desde o primeiro semestre de 2015. Vaccari Neto era o gestor da Bancoop na época da falência da cooperativa e tesoureiro do PT quando a OAS, presidida por Léo Pinheiro, arrematou os esqueletos dos edifícios da massa falida deixada pela Bancoop. Entre esses, o Edifício Solaris, no Guarujá. Até a publicação da entrevista de Conserino, pelo que se sabe, o triplex do Guarujá não estava no radar da Lava Jato.

A entrevista do promotor paulista deve ter mexido com os brios da força-tarefa, abalados desde o passa-moleque que a PGR lhe havia aplicado ao assumir as tratativas da delação de Nestor Cerveró.[45] Uma vez mais, Curitiba estava na iminência de ser passada para trás, desperdiçando uma oportunidade de ouro para chegar a seu alvo preferencial. A reação foi imediata. Em menos de uma semana, armou-se uma nova e espetacular operação e o triplex foi incorporado aos ativos da força-tarefa.

Como sempre, o nome da operação continha um recado. A 22ª fase da Lava Jato, que foi às ruas em 27 de janeiro, foi nomeada de Triplo X, ainda que não houvesse menção ao nome do ex-presidente em seus comunicados.[46] Na entrevista coletiva, o procurador Carlos Fernando Lima tentou tapar o sol com a peneira. A operação estaria "investigando todos os apartamentos. Nenhuma pessoa em especial. [...] Se houve um apartamento dele, que esteja em seu nome [de Lula] ou que tenha negociado [...], vamos investigar, como todo mundo".[47]

A delegada Erika Mialik Marena não foi tão evasiva:

> Manobras financeiras e comerciais complexas envolvendo a empreiteira OAS, a cooperativa Bancoop e pessoas vinculadas a esta última e ao Partido dos Trabalhadores apontam que unidades do condomínio Solaris, localizado na avenida General Monteiro de Barros, 638, em Guarujá-SP, podem ter sido repassadas a título de propina pela OAS em troca de benesses junto aos contratos da Petrobras.[48]

As "manobras financeiras complexas" apontariam para a Murray, uma offshore aberta pela panamenha Mossack Fonseca. Inicialmente, afirmou-se que a Murray seria a proprietária de um triplex no edifício.[49] Em outras palavras, a Lava Jato entrou no caso atirando em todas as direções, sem ter a mais pálida ideia de como vincularia o triplex de Lula a "benesses junto aos contratos da Petrobras". Do ponto de vista legal, para reivindicar a competência sobre o caso, a conexão precisaria ser feita.[50]

A Lava Jato provavelmente imaginou que os promotores paulistas entenderiam o recado e deixariam o caso, já que, comparados à força-tarefa, seriam amadores, sem a envergadura e o apoio para colocar um ex-presidente da República atrás das grades. Se era essa a intenção, porém, o chega pra lá não produziu resultado. Pelo contrário. O promotor paulista Conserino estufou o peito e apressou o passo para não perder a oportunidade.

Sem o traquejo do pessoal da Lava Jato, o promotor, ao antecipar a conclusão de suas investigações, quase pôs a perder seus esforços. Pior, teria antecipado a acusação sem ter ouvido os réus.[51] Para preservar o caso, voltou uma casa e marcou data para colher os depoimentos de Lula e de sua esposa, Marisa Letícia. Os dois, como seria de esperar, espernearam, recorreram e deixaram claro que não atenderiam à convocação. Ainda assim, manifestantes pró e contra Lula se aglomeraram e trocaram sopapos na porta do Fórum Criminal da Barra Funda. Na última hora, a defesa conseguiu uma liminar, quando já era claro o não comparecimento de Lula e Marisa. A liminar foi revogada e uma nova data para o depoimento, marcada. Escaldado, antecipando nova negativa dos réus, Conserino avisou que, se não comparecessem, seriam forçados a tanto com recurso à força policial. Não se falou em condução coercitiva, mas era disso que se tratava.[52]

A ameaça não caiu bem. A defesa aproveitou para protestar, alegando perseguição política. Conserino recuou, contentando-se em recolher depoimento por escrito elaborado pela defesa.[53] A vacilação do promotor foi a deixa que a Lava Jato esperava para mostrar quem dava as cartas. Dallagnol, ou alguém de sua equipe, solicitou que Lula fosse conduzido a prestar depoimento coercitivamente. Sergio Moro concedeu e o resultado foi o que o país acompanhou pela TV na manhã de 4 de março como parte da Operação Aletheia, a 24ª fase da Operação Lava Jato.[54]

Foi uma inequívoca demonstração de força. Quatro dias antes, o promotor paulista, depois de ameaçar recorrer à força policial, havia recuado. A Lava Jato mostrou que era diferente: estava disposta a comprar briga e não tinha medo de Lula. Como não se cansavam de dizer, ninguém estava acima da lei, todos mereciam o mesmo tratamento. O ex-presidente era um cidadão comum e não merecia tratamento especial.[55]

O depoimento colhido não acrescentou absolutamente nada às investigações.[56] O nervosismo inicial logo cedeu lugar a uma troca de perguntas e respostas sem sentido que, em geral, acabou resvalando para amenidades. Ao final, só faltou discutirem o tempo e o resultado do futebol. Quanto ao triplex, os policiais dispensaram as perguntas, contentando-se em receber o documento preparado e entregue a Conserino.[57]

Em outras palavras, a condução coercitiva valeu pelo show, pela demonstração de força e pelo aviso dado. A Lava Jato estava no encalço de Lula. O dia do ex-presidente ia chegar. Curitiba não iria abrir mão das prerrogativas conquistadas. Mas a força-tarefa sabia que estava testando seus limites e que a ousadia poderia ter custos. Ao saber do acontecido, o ministro do Supremo Marco Aurélio Mello, insuspeito de nutrir simpatia por Lula ou pelo PT, comentou:

Condução coercitiva? O que é isso? Eu não compreendi. Só se conduz coercitivamente, ou, como se dizia antigamente, debaixo de vara, o cidadão que resiste e não comparece para depor. E o Lula não foi intimado. [...] Se pretenderem me ouvir, vão me conduzir debaixo de vara? Se quiserem te ouvir, vão fazer a mesma coisa? Conosco e com qualquer cidadão?[58]

A Lava Jato ganhou a parada. As reprimendas não tiveram consequências práticas. A autonomia foi preservada. O apoio popular e político à operação, os danos que causava à imagem do PT, de Dilma e, sobretudo, de Lula funcionavam como escudo. Para seus entusiastas, a Lava Jato cumpria sua missão se e quando desse cabo de Lula. Não por outra razão, a Aletheia foi qualificada como o "ápice"[59] ou "manifestação mais contundente" da Operação Lava Jato até aquela data.[60] *O Estado de S. Paulo*, em editorial, saudou a operação, afirmando que havia chegado a hora do "chefe do bando", verdadeiro responsável pela "falência política, econômica e moral do país", "prestar contas de seus atos".[61]

Diante dessas reações, nenhum membro da Suprema Corte ousaria ir além das censuras retóricas. Até porque, dentro da Corte, a Lava Jato contava com apoio entusiasmado de diversos ministros, seja por mirar o PT, seja porque acreditavam na tese da corrupção sistêmica.

Cassio Roberto Conserino e seus colegas do Ministério Público de São Paulo não perceberam que não eram páreo para a Lava Jato. Muito provavelmente, acreditaram que criar problemas para Lula era suficiente para gerar apoio. Em lugar de ceder, foram adiante e, em 10 de março, o promotor protocolou denúncia contra Lula, seus familiares, Vaccari e Pinheiro por lavagem de dinheiro. Não contente, alegando ameaça à ordem social, pediu a prisão preventiva de Lula.[62]

Em lugar de aplausos, Conserino e sua equipe foram achincalhados.[63] O editorial da *Folha de S.Paulo* dá uma ideia da reação à denúncia:

Os três promotores paulistas responsáveis pelo pedido de prisão preventiva do ex-presidente Luiz Inácio Lula da Silva (PT) realizaram proeza que ninguém julgaria possível no ambiente político atual. Obtiveram um quase absoluto consenso. Foi tamanha a inépcia de suas pretensões que, do governo à oposição, de defensores intransigentes do impeachment a convictos militantes petistas, não houve quem não criticasse a iniciativa. [...] Seria apenas uma patetice, se não fosse um perigo. Com promotores assim, nenhum cidadão está livre de ter sérios problemas na Justiça. Quando a sede de celebridade se junta à ignorância, e esta a uma feroz paixão persecutória, um trio de horrores ganha forma.[64]

Nem mesmo Carlos Sampaio, membro da ala radical do PSDB e promotor público licenciado, encontrou razões para apoiar o pedido de prisão preventiva de Lula.

Não é uma conduta usual fazer a denúncia e pedir a prisão do investigado. Isso foge à normalidade. [Lula] ser processado é correto. Aguardar o julgamento, é correto, mas não é porque temos divergências políticas que vou querer para ele algo diferente do que quero para qualquer cidadão.[65]

Impossível dissociar os aspectos jurídicos dos políticos. De fato, eram estes últimos que pesavam nas reações às investidas de Conserino e da Lava Jato contra Lula. A colunista Eliane Cantanhêde foi ao ponto, afirmando que o promotor paulista era sério e bem-intencionado, mas que lhe faltaria "timing" ou "semancol" para entender que era a "pessoa errada, na hora errada". O pedido de prisão representava "um desserviço ao serviço de tirar o país a limpo".[66] Dar cabo do ex-presidente não era tarefa para amadores como os promotores paulistas.[67]

Ninguém em sã consciência diria que Lula era um cidadão qualquer. Simplesmente, Lula era a maior liderança popular do país. Qualquer ação legal contra ele levava esse ponto em consideração. Conserino, Dallagnol e Moro sabiam disso e agiam de acordo, atentos para a repercussão política de suas decisões. Conserino não foi reduzido a pó de traque por inconsistências jurídicas da sua denúncia, mas por não saber seu lugar, por ter trocado os pés pelas mãos. Vale acrescentar, muitos censuraram Sergio Moro pelas mesmas razões, por acreditarem que, ao decretar a condução coercitiva, ele havia cometido um erro político. Por exemplo, o colunista de *O Estado de S. Paulo* José Roberto de Toledo escreveu que a medida teria provado que, "como cientista social, Moro é um ótimo juiz". Ao recorrer à condução coercitiva, que aos olhos de todos passou por prender Lula, a força-tarefa lhe teria dado o palanque que vinha procurando.[68]

Em editorial, a *Folha de S.Paulo* foi ainda mais longe, notando que Sergio Moro dera

> a oportunidade para que Lula pudesse reforçar, com renovado calor e reanimada audiência, o discurso da vitimização. [...] A mistura de populismo gasto e desconversa ofendida, a que não faltaram anúncios de uma possível candidatura presidencial, soou como espécie de conclamação aos correligionários, contribuindo para recompor, na solidariedade do desespero, suas linhas de cisão e desentendimento com o Planalto.[69]

Lula, de fato, buscou capitalizar a "arbitrariedade" de que teria sido vítima. Logo após deixar o aeroporto de Congonhas, voltou ao sindicato dos metalúrgicos e, em longo discurso, transmitido ao vivo pela televisão, não economizou ameaças e diatribes, afirmando que haviam batido no rabo da jararaca e não na cabeça. Ele continuava vivo e mobilizaria o povo para se defender: "Não vou abaixar a cabeça. O que eles [a Polícia Federal, o Ministério Público Federal] fizeram com esse ato de hoje, é que, a partir da próxima semana, CUT, PT, sem-terras, PCdoB, me convidem, que eu vou andar esse país".[70]

Na mesma noite, na quadra do Sindicato dos Bancários em São Paulo, dobrou a aposta:

> Quero comunicar aos dirigentes que estão aqui que, a partir de segunda-feira, estou disposto a viajar esse país do Oiapoque ao Chuí. Se alguém pensa que vai me calar com perseguição e denúncia, vou falar que sobrevivi à fome. Não sou vingativo e não carrego ódio na minha alma, mas quero dizer que tenho consciência do que posso fazer por esse povo e tenho consciência do que eles querem comigo. Se vocês estão precisando de alguém para comandar a tropa, está aqui.[71]

Seu porta-voz semioficial, Gilberto Carvalho, esclareceu que Lula não cogitava ser ministro. Ele continuava a acreditar que o foro privilegiado era necessário para "quem está exercendo algum mandato para que ele não fique ao léu à disposição de qualquer juiz de primeira instância". Lula, contudo, "não está no governo" e "nunca aceitou a hipótese de virar ministro para ter foro privilegiado".

Sobre uma eventual prisão do ex-presidente, Carvalho frisou suas consequências políticas. "Eu não quero falar nessa hipótese, espero sinceramente que não aconteça. Eu só espero que eles não brinquem com fogo."[72] O recado ou proposta de armistício não poderia ter sido dado de forma mais clara e direta. Prender Lula seria "brincar com fogo", seria forçá-lo a assumir o comando de sua tropa formada pela CUT, PT, MST, PCdoB.

Lula, contudo, não saiu Brasil afora mobilizando apoio. Só deixou São Paulo para ir a Brasília no início da semana seguinte. A portas fechadas, reuniu-se com Dilma e auxiliares para desenhar "uma estratégia para evitar a debandada de partidos da base aliada na Câmara dos Deputados". A passagem pede ênfase: *evitar a debandada de partidos da base aliada*. Foi a primeira vez que essa possibilidade foi seriamente considerada. A notícia conclui: "Nos últimos dias, partidos como PP, PDT, PTB e PRB têm discutido internamente a possibilidade de deixar a base aliada".[73] Sem eles, o governo Dilma iria para o ralo. Presidente e ex-presidente discutiram alternativas. Era essa a prioridade.

No dia seguinte pela manhã, Lula compareceu a um café da manhã organizado por Renan Calheiros. O objetivo era obter o comprometimento dos cardeais do PMDB com o governo e com Lula.[74] O resultado foi pífio. Líderes importantes do partido, como Romero Jucá e Eunício de Oliveira, deixaram a reunião bem antes do seu término. E o fizeram pela porta da frente, para serem devidamente notados. Foi um aviso à praça.

O PMDB não iria cerrar fileiras em torno de Dilma ou Lula. Renan estava isolado. Romero Jucá havia se reaproximado de Michel Temer, passando a defender sua reeleição à presidência do partido, neutralizando os esforços de Renan Calheiros para desbancá-lo. Não por acaso, após o afastamento de Dilma, Jucá seria guindado à posição de homem forte do governo Temer.[75] Em outras palavras, a liderança do impeachment trocou de mãos. Jucá assumiu o posto antes desempenhado por Eduardo Cunha.

Lula saiu do encontro com os senadores como havia chegado. Ao final da reunião, não havia acordos ou mesmo declarações a fazer. Tudo que o ex-presidente obteve foi uma foto em que recebia um exemplar da Constituição das mãos de Renan Calheiros. Lula não foi capaz de arrancar um compromisso público do PMDB com sua defesa e a do governo. Restou apelar para o simbólico. Quanto ao governo, afirmou que assumiria informalmente as negociações políticas, mas sem cargo.[76]

O PMDB tomou café da manhã com o PT e jantou com o PSDB.[77] À noite, Jucá e Eunício não viram razões para deixar a reunião mais cedo.[78] Renan, presidente do Senado e, sabidamente, o último esteio da presidente, compareceu ao jantar oferecido pelo senador tucano Tasso Jereissati. Sentaram-se à mesa os maiores expoentes do PSDB, como José Serra, Aloysio Nunes Ferreira e, é claro, Aécio Neves.[79]

As duas reuniões, a matutina e a noturna, foram decisivas. O PMDB era o fiel da balança e conversou com os dois lados, PT e PSDB. Com Dilma e Lula pressionados pela Lava Jato, o governo tinha pouco a oferecer. Fechar um acordo com o PSDB era mais atrativo. Com o impeachment, o partido chegaria à Presidência. O problema era convencer o PSDB a abandonar a luta pela impugnação da chapa Dilma-Temer. Se os tucanos insistissem na tese, o PMDB seria forçado a ficar com o governo.

Na saída da confraternização, os convivas não se furtaram a dar declarações. Apesar de evasivas, as falas indicam que alguns nós haviam sido atados: as conversas do PMDB com o PSDB haviam sido mais produtivas que as matinais com Lula.[80]

Sérgio Machado, ex-presidente da Transpetro, alvo de mandados de busca e apreensão na Operação Catilinárias, não participou das reuniões. Mas conversou com seus padrinhos políticos, José Sarney, Romero Jucá e Renan Calheiros, nos dias subsequentes. Não só conversou, como gravou tudo e entregou as fitas à PGR. Embora só tenham vindo a público depois da aprovação do afastamento de Dilma, as conversas, sobretudo com Jucá, trazem um relato vivo das negociações que selaram a sorte do governo.

Em 10 de março, dia seguinte ao jantar na casa de Jereissati, Jucá informou ao "amigo" que PMDB e PSDB estavam se entendendo. Todos teriam que estar "juntos para dar uma saída para o Brasil. Se a gente não estiver unido aí, [com foco na] saída pra essa porra, não vai ter, se não tiver, eu disse lá, todo mundo, todos os políticos tradicionais estão fodidos".

Em um primeiro momento, continua Jucá, os tucanos teriam resistido à sua tese, apostando que, caso o TSE cassasse a chapa, venceriam as eleições. Jucá teria contra-argumentado que nem Aécio, nem Serra ou qualquer "político tradicional ganha essa eleição".[81] Em outro trecho da conversa, ele voltou a dar detalhes dos entendimentos entre os dois partidos. "Caiu a ficha [do PSDB]". Os tucanos haviam se dado conta de que não seriam poupados. "Todo mundo", Aloysio, Serra e Aécio, seria servido na "bandeja para ser comido". "Ia sobrar pra eles". O senador arrematou: "Ontem já caíram na real".[82]

Jucá não poderia ter sido mais didático. O PSDB, tanto quanto Lula, Dilma e o PT, estava na bandeja. A Lava Jato não o pouparia. Por que o faria? Os tucanos sabiam que o esquema do PT não era diferente dos que eles próprios haviam montado, quer no governo Fernando Henrique Cardoso, quer quando haviam governado Minas Gerais e São Paulo.[83]

Não havia alternativa, era se unir para salvar a pele de quem ainda tinha chance. Para "estancar a sangria" era preciso "botar o Michel. Um grande acordo nacional. Com o Supremo, com tudo. [...] Delimitava onde tá, pronto".[84] Enquanto Dilma permanecesse na Presidência, não havia acordo possível. Já com o vice, a história seria diferente, com o "Michel é uma solução que a gente pode, antes de resolver, negociar como é que vai ser, Michel, vem cá, é isso e isso; vai ser assim, as reformas são essas".[85]

Entre os senadores do PMDB, Renan Calheiros era o único a resistir. O senador alagoano, explicam Jucá e Machado, não confiava em Temer em razão de suas relações com Eduardo Cunha. Por isso, vinha aventando outras saídas, como uma emenda constitucional que instituísse o parlamentarismo.[86] Renan estava sozinho. Até Jorge Picciani — "um dos mais contundentes defensores da permanência de Dilma" — vinha emitindo sinais de que era impossível manter a presidente no cargo. Em conversa com correligionários, não deu mais de noventa dias para sua queda.[87] Oficialmente, o presidente do PMDB do Rio de Janeiro anunciou que ainda não estava disposto a apoiar o impeachment, mas que estava se afastando do governo.[88] Sem o apoio do PMDB da Câmara, a resistência de Renan era de pouca valia.

Não faltavam razões para aflição. A Lava Jato saíra a campo para implodir as acomodações entre o governo e a oposição. Com as operações Acarajé e Aletheia, Curitiba avisara à praça que não aceitaria compromissos, que iria até o fim. Era contar os dias. A sorte do governo Dilma fora decidida no jantar na casa do senador Jereissati. Faltavam apenas os detalhes, isto é, acertar a partilha do poder na composição ministerial do novo governo a ser formado.

A ofensiva da força-tarefa deu alento às lideranças dos movimentos sociais de protesto. Até a condução coercitiva de Lula, as adesões nas redes não eram propriamente alvissareiras, indicando uma manifestação morna e sem grande repercussão política, como as de agosto e dezembro do ano anterior. A Acarajé trouxe novo alento às oposições.[89] Com a Aletheia, veio o entusiasmo.[90] Políticos e movimentos se irmanaram e os manifestantes encheram as ruas Brasil afora, oferecendo aos trânsfugas a justificativa de que necessitavam para abandonar o governo Dilma e se juntar ao de Temer.[91]

A pá de cal

Lula deixou Brasília na tarde de 9 de março. Voltou para São Paulo. Nos dias seguintes, não fez menção de correr o Brasil e comandar a tropa. Recolheu-se e só saiu de casa para ir ao instituto que levava seu nome. A despeito dos apelos insistentes do governo, não arredou pé. Não seria ministro, reiterando que isso o enfraqueceria, passando a mensagem de que precisava de proteção. O governo insistia, dando publicidade ao convite, deixando claro que uma eventual recusa selaria sua sorte.[92]

Lula estava numa sinuca de bico. Não podia se omitir, mas não era claro que tinha forças para salvar o governo. Se ficasse fora, havia uma chance de preservar seu capital político, especulando uma eventual candidatura em 2018.

O pedido de prisão preventiva apresentado por Conserino permitiu que o ex-presidente ganhasse tempo, adiando sua decisão. Seus advogados e os do partido consideraram que um eventual aceite poderia ser interpretado como tentativa de obstruir a Justiça. Caso ocorresse, a nomeação poderia ser invalidada.[93]

Em 14 de março, a Justiça paulista abriu mão da competência para investigar o caso do triplex. A juíza encarregada do caso não acolheu a denúncia oferecida pela promotoria, afirmando que a acusação não havia sido capaz de apresentar razões convincentes para que a OAS presenteasse Lula e familiares com o apartamento. Ou seja, Conserino não provara a existência de crime nas relações entre Lula e a empreiteira.[94] Consequentemente, o pedido de prisão preventiva perdeu a razão de ser.

Com a decisão, a Lava Jato (isto é, a Justiça Federal) poderia tocar sua investigação, livre da disputa pela competência. Entretanto, tinha diante de si problema análogo ao enfrentado pelos promotores paulistas, ou seja, encontrar o elo entre o benefício (o triplex) e ganhos contratuais da OAS na Petrobras. A juíza paulista, cabe acrescentar, nada disse (e não poderia dizer) sobre as investigações a cargo da Lava Jato. Não era da sua alçada fazê-lo.

Assim, ao contrário do que se deu a entender, a denúncia oferecida em São Paulo não foi "enviada" a Moro.[95] Os "casos" eram distintos e, por isso mesmo, havia disputa pela competência para investigar as relações Lula-OAS.

Diante das críticas recebidas pela determinação da condução coercitiva de Lula, Sergio Moro se viu forçado a recuar, afirmando que as reações haviam sido exageradas e que a medida tomada era um mero procedimento, sem ligação direta com o teor das acusações ou estágio da investigação.[96]

Em condições normais, lidos em conjunto, o despacho da juíza paulista e o de Curitiba poderiam ser interpretados como alívio momentâneo. Não havia qualquer indicação de que a Lava Jato se preparava para decretar a prisão preventiva do ex-presidente. Vale acrescentar, a prisão preventiva é uma medida excepcional, para a qual se pedem justificativas e fundamentação. Tendo em vista que Lula não era um cidadão qualquer, isto é, que Moro não poderia recorrer aos arquivos usados para prender Bumlai e João Santana, a decretação de uma prisão preventiva era remota.

A pressão para que Lula se tornasse ministro e salvasse o governo Dilma cresceu durante todo o período. A despeito da enorme pressão, ele resistia. A imprensa seguiu de perto, com boletins diários das negociações entre o governo e o ex-presidente. Por exemplo, em 11 de março, sexta-feira, o mesmo dia em que Sérgio Machado gravava sua conversa com Romero Jucá, Lula teria telefonado para

> o ministro da Casa Civil, Jaques Wagner, e novamente disse que não aceita ocupar a sua cadeira, uma das ofertas postas na mesa. Amigos do ex-presidente afirmam que ele resiste porque não quer usar cargo no governo como salvo-conduto para se proteger de investigações e ganhar foro privilegiado em eventual julgamento. Muitos dizem, ainda, que Lula só aceitaria ser ministro se tivesse carta branca para fazer mudanças nos rumos do governo, principalmente na política

econômica, o que acabaria provocando constrangimento para Dilma. Apesar da divisão de opiniões, a maior parte dos dirigentes do PT avalia que somente Lula ainda poderia salvar o governo de Dilma. Nas fileiras do PMDB, os comentários são de que a presidente vive situação "insustentável".[97]

Na noite de quinta-feira, Rui Falcão, presidente do PT, informara à militância que Lula se recolheria durante o fim de semana para decidir se aceitaria um cargo no ministério da presidente Dilma Rousseff para "salvar o nosso projeto".[98] A expressão pede grifo: *"salvar o nosso projeto"*. Era isso que o partido pedia, mas não ousava impor ao seu líder incontestе.

Na segunda-feira à tarde, dia 14 de março, após se reunir com Lula, Rui Falcão comunicou que o líder "continuava pensando" sobre assumir um ministério, que "a decisão é dele, pessoal", que era "uma decisão difícil, tem que ser muito pensada e ele é que vai tomar essa decisão". A despeito da deferência e respeito à decisão de Lula, Falcão não deixou de dizer que "minha opinião é que ele deveria ir".[99]

Na noite de terça-feira, Lula teria batido o martelo, rejeitando o convite. Dilma voltou à carga na manhã de quarta, garantindo que ele teria carta branca para salvar o governo.[100] Na hora do almoço de quarta-feira, o presidente do PT anunciou que Lula cedera aos apelos e assumiria a Casa Civil. A posse foi marcada para a terça-feira seguinte, dia 22 de março.[101]

Foi uma verdadeira novela, seguida de perto pela imprensa e com atualizações constantes. Não é improvável que Lula tenha aceitado a missão de "salvar o projeto" petista para obter o foro privilegiado. Qualquer que tenha sido a motivação, o fundamental é que ele resistiu o quanto pôde e isso era público e notório. Aceitou após ter ficado sem saída. O custo político da recusa superou o da aceitação. Aceitou tarde. Muito provavelmente, tarde demais. O leite já havia sido derramado. Mas não há como saber, pois sua posse foi impedida. Ou seja, temeu-se que Lula fosse capaz de reerguer o governo e providências foram tomadas para que isso não pudesse ocorrer.

Os acontecimentos são conhecidos, mas não custa restabelecer os momentos decisivos. No final da manhã, antes mesmo que Sergio Moro liberasse as gravações com as conversas entre Dilma e Lula, a imprensa correu para ouvir ministros do Supremo. Pelo menos dois deles deram declarações. O primeiro preferiu o anonimato, mas foi claro: a investigação sobre Lula deveria deixar a primeira instância. Ficava por discutir apenas o "fatiamento", isto é, "se outras pessoas envolvidas, como os familiares do ex-presidente, seriam investigadas também no Supremo ou continuariam na primeira instância com o juiz Moro".[102]

Como de costume, Gilmar Mendes não fugiu dos microfones e das declarações polêmicas, afirmando que, se ficasse provado que a nomeação visava a mudança de foro, ela não seria válida. Sem papas na língua, o ministro se alongou, recorrendo à seguinte hipótese:

Imaginem que daqui a pouco a presidente da República decida nomear um desses empreiteiros presos em Curitiba como ministro de Transporte ou da Infraestrutura. Nós passamos a ter uma interferência muito grave no processo judicial, precisamos meditar sobre isso.

Os repórteres lembraram ao ministro que Lula não estava preso ou sequer fora denunciado, que a comparação feita não tinha pé nem cabeça do ponto de vista legal. Mendes rebateu de bate-pronto: "Mas está sendo investigado, não é? Está sendo investigado como chefe desse grupo".[103]

Moro, a princípio, reagiu como o ministro que preferiu o anonimato: tomou providências para que as investigações subissem ao Supremo e mandou suspender as gravações dos telefonemas de Lula. Em algum momento, depois que as gravações já não mais autorizadas aterrissaram na sua mesa — quem as levou ao magistrado deve ter visto que ali havia um filão a explorar —, resolveu mudar de curso e liberou o conteúdo da conversa à imprensa.

Como já tinha se tornado hábito, o magistrado dispensou sustentação legal a seu ato:

> O levantamento [do sigilo] propiciará assim não só o exercício da ampla defesa pelos investigados, mas também o saudável escrutínio público sobre a atuação da Administração Pública e da própria Justiça Criminal. A democracia em uma sociedade livre exige que os governados saibam o que fazem os governantes, mesmo quando estes buscam agir protegidos pelas sombras.[104]

A imprensa não teve dúvidas em acompanhar a interpretação soprada por Sergio Moro. A *Folha de S.Paulo* postou imediatamente em seu site: "Dilma agiu para tentar evitar prisão de Lula".[105] A manchete de *O Estado de S. Paulo* do dia seguinte é taxativa: "Gravação indica que Dilma tentou evitar prisão de Lula". *O Globo* reproduziu o diálogo entre a presidente e o ex-presidente na primeira página e tirou a mesma conclusão.

Os órgãos de imprensa dispensaram o condicional. Não havia lugar para dúvidas. Lula estava buscando proteção, como se sua prisão fosse iminente e evidente. Não era. Moro havia suspendido as gravações. As investigações, no ponto em que estivessem, seriam remetidas e prosseguiriam no STF.

Partidos de oposição entraram com uma miríade de ações no Supremo contestando a nomeação. A roleta da Corte passou dois mandados de segurança e quatro petições de populares a Gilmar Mendes. O ministro Teori Zavascki ficou com duas arguições de descumprimento de preceito fundamental (ADPF), impetradas pelo PSB e pelo PSDB. Marco Aurélio Mello foi aquinhoado com uma ação cautelar, rejeitada no mesmo dia.[106]

Respeitado o regimento do STF, pela abrangência, a ADPF deveria ter precedência sobre os demais recursos. A decisão sobre o caso estava nas mãos do ministro Teori Zavascki.[107] Gilmar Mendes, contudo, desconsiderou o regimento e surpreendeu o colega, invalidando a nomeação. Em seu voto, escreveu: "O objetivo da falsidade é claro: impedir o cumprimento de ordem de prisão de juiz de primeira instância".[108]

Ordem de prisão? Qual ordem de prisão? Não havia ordem de prisão a cumprir. O objetivo da falsidade, portanto, não era assim tão claro. Quando muito, visou impedir o cumprimento de uma ordem de prisão hipotética, futura.

Teori Zavascki demorou a perceber que havia tomado uma rasteira. Reagiu quatro dias depois, em 22 de março, determinando que Moro remetesse as investigações relativas a Lula ao STF. Aproveitou a oportunidade para passar um sabão no juiz por ter liberado as gravações e por ter decidido fatiar as investigações por conta própria.[109]

Tomadas em conjunto, as duas decisões eram incompatíveis. Para Mendes, Dilma nomeara Lula para que ele não fosse investigado pela primeira instância. Zavascki retirou as investigações das mãos de Moro, determinando que fossem remetidas ao STF, argumentando que o magistrado não tinha competência para investigar o ex-presidente.

Assim, ao ser nomeado ministro, Lula visaria escapar da primeira instância, que não tinha competência para investigá-lo. Aparentemente, "desvio de função" não se aplica ao Poder Judiciário. Mais do que isso, as decisões do STF não são submetidas ao mundo da compatibilidade e da lógica. Dias depois, por 8 votos a 2, o plenário confirmou a decisão de Zavascki que negou competência à primeira instância para investigar Lula.[110]

Posteriormente, confirmou também, em mais de uma oportunidade, a validade da decisão tomada por Gilmar Mendes.

A "opinião pública esclarecida", isto é, a base mobilizada pela Lava Jato, resolveu que Teori Zavascki havia passado dos limites, que não era admissível que pretendesse censurar Sergio Moro:

> Na noite de terça-feira, um grupo fez um protesto em frente ao prédio onde Teori tem apartamento, em Porto Alegre. [...] Na fachada do prédio, foram penduradas faixas com os dizeres "Teori traidor", "Pelego do PT" e "Deixa o Moro trabalhar". Uma enxurrada de críticas e ofensas ao ministro também tomou conta das redes sociais. Sob o mote #OcupaSTF, o cantor Lobão, defensor do impeachment da presidente Dilma Rousseff, chegou a divulgar em sua conta do Twitter o endereço do filho de Teori, que mora na capital gaúcha.[111]

Sergio Moro e Gilmar Mendes selaram a sorte do governo Dilma. Impossível saber o que teria acontecido se Lula assumisse as rédeas do governo. Tudo indica que a fatura já estava decidida e que Moro e Mendes gastaram munição pesada desnecessariamente.

Enquanto Lula refletia e adiava sua decisão, a desagregação da base de apoio do governo caminhou a passos largos. O PMDB, o partido-chave na equação, desde o jantar na casa do senador Tasso Jereissati, no dia 9 de março, acertava os termos do acordo com o PSDB que daria a cara do futuro governo Michel Temer. Lula só aceitou ser ministro uma semana depois, em 16 de março, dia em que o PRB anunciou que deixaria a base do governo.[112] Nessa mesma data, enquanto o mundo político processava a conversa entre Lula e Dilma, o STF deu a palavra final sobre o rito do impeachment, rejeitando o recurso apresentado por Eduardo Cunha.[113]

O presidente da Câmara, que a essa altura já era réu em processo no Supremo,[114] sequer criticou a decisão tomada. Os detalhes que regulariam a tramitação eram, agora, irrelevantes. O resultado do processo eram favas contadas.

No dia 17 de março, o processo contra a presidente voltou a correr.[115] Os casuísmos enxertados por Cunha já não eram relevantes. Os líderes partidários, incluindo o do PMDB, Leonardo Picciani, não eram mais um empecilho. O PMDB demorou para oficializar a saída do governo. A formalização só veio no final do mês.[116] Dilma jogou sua última carta, oferecendo ao PP o Ministério da Saúde, o da Integração Regional e a Caixa Econômica Federal.[117]

O esforço foi inútil. Os líderes do PP haviam condicionado sua permanência na base à decisão do PMDB. Oficialmente, o partido deixou o governo no dia 11 de abril.[118] No mesmo dia, a Comissão Especial acatou o pedido de abertura do processo de impeachment.[119]

Enquanto o processo ganhava velocidade, em 22 de março a Lava Jato voltou às ruas. A força-tarefa obteve acesso às planilhas com os registros dos desembolsos feitos pelo Setor de Operações Estruturadas da Odebrecht, que controlava a contabilidade paralela da empresa. Ela não estava restrita à Petrobras e aos negócios com a União.[120]

Cada órgão de imprensa chegou a um número diferente. *O Estado de S. Paulo* falou em 279 políticos.[121] A *Folha de S.Paulo* encontrou menções a 316 políticos.[122] *O Globo* preferiu evitar números precisos, afirmando que as planilhas continham os nomes de mais de duzentos políticos.[123] Não houve acordo sequer quanto ao número de partidos, que variou entre 22 e 24 dependendo do jornal consultado. A empreiteira era para lá de ecumênica.

As planilhas continham as doações feitas pela empresa nas eleições de 2010, 2012 e 2014. A empreiteira financiava todo mundo, governo e oposição indiscriminadamente.

Em 17 de abril, o impeachment foi a voto no plenário da Câmara. Somente PT, PCdoB e PSOL se mantiveram integralmente fiéis ao governo. Os três foram responsáveis por 76 dos 137 votos contrários ao afastamento da presidente. O PDT rachou, com 12 votos contrários e 6 favoráveis. O PSB deu 3 míseros votos contrários e 29 favoráveis ao impeachment.

Na Câmara, nada mais nada menos que 367 parlamentares votaram pelo impeachment. A honra de dar o voto decisivo coube ao deputado Bruno Araújo, um dos mais combativos e estridentes membros do PSDB da Câmara, ligado a Aécio Neves. Como muitos que votaram pelo afastamento de Dilma, seu nome figurava nas planilhas da Odebrecht.[124]

O ataque desfechado pelo grupo de trabalho da PGR contra a cúpula do PMDB rompeu o impasse, gerou o tiroteio indiscriminado, mas não produziu resultados concretos. No início de 2016, o clima era de entendimento e propício à costura de uma agenda positiva. Nada auspicioso, mas era o possível. Tudo indicava que o calendário eleitoral seria respeitado. Tanto o PMDB quanto o PSDB haviam deposto suas armas.

Curitiba não gostou do desenlace que se armava. A PGR havia assumido o protagonismo da operação após a prisão de Delcídio. Se não fizesse avanços concretos para prender "o chefe do bando", a força-tarefa corria o risco de morrer na praia, sem aprovar seu projeto de reforma, as Dez Medidas contra a Corrupção. As três operações lançadas no início do ano, Triplo X, Acarajé e Aletheia, se encarregaram de virar o jogo. Capitaneada pelo PMDB, a debandada dos partidos que davam sustentação aos governos do PT foi um movimento defensivo. O PT e o governo Dilma eram cargas a serem lançadas ao mar para salvar a embarcação. O PSDB aderiu e apoiou o impeachment por estar no mesmo barco. Todos correram para assegurar seu lugar nos botes salva-vidas.

5.
Em busca da paz perdida

Não se substitui um presidente da República a toda hora. A Constituição valoriza a soberania popular, a despeito dos valores das nossas decisões. Mas é muito relevante. A cassação de mandato deve ocorrer em situações inequívocas.

Gilmar Mendes, voto pela absolvição da chapa Dilma-Temer, 9 jun. 2017[1]

A impunidade é outra condição central para a corrupção no Brasil. Vivemos no paraíso da impunidade para corruptos e corruptores. Já faz parte do imaginário popular a ideia de que os grandes casos contra crimes do colarinho branco sempre acabam em pizza. E a sociedade está certa.

Deltan Dallagnol, *A luta contra a corrupção*[2]

O Congresso tinha atuado em evidente conflito de interesses. A sociedade queria leis contra a corrupção, mas elas foram esvaziadas e um projeto a favor da corrupção fora aprovado. Se não houvesse uma forte reação social, os corruptos poderiam fazer o que bem entendessem dali para a frente. Era o começo do fim da Lava Jato. Seria só uma questão de tempo.

Ibid.[3]

A República do grampo

Dilma foi afastada provisoriamente da Presidência em 12 de maio de 2016. A tramitação do impeachment no Senado se deu sem maiores surpresas.[4] Cumpriram-se as formalidades.

Para todos os efeitos práticos, o governo Michel Temer começou com a interinidade. Ninguém em sã consciência duvidava que o impeachment seria confirmado e Temer, efetivado.

Para o editorialista de *O Estado de S. Paulo*, a "repulsa que a imensa maioria dos brasileiros manifesta pelo governo lulopetista" havia sido a mola propulsora do afastamento da presidente eleita. Repulsa em razão da "recessão econômica" gerada pela "gestão irresponsável da presidente" e, como revelado pela Lava Jato, pelo comprometimento do governo "com a corrupção, transformada em método político".[5]

Era lugar-comum associar as crises econômica e política. Em realidade, muitos acreditavam que o entrelaçamento esconderia uma relação causal. A raiz dos males passados e presentes seria o tal do "lulopetismo". Encerrado o ciclo, com o PT fora do poder, tudo se resolveria.

A crise política teria precedência sobre a econômica. Para ser mais específico, o desrespeito do PT às regras básicas da ciência econômica era o problema fundamental. O diagnóstico se espelhava nas bolsas e na cotação do dólar. Tudo poderia ser resumido a uma questão de expectativas. Enquanto Dilma e/ou o PT estivessem à testa do governo, os investidores continuariam arredios. Resolvida a crise política, isto é, com o PT fora do governo, as expectativas seriam revisadas e tudo passaria a correr dentro dos trilhos.[6]

Para os agentes econômicos, a irresponsabilidade fiscal estaria inscrita no DNA do PT. Afirmações em contrário, mesmo de ministros com o pedigree de Joaquim Levy, não seriam suficientes para ganhar a confiança do mercado.[7] Na hora do vamos ver, a ideologia do partido falaria mais alto.

Desde sempre, Lula defendia que Dilma entregasse a gestão da economia a Henrique Meirelles, presidente do Banco Central em suas gestões. Dilma, por razões pessoais — herança da disputa pessoal pela indicação do candidato do partido em 2010 —, não cedeu.

Ao ser nomeado para a Casa Civil, Lula teria recebido a carta branca da presidente e poderia reformatar o ministério como bem entendesse. Eram favas contadas que Meirelles seria convidado para o Ministério da Fazenda. Era parte do acordo. Pelo menos, era o que se dizia.

Impossível saber qual teria sido a reação dos agentes econômicos se Meirelles chegasse ao Ministério da Fazenda pelas mãos de Lula. Sabe-se como reagiu quando seu nome foi confirmado por Michel Temer. A bolsa subiu e a cotação do dólar caiu. A equipe montada por Meirelles foi reverenciada por todos, um verdadeiro *dream team*, como passou a ser identificada.

A qualidade da equipe montada impulsionou a tese da "revolução das expectativas". O "desastre", como havia afirmado o editorialista de *O Estado de S. Paulo*, poderia ser relegado ao esquecimento. O impeachment representaria uma ruptura completa. Os cidadãos sentiriam a mudança no bolso. Era só uma questão de tempo.

Quando começou a montar seu ministério, Temer afirmou que ele seria composto por notáveis, decretando assim a morte do presidencialismo de coalizão como praticado pelo PT. Ideias, programas e valores, subentende-se, tomariam o lugar do fisiologismo e do cínico toma lá dá cá em que a governabilidade vinha se assentando.

Como de costume, uma vala imensa se abriu quando as promessas ganharam forma e se materializaram nos nomes dos escolhidos. O ministério era mais do mesmo.[8] Muitos dos nomes confirmados haviam servido à presidente defenestrada. A prometida ruptura de paradigmas, nesse quesito ao menos, esteve longe de acontecer.

A maior parte dos partidos que apoiava Dilma passou a apoiar Michel Temer. Para ser exato, seis partidos que a apoiavam até o início de março de 2016 (PMDB, PSD, PTB, PRB, PP e PR) integraram o governo de Michel Temer. Ficaram de fora três partidos de esquerda (PT, PCdoB e PDT). Entraram outros três, da oposição (PSDB, DEM e PPS). Entre os que foram ministros de Dilma em 2016, quatro foram aproveitados pelo novo governo: Gilberto Kassab (PSD-SP), Henrique Eduardo Alves (PMDB-RN), Eliseu Padilha (PMDB-RS) e Helder Barbalho (PMDB-PA).[9]

Falar em ruptura era conveniente para ambos os lados. O PT e os partidos de esquerda equipararam o impeachment a um golpe de Estado, a uma reação às políticas públicas que o partido vinha adotando desde que chegara ao poder.

A tese não se sustenta. Os partidos que teriam perpetrado tal golpe apoiavam o PT desde 2003. Se não objetaram às reformas em seu momento áureo, por que o fariam em 2016? Mais do que isso, tiveram a chance de deixar Dilma na eleição de 2014 e depois da proclamação dos resultados. Não o fizeram. Aceitaram pastas ministeriais em 2015 e permaneceram fiéis ao governo mesmo quando as ruas se encheram (primeiro semestre de 2015) e quando o todo-poderoso presidente da Câmara, Eduardo Cunha, se voltou contra o governo (segundo semestre de 2015).

Dilma reagira à investida de Cunha remontando seu ministério: entregou ao PMDB a Saúde e a Ciência e Tecnologia. E, diga-se, entregou essas pastas a facções do partido próximas ao deputado, que a defenderam até fevereiro/março de 2016. Em outras palavras, não havia incompatibilidade ideológica entre o projeto do PT e o fisiologismo do PMDB.

Eduardo Cunha ascendeu na hierarquia política por meio de suas conexões com o PT. Por isso mesmo, em 2010, foi um apoiador de primeira hora da chapa Dilma-Temer. Sem seu empenho, a chapa dificilmente teria saído do chão.

Ideologia, programas ou agenda de transformação da sociedade não explicam as desavenças no interior da coalizão.

Eduardo Cunha foi um dos vetores desse conflito, mas não o único. De fato, e esse é um ponto essencial para entender o desenlace, as desavenças recortaram transversalmente todos os partidos da coalizão, incluindo o PT.

Questões programáticas, com certeza, são fundamentais na política. Faz diferença se o Executivo é comandado por Dilma ou por Temer, pelo PT ou pelo PMDB. Os dois governos não perseguiram as mesmas políticas. A distância entre um e outro, desse ponto de vista, foi enorme. Mas isso não quer dizer que uma coisa explica a outra, que a passagem da faixa presidencial tenha se dado por essa razão.

PMDB e demais partidos de centro-direita sabiam como conviver e sobreviver em um governo de esquerda. Em determinadas questões, inclusive, eram capazes de impor vetos e, em outras, ditar os rumos da política adotada para lhes garantir votos. Assim funcionam democracias multipartidárias.

O PT sempre soube que era assim. Dilma nunca desconheceu ou desrespeitou essa verdade elementar. Distribuiu pastas a aliados para obter maioria no Poder Legislativo. Quando posta contra a parede por Eduardo Cunha, em fins de setembro de 2015, redistribuiu ministérios e aplicou o velho divide-e-impera para fechar acordo com Jorge Picciani e fraturar a base de seu adversário.

O sucesso dessa reação é suficiente para mostrar por que impeachments são raros. O governo tem instrumentos para reagir, mesmo diante de crises agudas. Em geral, tudo quanto o governo em formação tem a oferecer está à disposição daquele em exercício. Para ser concreto: Dilma tinha a conceder imediatamente o que Temer apenas poderia prometer e às custas de enormes riscos.

A presidente jogou todas as cartas que tinha em mãos. Depois que o PMDB anunciou que deixaria o governo, abriu negociações com o PP, ofertando-lhe o Ministério da Saúde, o da

Integração Regional e a Caixa Econômica Federal. O partido optou por seguir o PMDB. No governo Temer, recebeu o que Dilma lhe tinha oferecido. Por que o PP recusou a oferta de Dilma? Por que preferiu se juntar ao novo o governo? Explicar o impeachment passa por entender por que as ofertas da presidente deixaram de ser vantajosas para os partidos da coalizão.

Em sua conversa com Sérgio Machado, Romero Jucá foi tão claro quanto possível ao definir os objetivos do acordo em torno de Temer: "estancar a sangria". Para ser mais específico, como o mesmo Romero Jucá afirma em outro ponto do diálogo:

> Conversei ontem com alguns ministros do Supremo. Os caras dizem "ó, só tem condições de [inaudível] sem ela [Dilma]. Enquanto ela estiver ali, a imprensa, os caras querem tirar ela, essa porra não vai parar nunca". Entendeu? Então... Estou conversando com os generais, comandantes militares. Está tudo tranquilo, os caras dizem que vão garantir. Estão monitorando o MST, não sei o quê, para não perturbar.

Era essa a aposta. Enquanto Dilma fosse a presidente, não seria possível traçar a linha, salvar quem deveria ou ainda poderia ser salvo.

Esse era o sentido do governo Temer. Por isso, a coalizão se recompôs. Dilma não tinha como oferecer proteção contra a Lava Jato. A liberação do grampo entre Dilma e Lula confirmou o diagnóstico. A Lava Jato faria de tudo, qualquer coisa, para desestabilizar o governo. Por isso o PP não aceitou a oferta da presidente e optou por receber os mesmos cargos no governo Temer.

Quem quer que acompanhasse o noticiário político-criminal sabia que os cardeais do PMDB, tanto sua cúpula na Câmara como a do Senado, estavam metidos até o último fio de cabelo nos esquemas investigados pela Lava Jato. O esquema da Petrobras não era comandado por um único partido ou chefe.

Eduardo Cunha foi vítima da sua estratégia. Caiu juntamente com Dilma. Sem o trunfo que usou para se defender, pôde ser deposto sem maiores problemas. Mas, como até as pedras sabiam, Cunha não era o único peemedebista com problemas na Lava Jato. O PMDB sempre fora uma federação. No Senado, o partido era comandado por Renan Calheiros, José Sarney, Eunício de Oliveira e Romero Jucá.

Os grupos eram interconectados, mas o poder de cada um variava de acordo com as circunstâncias e os rearranjos. Após a virada do ano, ao compor com Michel Temer,[10] Romero Jucá passou a ser a figura central do partido, como confirmado pela Convenção do PMDB em meados de março.[11]

Segundo constatou o ministro Luís Roberto Barroso, de imediato o impeachment de Dilma não trouxe grandes avanços para os que vinham lutando contra a corrupção.[12] O entourage político de Michel Temer — Romero Jucá, Geddel Vieira Lima, Henrique Eduardo Alves, Eliseu Padilha, Wellington Moreira Franco — não era formado por vestais da República.

Para a classe política, o impeachment foi a forma encontrada para impor controles à Lava Jato. Uma tentativa de minimizar danos. Romero Jucá, no diálogo com Sérgio Machado, afirma ter conversado com o STF e com os militares. Ele havia encontrado simpatia e apoio entre seus interlocutores nessas duas instituições.

Jucá, subentende-se, não conversou com o MPF. Isto é, esqueceu o principal. Não seria fácil recolocar o gênio na garrafa. Para as duas sedes da Lava Jato, Brasília e Curitiba, não era hora de encerrar a operação. Havia muito a fazer.[13]

O descontentamento da PGR era evidente. Como anunciado desde o fatiamento da delação de Fernando Baiano, para Janot e seu grupo a cúpula do PMDB era o alvo. Para a PGR, portanto, o impeachment foi uma derrota. Seu principal inimigo estava no poder.

A Operação Catilinárias não produziu resultados imediatos. O ministro Teori Zavascki negou o pedido para que fossem feitas buscas na casa de Renan Calheiros e não acatou o pedido de afastamento de Eduardo Cunha. Os resultados da operação se materializariam mais tarde.

Após ser visitado pela Polícia Federal, Sérgio Machado tratou de salvar a própria pele. Por duas vezes, em fevereiro e em março, foi a Brasília e gravou as conversas que manteve com seus padrinhos políticos — José Sarney, Renan Calheiros e Romero Jucá. As fitas, como outras, no passado e no futuro, foram parar nas mãos da PGR. Transcrição de um trecho dessas conversas veio a público antes que Michel Temer completasse sua segunda semana à testa da Presidência da República.[14] Novos trechos foram publicados nos dias seguintes.[15] A realidade bateu à porta. Foi a primeira de uma série de crises e escândalos.

Janot e seu grupo sabiam o que estavam fazendo. Romero Jucá, ministro do Planejamento, o homem forte do governo Michel Temer e responsável direto pela articulação política do impeachment, foi forçado a deixar o governo.[16]

Com a homologação da delação de Sérgio Machado — pouco mais que uma versão estendida e explicada dos diálogos mantidos com Sarney, Jucá e Renan —, a PGR retomou a ofensiva contra a cúpula do PMDB, solicitando ao STF a prisão preventiva do presidente do Senado, Renan Calheiros, e do senador Romero Jucá. Sarney, sinal da deferência dos procuradores à idade do ex-presidente, não seria preso, mas deveria usar tornozeleira eletrônica.[17]

Teori Zavascki, logo após a conclusão da tramitação do impeachment na Câmara, cedeu à pressão de Janot e determinou o afastamento de Eduardo Cunha da Presidência da Câmara dos Deputados.[18] Contudo, não se dispôs a ir tão longe. Os pedidos apresentados contra a cúpula do PMDB do Senado não foram acatados.[19]

Com o tempo, o escândalo Machado-Jucá-Renan-Sarney foi absorvido. Salvo o MPF, ninguém estava interessado em criar problemas e, muito menos, em pôr fogo no circo. As passagens mais delicadas das gravações e da delação de Sérgio Machado não tiveram maior repercussão política. O silêncio cumpria a função de sustentar o mito de que a corrupção era coisa dos governos petistas.

As conversas entre Jucá e Machado, contudo, traziam menções explícitas do esquema montado para eleger Aécio Neves presidente da Câmara em 2000, uma operação estratégica para catapultar a candidatura José Serra à Presidência da República em 2002. Em um dos anexos de sua delação, Machado detalha o caso. A passagem relevante é a seguinte:

> O senador Teotônio Vilela, então presidente nacional do PSDB, e o deputado Aécio Neves definiram um plano de eleger a maior bancada federal possível na Câmara para que pudessem lançar a candidatura de Aécio Neves à presidência da Câmara dos Deputados no ano 2000; que a maneira encontrada era ajudar financeiramente cerca de cinquenta deputados a se elegerem; que para isso o depoente, Vilela e Aécio Neves pediram à campanha nacional de FHC recursos que pudessem ajudar as bancadas na Câmara e no Senado; que conseguiram levantar recursos suficientes e decidiram que iriam dar entre 100 mil reais e 300 mil reais a cada candidato; que para conseguir esses recursos, além dos contatos com empresas que fariam as doações de recursos ilícitos, em espécie, procuraram Luís Carlos Mendonça; que ele garantiu que parte desses recursos ilícitos, à época cerca de 4 milhões de reais, viriam da campanha nacional; que parte desses recursos ilícitos era proveniente do exterior; que esses recursos ilícitos foram entregues em várias parcelas em espécie, por

pessoas indicadas por Mendonça; que os recursos foram entregues aos próprios candidatos ou a seus interlocutores; que a maior parcela dos cerca de 7 milhões de reais arrecadados à época foi destinada ao então deputado Aécio Neves, que recebeu 1 milhão de reais em dinheiro; que, com frequência, Aécio recebia esses valores através de um amigo de Brasília que o ajudava nessa logística; que esse amigo era jovem, moreno e andava sempre com roupas casuais e uma mochila; que antes disso, a fonte dos recursos da mesma natureza era o ex-ministro das Comunicações Sérgio Motta, que negociava com os candidatos a forma de apoio financeiro; que Mendonça assumiu essa função em razão da morte de Sérgio Motta; [...] que a maioria das contribuições se dava em dinheiro em espécie; que nesta campanha de 1998 uma das empresas que fizeram repasses de valores ilícitos foi a construtora Camargo Corrêa.

Não deixa de ser significativo que essa passagem não tenha sido explorada politicamente. Os que se diziam engajados em passar o país a limpo não lhe deram atenção. Se o tivessem feito, o mito de que a Lava Jato havia revelado um esquema único — de que a "deterioração da coisa pública" tivera início com a implantação do "lulopetismo" — cairia por terra.[20]

Sérgio Machado, como outros delatores antes dele, obteve sua liberdade com a entrega das fitas. Na troca, a PGR saiu de mãos abanando. A cúpula do PMDB não foi afetada e continuou a dar as cartas. Jucá perdeu o cargo, mas voltou ao Senado, onde não foi incomodado.

Como diria Rodrigo Janot em outra ocasião, enquanto houver bambu tem flecha, e a Catilinárias ainda tinha outras a oferecer. Fábio Cleto, outro alvo da operação, acertou sua delação premiada com a PGR em junho de 2016. Entre tantas revelações, detalhou como atuava para promover os interesses e negócios de Eduardo Cunha e do doleiro Lúcio Funaro. Cleto deu especial destaque aos da JBS.[21]

A delação de Cleto foi o ponto de partida do bizarro escândalo que estouraria em maio do ano seguinte, quando o país foi sacudido por gravações de diálogos entre o empresário Joesley Batista e o presidente Michel Temer. Entre outras coisas, fazia-se menção a acertos de pagamentos mensais para manter o silêncio de Eduardo Cunha, preso em Curitiba.[22]

Firmado o acordo com Fábio Cleto, as atenções da PGR se voltaram para os negócios dos irmãos Wesley e Joesley Batista. Foram duas operações, a Sépsis, em julho,[23] e a Greenfield, em setembro de 2016. Na primeira, além da prisão do doleiro Lúcio Funaro, foram feitas apreensões nas empresas do conglomerado.[24] Na segunda, os irmãos foram alvo de condução coercitiva, da qual Joesley escapou por estar fora do país.[25]

Pressionado pelas sucessivas operações e devassas em seus negócios, em algum momento ocorreu a Joesley Batista, ou alguém lhe soprou no ouvido, que gravar conversas que incriminassem gente graúda era a rota de escape que lhe restava. Cerveró e Machado já haviam usado o estratagema.[26]

Foi o que fez o empresário. Gravou e entregou à PGR o pen drive das conversas com Temer. A bomba estourou em 17 de maio de 2017, mas as gravações na garagem da residência oficial do presidente haviam sido feitas em 7 de março.[27]

Entre uma data e outra, a PGR trabalhou para fechar as pontas do caso, seguindo e gravando conversas e vídeos de encontros entre os delatores e políticos, assim como os recolhimentos dos pagamentos acertados pelos seus emissários. Caíram na arapuca o presidente da República[28] e o candidato derrotado à Presidência, Aécio Neves.[29]

O governo Temer foi para o ralo quando as gravações feitas pela PGR vieram a público. Temer, segundo correu, teria pensado em renunciar, mas foi demovido. A reforma da

Previdência, pronta para ser votada, foi abandonada.[30] No que restava de seu mandato, o presidente se ocupou exclusivamente de sobreviver.

Falou-se em impeachment do presidente, mas a ideia não prosperou. O presidente da Câmara, Rodrigo Maia (DEM-RJ), e as lideranças partidárias sequer consideraram a ideia. Tanto quanto o presidente da República, a maioria dos congressistas lutava para escapar das garras do MPF. O PT já havia deixado claro que não tinha interesse em ir à forra, que não queria "incendiar o país".[31] A palavra de ordem continuava a ser a de Romero Jucá: estancar a sangria.[32] Era hora de contar os mortos e cuidar dos sobreviventes.

A PGR, sem apoio dos políticos, dos movimentos sociais e dos principais órgãos de imprensa, tocou o barco por sua conta e risco. Em 26 de junho, entrou com pedido para processar o presidente da República.[33] Pela Constituição, a autorização dependia de aprovação do Congresso. A Câmara rejeitou o pedido em 2 de agosto (foram 263 contra 227 votos).[34]

Temer preservou o mandato, mas não retomou a iniciativa. As reformas, entre elas a da Previdência, não voltaram a ser pautadas. Daí para a frente, o governo empurrou com a barriga as crises e os escândalos que se sucederam.

Como Temer, Aécio Neves teve um emissário gravado negociando e recebendo malas de dinheiro vivo da JBS. Era, ouve-se no áudio, "um que a gente mata antes dele fazer delação". O que acabou morrendo foi seu sonho de chegar à Presidência. Mas não entregou os pontos e lutou para manter seu mandato e evitar a prisão. Nesse movimento, estreitou os laços entre seu partido e o governo. Foi o clássico abraço de afogados.[35]

Preparando-se para deixar o cargo, Janot preparou e apresentou a toque de caixa outra denúncia contra o presidente.[36] Com certeza, sabia que o segundo pedido teria o mesmo destino do primeiro: não havia chance alguma de a Câmara conceder a autorização solicitada. A segunda denúncia, portanto, foi sua carta de despedida, a reafirmação de sua luta contra a cúpula do PMDB e seus aliados.

Como esperado, em outubro, após a troca da guarda na PGR, com Raquel Dodge à testa do MPF, a Câmara enterrou o último suspiro de Rodrigo Janot e sua equipe.[37] A titular da PGR deu início à domesticação do MPF e da Lava Jato. Somente seu sucessor, Augusto Aras, daria cabo da tarefa.

Os "indignados" que haviam ocupado as ruas e se disposto a marchar de São Paulo a Brasília não convocaram manifestações ou protestos. A luta não era contra a corrupção, mas contra o PT de Lula.

Como se não bastassem as ações da PGR e os problemas criados por seus colaboradores diretos,[38] o presidente Temer se viu diante de uma verdadeira herança maldita, o processo no TSE movido pelo PSDB. O objetivo inicial era se livrar da chapa, da presidente e de seu vice. Com o impeachment, se a chapa fosse impugnada, Michel Temer seria forçado a deixar o poder. O resultado do julgamento era de conhecimento geral. Em razão do rodízio nas cadeiras do TSE, o governo teve tempo para manobrar e assegurar que venceria por margem estreita, por 4 a 3, cabendo ao ministro Gilmar Mendes, então presidente do tribunal, dar o voto de minerva.

Nada poderia ser mais irônico. O PSDB movia o processo e, portanto, pediria a saída do poder do presidente que apoiava. Surreal é pouco.

Para completar o enredo digno de Ionesco, sem a intervenção de Gilmar Mendes o processo não teria sido exumado. Pior, foi o mesmo Gilmar que batalhou para que o período de coleta de provas fosse reaberto, permitindo que a acusação se valesse das delações da Odebrecht. Como as provas eram irrefutáveis, só restou à defesa alegar que haviam sido colhidas fora do prazo. A tese foi aceita pelos quatro magistrados que votaram pela absolvição, Gilmar Mendes incluído. A hipocrisia do recurso explícito à máxima "Aos amigos, tudo, aos inimigos, a lei" completou a deslegitimação da classe política.[39] Estava mais do que provado que eram todos farinha do mesmo saco.

Não há nada ruim que não possa piorar. Em fins de maio de 2018, os caminhoneiros entraram em greve.[40] Literalmente, o Brasil parou. O deputado Jair Bolsonaro estava entre os apoiadores de primeira hora das reivindicações do movimento.[41] A paralisação das estradas durou dez dias, afetando o abastecimento em todo o país. Ao se dar conta das consequências da longa greve para a população, após afirmar que acompanhava o movimento "há dois anos", o candidato reviu sua posição e declarou: "A coisa chegou num ponto que precisa refluir. Aí entra o aspecto político. Não interessa, acredito eu, para mim, para o Brasil, para quem quer a democracia, o caos agora".[42]

A greve foi encerrada, mas o país continuou parado, sem governo, à espera das eleições. Pior, depois dela, teve que se habituar ao caos.

A República de Curitiba

Curitiba contribuiu decisivamente para o afastamento de Dilma Rousseff. A ofensiva iniciada com a Operação Acarajé e que culminou na liberação da conversa entre ela e Lula inviabilizou o governo.

Para a força-tarefa, Lula era o chefe da organização criminosa sob investigação. O ex-presidente era o mandante e o principal beneficiário do esquema.[43] Se alguém tinha interesse e poder para enterrar a Lava Jato, esse alguém era Luiz Inácio Lula da Silva e, por isso, Curitiba não economizou cartuchos para inviabilizar seu retorno ao governo, como ministro de Dilma ou pelo voto popular.

Ao liberar a gravação das conversas entre Dilma e Lula, Sergio Moro sabia que estava ultrapassando todos os limites e colocando em risco a autonomia da operação. A transgressão teve seu preço. O ministro Teori Zavascki não endossou a ação e censurou Moro publicamente. Para além do sabão, Zavascki determinou a remessa dos autos da investigação relativa a Lula ao STF. Moro perdeu a autoconcedida prerrogativa de determinar o fatiamento das investigações.[44]

Saiu barato. O risco maior, uma intervenção ou reação que abafasse a operação, não se concretizou. Mas Teori se fez entender. O recado estava dado. Novas extravagâncias não seriam admitidas.[45] Em seu ofício-resposta, Moro baixou o tom e pretextou humildade.[46]

O ministro chamou para si a prerrogativa de desmembrar as investigações que envolvessem Lula. Entretanto, se as coisas corressem como esperado e o afastamento de Dilma se confirmasse, Teori seria forçado a rever sua decisão e as investigações relativas ao ex-presidente voltariam à primeira instância. Era uma questão de tempo. Para Moro, bastava não esticar a corda.

Em fins de março, quando a força-tarefa obteve acesso às planilhas do Setor de Operações Estruturadas da Odebrecht, Sergio Moro mostrou que não tinha a menor intenção de cutucar a onça com vara curta, que não era momento para novo teste de forças.[47]

Segundo a versão oficial, a Polícia Federal, responsável pela busca e apreensão na casa do diretor da Odebrecht, não tomou as precauções necessárias e o material coletado pôde ser acessado livremente. Sergio Moro se apressou em decretar o sigilo e o envio do material recolhido ao STF.[48] O magistrado fez mais, estendeu o sigilo às evidências coletadas pela Operação Acarajé.[49] O paradigma adotado durante toda a operação, o do princípio "salutar" da publicidade, foi suspenso. A República de Curitiba reconheceu que havia perdido sua soberania, que estava submetida a poder superior. Ela tinha que se sujeitar ao comando do ministro relator da Lava Jato no STF.

Após a queda de seu Setor de Operações Estruturadas, a Odebrecht capitulou. Entregou os pontos, como haviam feito ou estavam em vias de fazer as demais gigantes do setor, como a Andrade Gutierrez e a OAS.[50] Resistir era inútil.

A Lava Jato entrou em novo patamar.[51] O escopo das investigações e das revelações deixou de estar limitado à Petrobras, ao governo federal e, mesmo, a períodos determinados. Em uma palavra: a oposição não estava livre de se ver enredada pelas revelações, delações e pelos acordos de leniência que estavam por vir.

Para Curitiba, o novo patamar era uma faca de dois gumes. As premissas dos mentores da Lava Jato haviam sido comprovadas. A corrupção era parte do modus operandi do mundo político. Entretanto, a força-tarefa havia sido constituída com um objetivo específico, investigar a Petrobras e não todo e qualquer caso envolvendo desvio de recursos públicos, mesmo que estes tivessem sido cometidos por quem respondia a processos em Curitiba.[52]

A força-tarefa, para manter sua existência, teria que se reinventar, alargando seus propósitos e reafirmando sua autonomia e bases institucionais. Desde as fases iniciais, a Lava Jato se revestiu de um mandato amplo, argumentando que a corrupção na Petrobras era a manifestação de um fenômeno mais abrangente, com raízes profundas. Assim, para que a operação produzisse resultados de longo prazo, ela deveria ir além do caso específico para o qual havia sido criada.

Na concepção de seus mentores, a operação deveria funcionar como um *showcase*, uma demonstração de que era possível punir corruptos. O objetivo maior era obter algo duradouro, uma reforma da legislação penal e processual que permitisse a institucionalização da força-tarefa. Em outras palavras, o projeto era dotar o MPF com as armas necessárias para fazer do combate à corrupção uma tarefa cotidiana.

Para entender o ponto é preciso retornar aos escritos de Dallagnol e Sergio Moro anteriores à própria Lava Jato e às explicações por eles oferecidas para a disseminação da corrupção. Para simplificar o argumento, o alastramento da corrupção seria uma função direta da impunidade e esta, por sua vez, seria uma consequência da inefetividade da aplicação da lei. Nenhum ato ilícito era punido porque as cargas probatórias exigidas pela lei seriam inatingíveis.

Como não se cansava de repetir Deltan Dallagnol, a decisão de se corromper deveria ser entendida como o resultado de um cálculo racional. Se sabem que não serão punidos, criminosos têm certeza de que o benefício excederá os custos. De acordo com esse raciocínio, a expectativa da impunidade seria a causa estrutural da corrupção e a razão pela qual ela se generalizaria, dando ao fenômeno seu caráter sistêmico. O político desonesto sobrevive, o honesto desaparece.

A raiz do problema, portanto, estaria no sistema de justiça, na incapacidade de os promotores provarem e os juízes sentenciarem políticos corruptos. A lei processual e criminal seria a causa principal. O objetivo das Dez Medidas contra a Corrupção, o pacote de projetos de lei elaborado pelos mentores da Lava Jato, era alterar esse quadro.

As Dez Medidas eram o legado que a Lava Jato pretendia deixar.[53] Sua aprovação, na visão de seus mentores, transformaria o país, permitindo que o sistema de justiça pudesse combater de forma efetiva a corrupção. Antecipando a punição, políticos alterariam seu comportamento.

Em acordo com este raciocínio, após o desfecho do processo de impeachment, a força-tarefa concentrou seus esforços na batalha legislativa para aprovar as Dez Medidas.[54] Obviamente, seus mentores sabiam que o pacote não contaria com a simpatia dos parlamentares: se eram racionais para cometer crimes, saberiam que não seria boa ideia dotar o MPF com as armas que seriam usadas para puni-los.

Ciente das resistências que as medidas gerariam, o MPF decidiu transformar as Dez Medidas em um projeto de lei de iniciativa popular. As assinaturas recolhidas em longa e penosa campanha confeririam ao projeto a aura da vontade popular, vontade que, supostamente, os parlamentares deveriam respeitar.

Para encurtar a história, a estratégia do MPF deu com os burros n'água.[55] Os congressistas souberam driblar as pressões e aprovaram uma versão inteiramente modificada do projeto original.[56] Os membros da força-tarefa reagiram, convocando entrevista coletiva em que denunciaram a mutilação da proposta e suas consequências para a luta contra a corrupção. Ao final, conclamaram o povo a ir às ruas para defender a Lava Jato e prometeram entregar seus cargos caso não fossem atendidos. A convocação não produziu resultados e a renúncia coletiva foi devidamente esquecida.[57]

O fracasso das manifestações não pode ser minimizado, pois, como notado pelo próprio Dallagnol, "os eventos e manifestações do dia seguinte, 4 de dezembro, [...] seriam decisivos. Era um protesto convocado contra a corrupção e a favor das Dez Medidas e da Lava Jato. Diferentemente do que ocorrera antes do impeachment, o foco principal não eram mais questões políticas, mas questões de justiça".[58]

A derrota foi dupla. O projeto aprovado nada tinha a ver com a proposta original. Convocada a reagir, a população não atendeu ao chamado. Assim, o movimento de reforma da legislação processual e criminal, o legado que a Lava Jato pretendia deixar, foi derrotado.

Mais uma vez, a força-tarefa se viu diante da possibilidade de morrer na praia. Para manter vivas as esperanças, o grupo recorreu a seus aliados no interior do Poder Legislativo e no STF. O deputado Eduardo Bolsonaro (PSC-SP) correu ao Supremo e impetrou mandado de segurança para invalidar a votação, alegando que projetos de iniciativa popular não podem ser emendados.[59] O ministro Luiz Fux acolheu o pedido e, assim, cancelou a tramitação. O projeto voltou à estaca zero e até hoje espera pela aferição da autenticidade das assinaturas. Em outras palavras, o recurso foi um tiro no pé.

O fato de Eduardo Bolsonaro ter sido o autor da ação que visou dar nova vida às Dez Medidas é significativo. Mostra bem que os vínculos entre a Lava Jato e a direita radical são antigos e estreitos. Após o impeachment, as lideranças político-partidárias de peso se uniram para controlar danos e impor controles à operação. Dos antigos aliados, sobraram apenas o grupo que viria a apoiar a candidatura de Bolsonaro à Presidência, congregados na direita radical e políticos marginais reunidos na Frente Parlamentar pelo Direito da Legítima Defesa (nome oficial da bancada da bala). A relação se consolidou após a designação do deputado Onyx Lorenzoni (DEM-RS) para relatar as Dez Medidas contra a Corrupção.[60] A ojeriza à morosidade da Justiça foi um dos elos a soldar a relação entre os dois grupos. A religião foi outro ponto de contato: Dallagnol, por exemplo, recorreu a pastores evangélicos para coletar assinaturas, em tentativa de dar tintas de iniciativa popular às Dez Medidas que havia elaborado.[61]

Além das conexões político-partidárias com a direita radical, a Lava Jato ainda dispunha de trunfos para manter vivas as esperanças de resgatar seu projeto de "reforma da Justiça". As razões políticas para apoiar a Lava Jato não haviam desaparecido de todo. A obra, por assim dizer, ainda estava incompleta. O chefe da organização criminosa, para usar os termos empregados pela própria operação, continuava impune. Pior, poderia voltar nos braços do povo na eleição presidencial de 2018, como indicavam as pesquisas eleitorais.[62]

Em meados de junho, com o avanço do processo contra Dilma, o ministro Teori Zavascki reenviou as investigações relativas a Lula à primeira instância.[63] A Lava Jato agradeceu e tratou, tão rápido quanto possível, de colocar seu caso em pé. Em setembro, o MPF denunciou o ex-presidente Lula.[64]

Na entrevista coletiva convocada para fazer o anúncio, evento em que projetou o famoso slide com catorze setas apontando em direção ao ex-presidente, o coordenador da Lava Jato, Deltan Dallagnol, afirmou que "Lula era o maestro dessa grande orquestra concatenada para saquear os cofres públicos".[65]

Os procuradores capricharam no espetáculo[66] e descuidaram de detalhes técnicos, fazendo largo uso de trechos da delação não homologada do presidente da OAS, Léo Pinheiro.[67] Nada, porém, que prejudicasse seu acolhimento por Sergio Moro.[68]

Em julho de 2017, Moro condenou o ex-presidente a nove anos e meio de prisão.[69] Como mostrou a juíza Fabiana Alves Rodrigues,[70] o magistrado precisou recorrer a uma série de expedientes interconectados para embasar sua sentença.

Em 24 de janeiro de 2018, o Tribunal Regional Federal da 4ª Região (TRF4) confirmou a condenação do ex-presidente e, de quebra, aumentou sua pena para doze anos e um mês.[71] Com a decisão, Lula passou a cumprir pena e, além disso, se viu impedido de disputar a eleição presidencial daquele ano. A segunda instância seguiu o padrão temporal observado na primeira: o tempo transcorrido para a emissão da sentença foi menor do que a média. O Judiciário federal retirou as "rédeas do eleitor" para "fazer prevalecer a caneta dos togados".[72] Os magistrados, portanto, agiram com um olho no calendário eleitoral, influindo de forma direta e deliberada nas opções a serem oferecidas aos eleitores. Para eles, antes de ser uma questão de direito, tratava-se de um dever.[73]

O fim dessa história é conhecido. Lula não foi candidato e, contrariando suas repetidas promessas, Sergio Moro abandonou o Judiciário para assumir o Ministério da Justiça no governo Bolsonaro e é agora um parlamentar. Tornou-se ele mesmo um político ou revelou finalmente que sempre fora um. O passo não surpreende, considerando-se a afinidade ideológica entre o presidente e seu ministro. Para ambos, Justiça boa é aquela em que se pune de forma rápida e sumária. Para o magistrado, assumir o ministério era a única forma de salvar as Dez Medidas, enxertadas no Pacote Anticrime elaborado a toque de caixa.[74] Mas esse é o início de uma outra história, tão ou mais trágica do que a que se acaba de contar.

Agradecimentos

Trabalhei neste livro mais tempo que gostaria de confessar. Não o teria concluído sem a ajuda de muitas pessoas. Testei argumentos e evidências em diversos seminários, discussões e apresentações. Miriam Dolhnikoff criticou duramente a fulanização das minhas primeiras tentativas de explicar a crise política brasileira. O trabalho conjunto com Argelina Figueiredo é o ponto de partida e a base do argumento desenvolvido, reforçado por frequentes e longas conversas. Argelina, Maria Hermínia Tavares, Charles Pessanha e José Antonio Cheibub leram e comentaram uma primeira versão do livro. Leonardo Weller foi um leitor atento e prestativo. Seus comentários foram certeiros e utilíssimos. Ricardo Balthazar apontou erros, inconsistências e me indicou fontes e materiais com a gentileza meticulosa que o caracteriza. Maria Cristina Fernandes foi uma interlocutora fundamental e responsável direta para que eu me aventurasse a transpor os muros da academia. Fabiana Rodrigues acabou se tornando uma espécie de consultora técnica, respondendo a dúvidas e esclarecendo detalhes legais. A ideia de explorar e estudar as delações premiadas apareceu em seminário organizado com Bruno Speck e Wagner Pralon Mancuso, colegas da Universidade de São Paulo (USP) que, mais tarde, me passaram dados sobre as doações feitas a políticos para financiar suas campanhas eleitorais. Roberto Garibe Filho compartilhou materiais da sua pesquisa sobre a Odebrecht e a JBS e, além disso, leu e comentou a versão preliminar do trabalho. Marta Machado e Mariana Prado me estimularam a escrever sobre a Operação Lava Jato e, em repetidas discussões e revisões, me forçaram a especificar meus argumentos sobre a operação e seus impactos sobre o sistema político. Oscar Vilhena, velho amigo, me estimulou a investir nas diferenças e brigas no interior do Ministério Público Federal. Joyce Luz respondeu a todas as questões que envolvessem o Congresso, sempre em tempo recorde e de forma definitiva. Juliana Oliveira fez as vezes de assistente de pesquisa no início do levantamento, enquanto Thiago Fonseca me auxiliou a organizar informações que serviram para testar e rejeitar algumas hipóteses de trabalho. O agradecimento aos três se estende a todos os orientandos e alunos que trabalharam comigo nos últimos anos.

Coloquei boa parte da família para trabalhar. Irmãos (Fran, Mário e Pato), irmã (Bel) e sobrinhos (Tiago e Felipe) foram minhas cobaias, sendo forçados a ler e criticar várias tentativas de pôr o texto de pé. Amigos do peito, Carlos Matuck e Marcelo Levy, foram submetidos ao mesmo infortúnio. A reação deles foi essencial para me convencer de que eu tinha um livro, que valia ir adiante.

Flávio Moura comprou o projeto do livro e contribuiu decisivamente em todas as suas fases. Como todos na Todavia, foi compreensivo com atrasos sucessivos e redefinição nos prazos.

Alice, Tomás e Daniel aturaram um pai monomaníaco e obsessivo que insistia em poluir o ambiente familiar com detalhes sobre o impeachment. Mesmo sem perceber, ajudaram a apurar os argumentos. Mais que isso, foram uma fonte constante de felicidade, energia e esperanças. Angela fez de tudo um pouco e se faz presente em cada frase deste livro que, sem o amor desse quarteto, não teria sido escrito. Para a felicidade e sanidade dos mais próximos, prometo virar a chave e nunca mais falar em Dilma e Sergio Moro durante as refeições e o lazer.

A pesquisa e redação foram financiadas pelo CNPQ e pela Fapesp.

Notas

Introdução [pp. 11-19]

1. "30-04-2014 — Pronunciamento da Presidenta da República, Dilma Rousseff em cadeia de rádio e televisão, sobre o Dia do Trabalho". Biblioteca da Presidência da República, 30 abr. 2014. Disponível em: <biblioteca.presidencia.gov.br/presidencia/ex-presidentes/dilma-rousseff/discursos/discursos-da-presidenta/pronunciamento-da-presidenta-da-republica-dilma-rousseff-em-cadeia-de-radio-e-televisao-sobre-o-dia-do-trabalho>. Acesso em: 14 fev. 2023.

2. Mais tarde, essas prisões seriam identificadas como a primeira fase da Operação Lava Jato. À época, os leitores dos jornais e a opinião pública em geral não sabiam que haveria uma operação com um número indefinido de fases e como seria nomeada.

3. A presidente disse ainda: "A Petrobras jamais vai se confundir com atos de corrupção ou ação indevida de qualquer pessoa. O que tiver de ser apurado deve e vai ser apurado com o máximo rigor, mas não podemos permitir, como brasileiros que amam e defendem seu país, que se utilize de problemas, mesmo que graves, para tentar destruir a imagem da nossa maior empresa".

4. Não por acaso, dias antes Dilma antecipou seu pronunciamento em cadeia nacional às autoridades presentes à cerimônia em um estaleiro em Pernambuco. As diferenças entre os dois discursos são mínimas. Entre as autoridades presentes, o presidente da Transpetro, o ex-senador Sérgio Machado. Para a íntegra do discurso, ver "14-04-2014 — Discurso da Presidenta da República, Dilma Rousseff, durante cerimônia alusiva à viagem inaugural do navio *Dragão do Mar* e batismo do navio *Henrique Dias* no Estaleiro Atlântico Sul — Ipojuca/PE". Biblioteca da Presidência da República, 14 abr. 2014. Disponível em: <biblioteca.presidencia.gov.br/presidencia/ex-presidentes/dilma-rousseff/discursos/discursos-da-presidenta/discurso-da-presidenta-da-republica-dilma-rousseff-durante-cerimonia-alusiva-a-viagem-inaugural-do-navio-dragao-do-mar-e-batismo-do-navio-henrique-dias-no-estaleiro-atlantico-sul>. Acesso em: 14 fev. 2023.

5. Andreza Matais, "Dilma apoiou compra de refinaria em 2006; agora culpa 'documentos falhos'". *O Estado de S. Paulo*, São Paulo, 19 mar. 2014. Disponível em: <politica.estadao.com.br/noticias/eleicoes,dilma-apoiou-compra-de-refinaria-em-2006-agora-culpa-documentos-falhos-imp-,1142397;>. Acesso em: 14 fev. 2023.

6. O escândalo de Pasadena motivou o jurista Ives Gandra Martins a escrever o primeiro pedido de impeachment de Dilma a ter alguma repercussão.

7. O pacote do governo, cabe adiantar, era inspirado pelas medidas defendidas pelos mentores da Lava Jato, que preferiram ignorá-lo, lançando dias depois as "Dez Medidas contra a Corrupção". As diferenças entre os dois pacotes são mínimas.

8. Eliane Cantanhêde, "'Não é hora de afastar Dilma nem de pactuar', diz FHC". *O Estado de S. Paulo*, São Paulo, 10 mar. 2015. Disponível em: <politica.estadao.com.br/noticias/geral,nao-e-hora-de-afastar-dilma-nem--de-pactuar-diz-fhc-imp-,1647649>. Acesso em: 14 fev. 2023.

9. Apropriada e conhecida. Ronald Dworkin a empregou para criticar o processo movido pelo Partido Republicano contra o presidente Bill Clinton em 1998 em artigo publicado no *New York Review of Books*. A referência é feita por Katya Kozicki e Vera Karan de Chueiri, "Impeachment: A arma nuclear constitucional" (*Lua Nova: Revista de Cultura e Política*, São Paulo, v. 108, p. 157, 2019).

10. Para dar um exemplo, basta citar a reação do site O Antagonista: "Fernando Henrique Cardoso, pela trigésima-oitava vez, repetiu seu chavão predileto: 'O impeachment é como a bomba atômica, não serve para usar, só para intimidar'. Isso aconteceu, segundo Lauro Jardim, numa palestra realizada anteontem, promovida pela Goldman Sachs. [...] O Antagonista não sabe quanto Fernando Henrique Cardoso recebeu da Goldman Sachs [...]. Fernando Henrique Cardoso é como a bomba atômica: não serve para usar". "FHC é como a bomba atômica". O Antagonista, 20 mar. 2015. Disponível em: <oantagonista.uol.com.br/brasil/fhc-e-como-a-bomba-atomica/>. Acesso em: 14 fev. 2023.

11. Uma exposição didática e sintética do modelo canônico pode ser encontrada em Aníbal Pérez-Liñán, "Impeachment or Backsliding? Threats to Democracy in the Twenty-first Century" (*Revista Brasileira de Ciências Sociais*, São Paulo, v. 33, 2018). Consultar também Kathryn Hochstetler, "Rethinking Presidentialism: Challenges and Presidential Falls in South America" (*Comparative Politics*, Nova York, v. 38, n. 4, pp. 401-18, 2006) e "The Fates of Presidents in Post-Transition Latin America: From Democratic Breakdown to Impeachment to Presidential Breakdown" (*Journal of Politics in Latin America*, Hamburgo, v. 3, n. 1, pp. 125-41, 2011).

1. O primeiro mandato [pp. 21-57]

1. Elio Gaspari, "Dilma, ou a banalidade da paz. Enfim, uma pessoa que vai ao Planalto para tocar o expediente do governo sem evangelismo". *Folha de S.Paulo*, São Paulo, 6 abr. 2011. Disponível em: <www1.folha.uol.com.br/fsp/poder/po0604201105.htm>. Acesso em: 14 fev. 2023.

2. "Ministro da Justiça promete investigação total e critica uso eleitoral da Lava Jato". *O Estado de S. Paulo*, 15 nov. 2014. Disponível em: <https://www.estadao.com.br/politica/investigacao-sobre-petrobras-devera-mudar-o-pais-para-sempre-diz-dilma/>. Acesso em: 14 mar. 2023.

3. "A eleição da Dilma é mais importante do que a do Lula, porque é a eleição do projeto político, porque a Dilma nos representa. A Dilma não era uma liderança que tinha uma grande expressão popular, eleitoral, uma raiz histórica no país, como o Lula foi criando, como outros tiveram, o Brizola, o Arraes e tantos outros. Então, ela é a expressão do projeto político, da liderança do Lula e do nosso acúmulo desses trinta anos. Se queremos aprofundar as mudanças, temos que cuidar do partido e temos que cuidar dos movimentos sociais, da organização popular." Ver Vitor Rocha, "José Dirceu diz que Lula é maior que o PT e que Dilma Rousseff, sim, levará o 'acúmulo' petista ao poder". *O Globo*, Rio de Janeiro, 14 set. 2010. Disponível em: <oglobo.globo.com/brasil/eleicoes-2010/jose-dirceu-diz-que-lula-maior-que-pt-que-dilma-rousseff-sim-levara-acumulo-petista-ao-poder-4988563>. Acesso em: 14 fev. 2023.

4. Para a ascensão de Dilma dentro do governo e sua aproximação de Lula, consultar os perfis traçados por Luiz Maklouf Carvalho na revista *piauí* e republicados em Humberto Werneck (Org.), *Vultos da República* (São Paulo: Companhia das Letras, 2010), pp. 99-166. Para uma visão positiva da atuação de Dilma à frente do Ministério de Minas e Energia, consultar Rockmann e Mattos, 2021, pp. 257 e seguintes.

5. "Mesmo fora do Planalto, Dirceu promete reeditar uma briga antiga com Palocci. No primeiro mandato de Lula, os dois disputaram os rumos do governo. Agora, o que está em jogo é a fisionomia da gestão Dilma, com uma pitada maior ou menor de desenvolvimentismo. 'Não há espaço para concessões à esquerda', avisou Palocci." Ver Vera Rosa, "Palocci disse 'não' a Dilma e ganhou a Casa Civil". *O Estado de S. Paulo*, São Paulo, 2 jan. 2011. Disponível em: <brasil.estadao.com.br/noticias/geral,com-um-nao-a-dilma-sobre-2014-ministro-ganha-casa-civil-imp-,661059>. Acesso em: 14 fev. 2023.

6. "Imposto por Lula à então candidata à Presidência, Palocci conquistou aos poucos o lugar do 'homem forte' da campanha de Dilma. Substituiu o hoje ministro da Indústria e Comércio, Fernando Pimentel, amigo fiel

e o preferido de Dilma. Apesar dos esforços de José Dirceu para deixá-lo de fora do 'núcleo duro' do governo Dilma, Palocci conseguiu se transformar no principal auxiliar da presidente." Ver Eugênia Lopes, "'Fogo amigo' ajuda a fragilizar ministro". *O Estado de S. Paulo*, São Paulo, 5 jun. 2011. Disponível em: <brasil.estadao.com.br/noticias/geral,fogo-amigo--ajuda-a-fragilizar-ministro-imp-,728144>. Acesso em: 14 fev. 2023.

7. "Lula lidera tática para defender Palocci". *O Estado de S. Paulo*, São Paulo, 24 maio 2011. Disponível em: <politica.estadao.com.br/noticias/geral,lula--lidera-tatica-para-defender-palocci,723617>. Acesso em: 14 fev. 2023.

8. "O ex-presidente tem aconselhado Dilma a deixar o gabinete, 'conversar com o povo' e buscar o apoio dos movimentos sociais, como ele fez em 2005 [para escapar da crise do mensalão]." Ver Vera Rosa, "Lula entra em campo para conter crise e segurar Palocci no governo". *O Estado de S. Paulo*, São Paulo, 21 maio 2011. Disponível em: <brasil.estadao.com.br/noticias/geral,lula-entra-em-campo-para-conter-a-crise-e-segurar-palocci--no-governo-imp-,722046>. Acesso em: 14 fev. 2023. Foi o primeiro ensaio do que seria o mantra a ser recitado a cada crise enfrentada por Dilma.

9. "Segundo fontes governistas, o cenário nesta manhã é de permanência de Palocci no cargo com a troca do ministro Luiz Sérgio. Essa seria a posição defendida pelo ex-presidente Luiz Inácio Lula da Silva. Segundo essa avaliação, Palocci acabou sofrendo o desgaste político por acumular muito poder. Com um ministro de Relações Institucionais mais forte e que se imponha mais, Palocci, na Casa Civil, teria reduzido sua influência e poderia se recuperar desse desgaste político." Ver "Palocci pode ficar no Planalto, mas terá de explicar crise no Congresso". *O Estado de S. Paulo*, São Paulo, 7 jun. 2011. Disponível em: <politica.estadao.com.br/noticias/geral,palocci-pode-ficar-no-planalto-mas-tera-de-explicar-crise--no-congresso,729101>. Acesso em: 14 fev. 2023.

10. José Dirceu, enquanto Palocci lutava para salvar seu cargo, foi recebido dessa forma ao chegar à reunião interna do PT. Ver Andrea Jubé Vianna, "Dirceu é aclamado de pé por militantes ao chegar ao Congresso do PT". *O Estado de S. Paulo*, São Paulo, 2 set. 2011. Disponível em: <politica.estadao.com.br/blogs/radar-politico/dirceu-e-aclamado-de-pe-por-militantes-ao-chegar-a-congresso-do-pt/>. Acesso em: 14 fev. 2023.

11. Vera Rosa, "Rifado pelo PT, última cartada de Palocci será explicação pública". *O Estado de S. Paulo*, São Paulo, 3 jun. 2011. Disponível em: <brasil.estadao.com.br/noticias/geral-rifado-pelo-pt-ultima-cartada-de--palocci-sera-explicacao-publica-imp-727451>. Acesso em: 14 fev. 2023. Rui Falcão, presidente do PT, foi na mesma linha: "O governo tem tratado de forma adequada o caso. Ele [Palocci] também. Não cabe ao PT se manifestar sobre isso". A única voz dissonante foi a de Edinho Silva,

presidente do PT de São Paulo: "O PT tem de sair da defensiva. Se Palocci não fosse importante para o governo Dilma, não seria tão atacado". Ver Catia Seabra, "PT descarta manifestação em apoio a Palocci". *Folha de S.Paulo*, São Paulo, 2 jun. 2011. Disponível em: <www1.folha.uol.com.br/poder/924281-pt-descarta-manifestacao-em-apoio-a-palocci.shtml>. Acesso em: 14 fev. 2023.

12. "O deputado André Vargas (PR), secretário de comunicação do PT, foi quem teve o maior salto no custo da campanha entre os petistas, quase 4.000%. Ele arrecadou cerca de 17 mil em 2006 e chegou a R$ 667 mil neste ano." Ver Larissa Guimarães e Nancy Dutra, "Deputados petistas são os que mais gastam para reeleição". *Folha de S.Paulo*, São Paulo, 8 set. 2010. Disponível em: <m.folha.uol.com.br/poder/2010/09/795338-deputados-petistas-sao-os-que-mais-gastam-para-reeleicao.shtml>. Acesso em: 14 fev. 2023.

13. Vera Rosa, "Cortes surpreendem o PT, e Dirceu faz críticas". *O Estado de S. Paulo*, São Paulo, 10 fev. 2011. Disponível em: <politica.estadao.com.br/noticias/geral,cortes-surpreendem-o-pt-e-dirceu-faz-criticas,677465>. Acesso em: 14 fev. 2023.

14. João Domingos, "Mais uma vez, comando da Câmara ficará com baixo clero". *O Estado de S. Paulo*, São Paulo, 31 jan. 2011. Disponível em: <brasil.estadao.com.br/noticias/geral,mais-uma-vez-comando-da-camara-ficara-com-baixo-clero-imp-,673196>. Acesso em: 14 fev. 2023. Cândido Vaccarezza seria o candidato do alto clero, mas tomou uma rasteira de Arlindo Chinaglia (PT-SP) e Ricardo Berzoini (PT-SP), que, ao se verem na iminência de serem derrotados, apoiaram Marco Maia (PT-RS), que corria por fora e, com o apoio, acabou eleito.

15. Eugênia Lopes, "Petistas travam disputa por cargo na Câmara". *O Estado de S. Paulo*, São Paulo, 5 fev. 2011. Disponível em: <brasil.estadao.com.br/noticias/geral,petistas-travam-disputa-por-cargo-na-camara-imp-,675604>. Acesso em: 14 fev. 2023. Segundo o texto da notícia: "A bancada do PT na Câmara está em pé de guerra". O motivo: a presidência da Comissão de Constituição e Justiça e de Cidadania. De um lado estaria o grupo de Vaccarezza, cujo candidato era o deputado João Paulo Cunha, de outro, o do presidente da Casa, que apoiava Ricardo Berzoini.

16. "Petistas já discutem troca de comando". *O Estado de S. Paulo*, São Paulo, 26 abr. 2011. Disponível em: <politica.estadao.com.br/noticias/geral,petistas-ja-discutem-troca-de-comando,710628>. Acesso em: 14 fev. 2023.

17. "A eleição de Rui Falcão para a presidência do PT remete ao que previra seu principal cabo eleitoral, José Dirceu: de que o governo Dilma Rousseff seria o verdadeiro governo do partido. [...] O PT redobra o ânimo para 'enquadrar' Dilma e consolidar sua hegemonia na aliança, o que a torna mais dependente de Lula, dos partidos satélites da base

governista, além do próprio PMDB." Ver João Bosco Rabello, "PT quer mais com Dilma". *O Estado de S. Paulo*, São Paulo, 1 maio 2011. Disponível em: <politica.estadao.com.br/blogs/joao-bosco/pt-quer-mais-com-dilma/>. Acesso em: 14 fev. 2023. O candidato de Lula, de acordo com a imprensa, era o senador Humberto Costa (PT-PE).

18. "PT contraria Lula e começa a brigar pela vaga de Palocci". *O Estado de S. Paulo*, São Paulo, 2 jun. 2011. Disponível em: <politica.estadao.com.br/noticias/geral,pt-contraria-lula-e-comeca-a-brigar-pela-vaga-de-palocci,727024>. Acesso em: 14 fev. 2023.

19. Vaccarezza, após perder a eleição para a presidência da Mesa, foi mantido na liderança do governo na Câmara. Como Vargas, não teve problema para financiar sua campanha, sendo um dos campeões no quesito arrecadação de contribuições. Pelo que se sabe, na luta interna do PT, assim como Vargas, sempre se alinhou a José Dirceu. Para os dados de arrecadação do deputado, ver Larissa Guimarães e Nancy Dutra, "Deputados petistas são os que mais gastam para reeleição", op. cit.

20. "Dilma só troca Luiz Sérgio após armistício no PT". *O Estado de S. Paulo*, São Paulo, 8 jun. 2011. Disponível em: <politica.estadao.com.br/noticias/geral,dilma-so-troca-luiz-sergio-apos-armisticio-no-pt,729868>. Acesso em: 14 fev. 2023.

21. "Dilma nega imobilismo e diz que escolheu Gleisi sozinha". *O Estado de S. Paulo*, São Paulo, 9 jun. 2011. Disponível em: <politica.estadao.com.br/noticias/geral,dilma-nega-imobilismo-e-diz-que-escolheu-gleisi-sozinha,730038>. Acesso em: 14 fev. 2023.

22. "Dilma decide nomear Ideli Salvatti para articulação política; Luiz Sérgio vai para Pesca". *O Estado de S. Paulo*, São Paulo, 10 jun. 2011. Disponível em: <politica.estadao.com.br/blogs/radar-politico/dilma-decide-nomear-ideli-salvatti-para-articulacao-politica/>. Acesso em: 14 fev. 2023.

23. "Dilma reage a críticas e diz ter encontrado sozinha solução para crise". *O Estado de S. Paulo*, São Paulo, 8 jun. 2011. Disponível em: <politica.estadao.com.br/noticias/geral,dilma-reage-a-criticas-e-diz-ter-encontrado-sozinha-solucao-para-crise,729866>. Acesso em: 14 fev. 2023.

24. "Entenda os fatos que levaram à saída do ministro Alfredo Nascimento". *O Estado de S. Paulo*, São Paulo, 6 jul. 2011. Disponível em: <politica.estadao.com.br/noticias/geral,entenda-os-fatos-que-levaram-a-saida-do-ministro-alfredo-nascimento,741524>. Acesso em: 14 fev. 2023. Mais de duas dezenas de funcionários ligados ao Ministério perderam seus cargos junto com o ministro. O Departamento Nacional de Infraestrutura de Transportes (DNIT) foi o epicentro do escândalo.

25. "Wagner Rossi é o quarto ministro a deixar o governo Dilma em oito meses". *O Estado de S. Paulo*, São Paulo, 17 ago. 2011. Disponível em: <politica.

estadao.com.br/blogs/radar-politico/wagner-rossi-pede-demissao-da-
-agricultura/>. Acesso em: 14 fev. 2023. O ministro das Cidades, Mário Negromonte (PP-BA), foi outro a ser alvo de revelações publicadas
pela imprensa. Ao contrário dos demais, foi mantido no cargo. Ver Rodrigo Petry, "PP tem esquema de corrupção no Ministério das Cidades,
diz revista". *O Estado de S. Paulo*, São Paulo, 30 jul. 2011. Disponível em:
<politica.estadao.com.br/noticias/geral,pp-tem-esquema-de-corrupcao-
-no-ministerio-das-cidades-diz-revista,752104>. Acesso em: 14 fev. 2023.

26. Rossi, ao que tudo indica, foi alvejado pelo clássico "fogo amigo". As denúncias contra ele partiram de Jucá Neto, acomodado na presidência da
Companhia Nacional de Abastecimento (Conab), irmão do poderoso
senador Romero Jucá (PMDB-RR). Dilma relutou, tentou salvar a pele
do ministro, um correligionário de primeira hora do vice-presidente,
Michel Temer. Diante do acúmulo de revelações, a presidente entregou os pontos e o dispensou. Ver "Dilma fecha acordo com PMDB para
manter Rossi". *O Estado de S. Paulo*, São Paulo, 17 ago. 2011. Disponível
em: <politica.estadao.com.br/noticias/geral,dilma-fecha-acordo-com-
-pmdb-para-manter-rossi-e-demitir-apadrinhados,759411>. Acesso em:
14 fev. 2023. Jobim, ao que tudo indica, cavou sua própria demissão ao
revelar que havia votado em José Serra para a presidência. Ver Lilian Venturini, "Jobim, ministro de Dilma, votou em Serra em 2010". *O Estado de
S. Paulo*, São Paulo, 27 jul. 2011. Disponível em: <politica.estadao.com.br/
blogs/radar-politico/jobim-ministro-de-dilma-votou-em-serra-em-2010/>.
Acesso em: 14 fev. 2023. O apetite das Forças Armadas por recursos e os
conflitos com a presidente em razão da reabertura das investigações sobre a repressão podem ter contribuído para que Jobim pedisse o boné. Ver
Bruno Boghossian, "Jobim: papéis da ditadura desapareceram". *O Estado
de S. Paulo*, São Paulo, 28 jun. 2011. Disponível em: <brasil.estadao.com.
br/noticias/geral,jobim-papeis-da-ditadura-desapareceram-imp-,737726>.
Acesso em: 14 fev. 2023. Para uma visão mais aprofundada do conflito entre Dilma e Jobim, consultar Viana, 2021, pp. 105 e seguintes.

27. Sandra Manfrini, "Dilma dá posse ao novo ministro do Turismo às 16
horas". *O Estado de S. Paulo*, São Paulo, 16 set. 2011. Disponível em: <po-
litica.estadao.com.br/noticias/geral,dilma-da-posse-ao-novo-ministro-
-do-turismo-as-16-horas,773411>. Acesso em: 14 fev. 2023.

28. "A postura inflexível de Rousseff sobre a corrupção é uma ruptura bem-
-vinda em relação à atitude relaxada que caracterizou os políticos brasileiros por muito tempo — e mais um sinal de que ela está marcando sua
própria autoridade no governo herdado de Luiz Inácio Lula da Silva." Ver
"Jornal britânico apoia postura de Dilma contra corrupção". *O Estado de
S. Paulo*, São Paulo, 31 ago. 2011. Disponível em: <politica.estadao.com.

br/noticias/geral,jornal-britanico-apoia-postura-de-dilma-contra-corrupcao,766511>. Acesso em: 14 fev. 2023.

29. Eduardo Bresciani, "Oposição cobra faxina na Agricultura e obriga Dilma a bancar outro ministro". *O Estado de S. Paulo*, São Paulo, 7 ago. 2011. Disponível em: <politica.estadao.com.br/noticias/geral,oposicao-cobra-faxina-na-agricultura-e-obriga-dilma-a-bancar-outro-ministro,755382>. Acesso em: 14 fev. 2023.

30. "'Deslulização' já avança no 2º escalão do governo". *O Estado de S. Paulo*, São Paulo, 7 ago. 2011. Disponível em: <politica.estadao.com.br/noticias/geral,deslulizacao-ja-avanca-no-2-escalao-do-governo,755278>. Acesso em: 14 fev. 2023.

31. Anne Warth, Para Dilma, faxina que Brasil precisa é contra a miséria". *O Estado de S. Paulo*, São Paulo, 18 ago. 2011. Disponível em: <estadao.com.br/noticias/geral,para-dilma-faxina-que-brasil-precisa-e-contra-a-miseria,760485>. Acesso em: 14 fev. 2023.

32. Rosa Costa, "Gerdau elogia 'faxina': Dilma está no caminho certo". *O Estado de S. Paulo*, São Paulo, 19 ago. 2011. Disponível em: <brasil.estadao.com.br/noticias/geral,gerdau-elogia-faxina-dilma-esta-no-caminho-certo-imp-,760807>. Acesso em: 14 fev. 2023.

33. Daniela Lima e Bernardo Mello Franco, "FHC e Marina aderem a faxina de Dilma". *Folha de S.Paulo*, São Paulo, 20 ago. 2011. Disponível em: <www1.folha.uol.com.br/poder/2011/08/962640-fhc-e-marina-aderem-a-faxina-de-dilma.shtml>. Acesso em: 14 fev. 2023.

34. A presidente disse mais: "Esse espírito, no homem público, traduziu-se na crença do diálogo como força motriz da política e foi essencial para a consolidação da democracia brasileira em seus oito anos de mandato. Fernando Henrique foi o primeiro presidente eleito desde Juscelino Kubitschek a dar posse a um sucessor oposicionista igualmente eleito. Não escondo que nos últimos anos tivemos e mantemos opiniões diferentes, mas, justamente por isso, maior é minha admiração por sua abertura ao confronto franco e respeitoso de ideias". Ver Daniel Bramatti, "PSDB comemora elogio de Dilma a FHC". *O Estado de S. Paulo*, São Paulo, 14 jun. 2011. Disponível em: <brasil.estadao.com.br/noticias/geral,psdb-comemora-elogio-de-dilma-a-fhc-imp-,731961>. Acesso em: 14 fev. 2023.

35. Carlos A. Moreno, "Dilma completa primeiro ano de governo com aprovação superior à de Lula". *Exame*, São Paulo, 18 jul. 2012. Disponível em: <exame.com/brasil/dilma-completa-1o-ano-de-governo-com-aprovacao-superior-a-de-lula-2/>. Acesso em: 14 fev. 2023.

36. "Dilma mantém aprovação de 62% dos brasileiros". Datafolha, 14 dez. 2012. Disponível em: <datafolha.folha.uol.com.br/opiniaopublica/2012/12/1203094-dilma-mantem-aprovacao-de-62-dos-brasileiros.shtml>. Acesso em: 14 fev. 2023.

37. Camila Campanerut, "Dilma é aprovada por 79% e supera Lula e FHC, diz CNI/Ibope". UOL, 19 mar. 2013. Disponível em: <noticias.uol.com. br/politica/ultimas-noticias/2013/03/19/dilma-cni-ibope.htm>. Acesso em: 14 fev. 2023.

38. "É uma pessoa dela", nomeada por suas ligações com a presidente e não com o PT, teria afirmado Temer. Ver Raymundo Costa, "Um vice e sua circunstância". *Valor Econômico*, São Paulo, 23 jan. 2012. Disponível em: <valor.globo.com/politica/noticia/2012/01/23/coluna-um-vice-e-sua--circunstancia.ghtml>. Acesso em: 14 fev. 2023. Foster foi chamada de "A Dilma do Petróleo". Ver Cláudia Schüffner e Chico Santos, "Ela cultiva o rigor e a ternura". *Valor Econômico*, São Paulo, 24 jan. 2012. Disponível em: <valor.globo.com/empresas/noticia/2012/01/24/ela-cultiva-o-rigor--e-a-ternura.ghtml>. Acesso em: 14 fev. 2023. A imprensa internacional destacou o caráter técnico (leia-se não político) da indicada. Ver Carla Miranda, "Imprensa estrangeira destaca perfil técnico de Graça Foster". *O Estado de S. Paulo*, São Paulo, 23 jan. 2012. Disponível em: <economia.estadao.com.br/blogs/radar-economico/imprensa-estrangeira--descreve-gracas-foster-como-boa-gestora/>. Acesso em: 14 fev. 2023.

39. Marta Nogueira, "Especialista vê Graça Foster como melhor opção para Petrobras". *Valor Econômico*, São Paulo, 23 jan. 2012. Disponível em: <valor.globo.com/empresas/noticia/2012/01/23/especialista-ve-graca-foster-como-melhor-opcao-para-petrobras.ghtml>. Acesso em: 14 fev. 2023. Adriano Pires, vale lembrar, chegou a ser nomeado pelo presidente Bolsonaro para presidir a Petrobras em 2022.

40. "O que até agora tem sido a marca da gestão de Graça: o investimento em quadros profissionais, em funcionários concursados que, como ela, foram galgando posições na estatal ao longo de décadas de serviço." Ver "Graça Foster indica técnicos para diretorias da Petrobras". *O Estado de S. Paulo*, São Paulo, 28 abr. 2012. Disponível em: <economia.estadao.com. br/noticias/geral,graca-foster-indica-tecnicos-para-diretorias-da-petro-bras-imp-,866364>. Acesso em: 14 fev. 2023.

41. Ibid.

42. Ibid. Para as trocas no segundo escalão da empresa, ver "Gerente-executivo de Refino assumirá Abastecimento da Petrobras". *O Estado de S. Paulo*, São Paulo, 27 abr. 2012. Disponível em: <economia.estadao.com. br/noticias/negocios,gerente-executivo-de-refino-assumira-abasteci-mento-da-petrobras,110671e>. Acesso em: 14 fev. 2023. A imprensa não deixa de frisar que a nomeação de Costa veio depois que Severino Cavalcanti foi eleito presidente da Câmara dos Deputados, e que o mesmo teria dito a Lula que queria indicar o responsável por furar poços.

43. Vivian Oswald, Cristiane Jungblut e Ramona Ordoñez, "Partidos se irritam com mudanças feitas por Graça na Petrobras". *O Globo*, Rio de Janeiro, 26 abr. 2012. Disponível em: <oglobo.globo.com/economia/partidos-se-irritam-com-mudancas-feitas-por-graca-na-petrobras--4749680#ixzz4dOkdkI00>. Acesso em: 14 fev. 2023.

44. Cláudia Schüffner, "Com o apoio de Dilma, Graça molda sua diretoria". *Valor Econômico*, São Paulo, 30 abr. 2012. Disponível em: <valor.globo.com/empresas/noticia/2012/04/30/com-o-apoio-de-dilma-graca-molda--sua-diretoria.ghtml>. Acesso em: 14 fev. 2023.

45. "Petrobras fechará 38 empresas no exterior até 2015". *O Estado de S. Paulo*, São Paulo, 3 nov. 2013. Disponível em: <economia.estadao.com.br/noticias/geral,petrobras-fechara-38-empresas-no-exterior-ate-2015,169199e>. Acesso em: 14 fev. 2023.

46. Glauber Gonçalves, "Presidente da Transpetro é alvo de investigação". *O Estado de S. Paulo*, São Paulo, 11 jun. 2012. Disponível em: <economia.estadao.com.br/noticias/geral,presidente-da-transpetro-e-alvo-de--investigacao,115764e>. Acesso em: 14 fev. 2023.

47. Andrea Jubé Vianna, "Governo confirma que diretor quer sair da Petrobras". *O Estado de S. Paulo*, São Paulo, 27 jan. 2012. Disponível em: <economia.estadao.com.br/noticias/geral,governo-confirma-que-diretor-quer-sair-da-petrobras,100907e>. Acesso em: 14 fev. 2023.

48. Outros nomeados pelo PMDB da Câmara fora da Petrobras, como na Caixa Econômica Federal, DNOCS e Sudene, entraram na linha de tiro da faxina de Dilma. Ver "Peemedebistas atribuem ao PT 'ataque especulativo' no 2º escalão". *O Estado de S. Paulo*, São Paulo, 28 jan. 2012. Disponível em: <politica.estadao.com.br/noticias/eleicoes,peemedebistas-atribuem-ao-pt--ataque-especulativo-no-2-escalao-imp-,828255>. Acesso em: 14 fev. 2023.

49. Cláudia Schüffner, "Com o apoio de Dilma, Graça molda sua diretoria". *Valor Econômico*, São Paulo, 30 abr. 2012. Disponível em: <valor.globo.com/empresas/noticia/2012/04/30/com-o-apoio-de-dilma-graca-molda--sua-diretoria.ghtml>. Acesso em: 14 fev. 2023. E se o PT estava desgostoso, o mesmo não ocorria com o mercado. A assunção de Graça Foster foi acompanhada de alta nas ações da empresa e reações positivas "inclusive por setores da indústria".

50. "Ele discorda da avaliação do PMDB de que o PT concentre os cargos no Executivo Federal. Ele citou o Ministério da Pesca e a presidência da Petrobras como exemplos de que o PT perdeu posições no governo. O senador Marcelo Crivella (PRB-RJ) assumiu na semana passada o Ministério da Pesca em substituição ao petista Luiz Sérgio. O petista Sérgio Gabrielli deixou a presidência da Petrobras, comandada agora por Graça Foster. Apesar de ser ligada ao PT, a presidente da estatal é considerada

pertencente ao quadro técnico." Ver Denise Madueño, "Marco Maia diz que PMDB sofre de 'tensão pré-eleitoral'". *Veja*, São Paulo, 5 mar. 2012. Disponível em: <veja.abril.com.br/brasil/marco-maia-diz-que-pmdb-sofre-de-tensao-pre-eleitoral/>. Acesso em: 14 fev. 2023.

51. "Em evento concorrido, Gabrielli assume Secretaria de Planejamento da Bahia". *O Estado de S. Paulo*, São Paulo, 9 mar. 2012. Disponível em: <politica.estadao.com.br/noticias/geral,em-evento-concorrido-gabrielli-assume-secretaria-de-planejamento-da-bahia,846332>. Acesso em: 14 fev. 2023.

52. Sergio Torres e Sabrina Valle, "Graça desconstrói gestão de Gabrielli na Petrobras". *Exame*, São Paulo, 23 jul. 2012. Disponível em: <exame.com/negocios/graca-desconstroi-gestao-de-gabrielli-na-petrobras/>. Acesso em: 14 fev. 2023.

53. "De acordo com informações de bastidores do governo, o afastamento dele [Fábio Cleto] já foi decidido por Dilma e só não foi concretizado porque a presidente quer evitar uma revolta maior do PMDB na véspera da votação do projeto que cria o Fundo de Previdência Complementar dos Servidores Públicos (Funpresp). A proposta deverá ser votada depois do Carnaval." Ver "Faxina de Dilma poupa PT e degola siglas aliadas". *O Estado de S. Paulo*, São Paulo, 16 fev. 2012. Disponível em: <politica.estadao.com.br/noticias/geral,faxina-de-dilma-poupa-pt-e-degola-siglas-aliadas,836668>. Acesso em: 14 fev. 2023.

54. "Transpetro suspende contrato de navios com EAS". *O Estado de S. Paulo*, São Paulo, 27 maio 2012. Disponível em: <economia.estadao.com.br/noticias/geral,transpetro-suspende-contrato-de-navios-com-eas,113952e>. Acesso em: 14 fev. 2023.

55. "70% das sondas da Petrobras serão montadas em estaleiros 'empacados'". *O Estado de S. Paulo*, São Paulo, 8 abr. 2012. Disponível em: <economia.estadao.com.br/noticias/geral,70-das-sondas-da-petrobras-serao-montadas-em-estaleiros-empacados-imp-,858544>. Acesso em: 14 fev. 2023.

56. Cláudia Schüffner, "Graça assume Petrobras com foco na gestão". *Valor Econômico*, São Paulo, 14 fev. 2012. Disponível em: <valor.globo.com/empresas/noticia/2012/02/14/graca-assume-petrobras-com-foco-na-gestao.ghtml>. Acesso em: 14 fev. 2023.

57. "EAS vira alvo de chacota ao entregar navio desnivelado". *O Estado de S. Paulo*, São Paulo, 8 abr. 2012. Disponível em: <economia.estadao.com.br/noticias/geral,eas-vira-alvo-de-chacota-ao-entregar-navio-desnivelado-imp-,858548>. Acesso em: 14 fev. 2023.>. Victor Candido, "O navio que nunca flutuou: política industrial brasileira à deriva". Terraço Econômico, 25 abr. 2016. Disponível em: <terracoeconomico.com.br/o-navio-que-nunca-flutuou-politica-industrial-brasileira-deriva/>. Acesso em: 14 fev. 2023.

58. "Petrobras suspende compra de navios". *O Estado de S. Paulo*, São Paulo, 28 maio 2012. Disponível em: <economia.estadao.com.br/noticias/geral,petrobras-suspende-compra-de-navios-imp-,878861>. Acesso em: 14 fev. 2023.

59. Andreza Matais, "Dilma apoiou compra de refinaria em 2006; agora culpa 'documentos falhos'". *O Estado de S. Paulo*, São Paulo, 19 mar. 2014. Disponível em: <politica.estadao.com.br/noticias/eleicoes,dilma-apoiou-compra-de-refinaria-em-2006-agora-culpa-documentos-falhos-imp-,1142397>. Acesso em: 14 fev. 2023.

60. Por incrível que pareça, foi o fato de a refinaria pedir reforma que atraiu a Petrobras, pois assim se garantia serviço para a Odebrecht. Para uma detalhada reconstituição dos negócios, consultar Roberta Paduan, *Petrobras: Uma história de orgulho e vergonha* (São Paulo: Objetiva, 2016), cap. 17.

61. "Juiz ordena Petrobras a pagar US$ 639 mi à Astra Oil nos EUA". *O Estado de S. Paulo*, São Paulo, 12 mar. 2010. Disponível em: <economia.estadao.com.br/noticias/geral,juiz-ordena-petrobras-a-pagar-us-639-mi-a-astra-oil-nos-eua,8791e>. Acesso em: 14 fev. 2023.

62. "Petrobras pode ter perda milionária nos EUA". *O Estado de S. Paulo*, São Paulo, 12 jul. 2012. Disponível em: <economia.estadao.com.br/noticias/geral,petrobras-pode-ter-perda-milionaria-nos-eua,119076e>. Acesso em: 14 fev. 2023. "Petrobras encerra litígio e assume refinaria de Pasadena". *Gazeta do Povo*, Curitiba, 29 jun. 2012. Disponível em: <gazetadopovo.com.br/economia/petrobras-encerra-litigio-e-assume-refinaria-de-pasadena-27xof88wmq2ofhvvcjhsoor2/>. Acesso em: 14 fev. 2023.

63. Ramona Ordoñez, "Presidente da Petrobras América terá que explicar compra de refinaria nos EUA". *O Globo*, Rio de Janeiro, 22 nov. 2012. Disponível em: <oglobo.globo.com/economia/presidente-da-petrobras-america-tera-que-explicar-compra-de-refinaria-nos-eua-6801454>. Acesso em: 14 fev. 2023.

64. "Comissão investiga compra de refinaria". *O Estado de S. Paulo*, São Paulo, 29 nov. 2012. Disponível em: <economia.estadao.com.br/noticias/geral,comissao-investiga-compra-de-refinaria-imp-,966740>. Acesso em: 14 fev. 2023. A íntegra do pedido assim como o parecer podem ser encontrados em: <camara.leg.br/proposicoesWeb/prop_mostrarintegra;jsessionid=7A1D767D3779A4CC569DED29E3038763.proposicoesWebExtern01?codteor=1332153&filename=Avulso+-PFC+100/2012>.

65. "Parlamentares preparam CPI sobre contas da Petrobras". *O Estado de S. Paulo*, São Paulo, 4 abr. 2013. Disponível em: <economia.estadao.com.br/noticias/geral,parlamentares-preparam-cpi-sobre-contas-da-petrobras,149573e>. Acesso em: 14 fev. 2023.

66. "Petrobras garantiu preço baixo a sócio em refinaria de Pasadena por 15 anos". *O Estado de S. Paulo*, São Paulo, 27 maio 2013. Disponível em: <economia. estadao.com.br/noticias/geral,petrobras-garantiu-preco-baixo-a-socio-em- -refinaria-de-pasadena-por-15-anos-imp-,1035975>. Acesso em: 14 fev. 2023.

67. A representação ao Tribunal de Contas da União redundou na abertura de investigação no Ministério Público Federal do Rio de Janeiro, que, nos anos seguintes, andou a passos de tartaruga, mas não sem algum timing político. O interessante é que em nenhum momento essa investigação se conectou à Lava Jato. Ver "MP deve investigar prejuízo de US\$ 1 bi na Petrobras". *O Estado de S. Paulo*, São Paulo, 28 fev. 2013. Disponível em: <economia.estadao.com.br/noticias/geral,mp-deve-investigar- -prejuizo-de-us-1-bi-na-petrobras-imp-,1002535>. Acesso em: 14 fev. 2023.

68. "A Petrobras reconhece o mau negócio de Pasadena". *O Estado de S. Paulo*, São Paulo, 24 maio 2013. Disponível em: <economia.estadao.com.br/ noticias/geral,a-petrobras-reconhece-o-mau-negocio-de-pasadena- -imp-,1035139>. Acesso em: 14 fev. 2023.

69. André Borges, "Compra de Pasadena 'foi um negócio normal', diz Gabrielli". *Valor Econômico*, São Paulo, 6 ago. 2013. Disponível em: <valor. globo.com/empresas/noticia/2013/08/06/compra-de-pasadena-foi-um- -negocio-normal-diz-gabrielli.ghtml>. Acesso em: 14 fev. 2023.

70. André Borges, "Petróleo é um negócio de risco, diz ex-presidente da Petrobras". *Valor Econômico*, São Paulo, 6 ago. 2013. Disponível em: <valor.globo.com/empresas/noticia/2013/08/06/petroleo-e-um-negocio-de- -risco-diz-ex-presidente-da-petrobras.ghtml>. Acesso em: 14 fev. 2023.

71. "Petrobras é citada em denúncia de propina". *O Estado de S. Paulo*, São Paulo, 14 fev. 2014. Disponível em: <economia.estadao.com.br/noticias/ geral,petrobras-e-citada-em-denuncia-de-propina-imp-,1130119>. Acesso em: 14 fev. 2023. O representante da empresa no Brasil era Júlio Faerman, um dos personagens centrais da Lava Jato.

72. Fábio Brandt e Raphael Di Cunto, "Governistas devem ser maioria em comissão". *Valor Econômico*, São Paulo, 13 mar. 2014. Disponível em: <valor.globo.com/politica/noticia/2014/03/13/governistas-devem-ser- -maioria-em-comissao.ghtml>. Acesso em: 14 fev. 2023.

73. Eduardo Bresciani e Daiene Cardoso, "Em Brasília, Asa Norte tem noite antiDilma". *O Estado de S.Paulo*, São Paulo, 21 fev. 2014. Disponível em: <estadao.com.br/politica/eleicoes/em-brasilia-asa-norte-tem- -noite-antidilma-imp-/>. Acesso em: 14 fev. 2023.

74. Márcio Falcão e Ranier Bragon, "Petistas também se reúnem para criticar presidente". *Folha de S.Paulo*, São Paulo, 21 fev. 2014. Disponível em: <www1.folha.uol.com.br/poder/2014/02/1415461-petistas-tambem-se-re- unem-para-criticar-presidente.shtml>. Acesso em: 14 fev. 2023. Note-se

que, para a imprensa, tudo se resume a "liberar emendas". Não eram as emendas que estavam em jogo.

75. Ranier Bragon, Márcio Falcão e Gabriela Guerreiro, "Perto de Barbosa, vice da Câmara faz gesto que marcou prisão de petistas". *Folha de S.Paulo*, São Paulo, 3 fev. 2014. Disponível em: <www1.folha.uol.com.br/poder/2014/02/1407016-perto-de-barbosa-vice-da-camara-faz--gesto-que-marcou-prisao-de-petistas.shtml>. Acesso em: 14 fev. 2023.

76. "Leia a transcrição da entrevista de André Vargas ao UOL e à *Folha*". *Folha de S.Paulo*, São Paulo, 13 fev. 2014. Disponível em: <noticias.uol.com.br/politica/ultimas-noticias/2014/02/13/leia-a-transcricao-da-entrevista--de-andre-vargas-ao-uol-e-a-folha.htm>. Acesso em: 14 fev. 2023.

77. Andreza Matais, "Dilma apoiou compra de refinaria em 2006; agora culpa 'documentos falhos'". *O Estado de S. Paulo*, São Paulo, 19 mar. 2014. Disponível em: <politica.estadao.com.br/noticias/eleicoes,dilma-apoiou-compra-de-refinaria-em-2006-agora-culpa-documentos-falhos-imp-,1142397>. Acesso em: 14 fev. 2023. Para uma síntese dos eventos, ver "Entenda compra da refinaria de Pasadena por Petrobras". G1, 20 mar. 2014. Disponível em: <g1.globo.com/economia/noticia/2014/03/entenda-compra-da-refinaria-de-pasadena-pela-petrobras.html>. Acesso em: 14 fev. 2023.

78. "Leia a íntegra da nota da Presidência sobre a compra de refinaria". *O Estado de S. Paulo*, São Paulo, 19 mar. 2014. Disponível em: <politica.estadao.com.br/noticias/eleicoes,leia-a-integra-da-nota-da-presidencia--sobre-a-compra-de-refinaria-imp-,1142396>. Acesso em: 14 fev. 2023.

79. Maria Cristina Fernandes, "Especulação". *Valor Econômico*, São Paulo, 21 mar. 2014. Disponível em: <valor.globo.com/politica/coluna/especulacao.ghtml>. Acesso em: 14 fev. 2023.

80. Valdo Cruz, Andréia Sady e Natuza Nery, "Para Lula, Dilma agiu por impulso e deu 'tiro no pé'". *Folha de S.Paulo*, São Paulo, 21 mar. 2014. Disponível em: <m.folha.uol.com.br/poder/2014/03/1428684-para-lula-dilma-agiu--por-impulso-e-deu-tiro-no-pe.shtml>. Acesso em: 14 fev. 2023.

81. Maria Cristina Fernandes, "Especulação", op. cit.

82. "Oposição tenta aproveitar rebelião do PMDB para aprovar CPI da Petrobras". *O Estado de S. Paulo*, São Paulo, 19 mar. 2014. Disponível em: <politica.estadao.com.br/noticias/geral,oposicao-tenta-aproveitar-rebeliao-do--pmdb-para-aprovar-cpi-da-petrobras,1142789>. Acesso em 12 ago. 2014.

83. Fábio Brandt, "Blocão apoia CPI mista para investigar a Petrobras, diz líder do PSC". *Valor Econômico*, São Paulo, 25 mar. 2014. Disponível em: <valor.globo.com/politica/noticia/2014/03/25/blocao-apoia-cpi-mista-para--investigar-a-petrobras-diz-lider-do-psc.ghtml>. Acesso em: 14 fev. 2023.

84. Nathalia Passarinho, "Manifesto da bancada do PR pede candidatura de Lula no lugar de Dilma". G1, 28 abr. 2014. Disponível em: <g1.globo.

com/politica/eleicoes/2014/noticia/2014/04/manifesto-da-bancada-do-
-pr-pede-candidatura-de-lula-no-lugar-de-dilma.html>. Acesso em: 14
fev. 2023. "Aliados constrangem Dilma e pedem candidatura de Lula".
Folha de S.Paulo, São Paulo, 29 abr. 2014. Disponível em: <m.folha.uol.
com.br/poder/2014/04/1446895-aliados-constrangem-dilma-e-pedem-
-candidatura-de-lula.shtml>. Acesso em: 14 fev. 2023.

85. Gustavo Uribe, "Serra aponta grave crise no governo e prevê Lula em
2014". *O Estado de S. Paulo*, São Paulo, 29 jul. 2011. Disponível em: <bra-
sil.estadao.com.br/noticias/geral,serra-aponta-grave-crise-no-governo-
e-preve-lula-em-2014-imp-,751536>. Acesso em: 14 fev. 2023.

86. Luciana Nunes Leal, "Lula nega que disputará Presidência em 2014".
O Estado de S. Paulo, São Paulo, 29 jul. 2011. Disponível em: <politica.
estadao.com.br/noticias/geral,lula-nega-que-disputara-presidencia-
-em-2014,751678>. Acesso em: 14 fev. 2023.

87. O parágrafo é uma síntese das colunas de Raymundo Costa no período.
Que eu saiba, o colunista foi o único a chamar a atenção para essa relação e afirmar taxativamente que Lula não considerava retornar, que explicava aos mais extremados que uma eventual substituição seria vista
como uma confissão de fracasso e, portanto, levaria à derrota. Em suas
colunas, nota ainda como a reação contra Dilma aumentou à medida que
a presidente não se manifestava para defender Dirceu e Genoino, presos
em razão do julgamento do Mensalão. Ver, em especial, a coluna "O de-
senho do PT no pós-Mensalão". *Valor Econômico*, São Paulo, 7 ago. 2012.
Disponível em: <valor.globo.com/politica/coluna/o-desenho-do-pt-no-
-pos-mensalao.ghtml>. Acesso em: 14 fev. 2023.

88. "Segundo interlocutores de Lula, o ex-presidente avalia que Dilma não
está sendo hábil na relação com o PMDB. Na reunião, segundo a *Folha*
apurou, ele disse que ela precisaria fazer acenos ao aliado para evitar o
risco de perder o tempo de TV dos peemedebistas no programa eleitoral
e pediu que o governo melhore a interlocução com os descontentes da
Câmara." Ver "Insatisfação do PMDB é discutida por Lula e Dilma". *Folha de S.Paulo*, São Paulo, 6 mar. 2014. Disponível em: <www1.folha.uol.
com.br/poder/2014/03/1421302-insatisfacao-do-pmdb-e-discutida-por-
-lula-e-dilma.shtml>. Acesso em: 14 fev. 2023.

89. Ibid.

90. Raymundo Costa, "Sem 'onda vermelha' no horizonte". *Valor Econômico*,
São Paulo, 18 mar. 2014. Disponível em: <valor.globo.com/politica/co-
luna/sem-onda-vermelha-no-horizonte.ghtml>. Acesso em: 14 fev. 2023.

91. Id., "Lula paga preço por não ser candidato". *Valor Econômico*, São Paulo,
15 out. 2013. Disponível em: <valor.globo.com/politica/coluna/lula-paga-
-preco-por-nao-ser-candidato.ghtml>. Acesso em: 14 fev. 2023.

92. Naief Haddad, "'Sei da lealdade de Lula a mim', diz Dilma". *Folha de S.Paulo*, São Paulo, 29 abr. 2014. Disponível em: <www1.folha.uol.com. br/fsp/poder/163730-sei-da-lealdade-de-lula-a-mim-diz-dilma.shtml>. Acesso em: 14 fev. 2023.

93. "Dilma diz que será candidata com ou sem o apoio da base aliada". *Folha de S.Paulo*, São Paulo, 30 abr. 2014. Disponível em: <www1.folha.uol. com.br/poder/2014/04/1447556-dilma-diz-que-sera-candidata-com-ou-sem-o-apoio-da-base-aliada.shtml>. Acesso em: 14 fev. 2023. Ver também Reinaldo Azevedo, "Dilma diz que será candidata com ou sem apoio dos partidos aliados". *Veja*, São Paulo, 30 abr. 2014. Disponível em: <veja. abril.com.br/blog/reinaldo/dilma-diz-que-sera-candidata-com-ou-sem--apoio-dos-partidos-aliados/>. Acesso em: 14 fev. 2023.

94. Ricardo Chapola, "Sentença do Mensalão foi 80% política e 20% jurídica, afirma Lula". *O Estado de S. Paulo*, São Paulo, 27 abr. 2014. Disponível em: <politica.estadao.com.br/noticias/geral,sentenca-do-mensalao-foi-80--politica-e-20-juridica-afirma-lula,1159368>. Acesso em: 14 fev. 2023. Ver também "Movimento 'Volta Lula' incomoda o ex-presidente, diz Gilberto Carvalho". G1, 29 abr. 2014. Disponível em: <g1.globo.com/politica/eleicoes/2014/noticia/2014/04/movimento-volta-lula-incomoda-o-ex-presidente-diz-gilberto-carvalho.html>. Acesso em: 14 fev. 2023.

95. Pesquisa CNT-MDA publicada em 29 de abril de 2014. Para a reprodução dos resultados citados, ver "Dilma diz que será candidata com ou sem o apoio da base aliada", op. cit.

96. Fausto Macedo e Andreza Matais, "PF prende ex-diretor da Petrobras citado na Lava Jato". *O Estado de S. Paulo*, São Paulo, 20 mar. 2014. Disponível em: <politica.estadao.com.br/noticias/geral,pf-prende-ex-diretor-da--petrobras-citado-na-operacao-lava-jato,1143055>. Acesso em: 14 fev. 2023.

97. "14-04-2014 — Discurso da Presidenta da República, Dilma Rousseff, durante cerimônia alusiva à viagem inaugural do navio *Dragão do Mar* e batismo do navio *Henrique Dias* no Estaleiro Atlântico Sul — Ipojuca/PE". Biblioteca da Presidência da República, 14 abr. 2014. Disponível em: <.biblioteca.presidencia.gov.br/presidencia/ex-presidentes/dilma-rousseff/discursos/discursos-da-presidenta/discurso-da-presidenta-da-republica--dilma-rousseff-durante-cerimonia-alusiva-a-viagem-inaugural-do-navio--dragao-do-mar-e-batismo-do-navio-henrique-dias-no-estaleiro-atlantico--sul>. Acesso em: 14 fev. 2023.

98. Ver, uma vez mais, as colunas de Raymundo Costa no período para o registro dos conflitos entre Dilma e o PT em relação à postura a assumir diante dos resultados do julgamento do Mensalão. Vale acrescentar que Lula buscou a tangente e, em mais de uma oportunidade, negou ter relações estreitas com os condenados pelo escândalo.

99. O início dos problemas do deputado veio da descoberta de que voava em aviões de Youssef. Ver Andréia Sadi, "Vice da Câmara viajou em avião emprestado por doleiro preso". *Folha de S.Paulo*, São Paulo, 1 abr. 2014. Disponível em: <www1.folha.uol.com.br/poder/2014/04/1433952--vice-da-camara-viajou-em-aviao-emprestado-por-doleiro-preso.shtml>. Acesso em: 14 fev. 2023. Para uma síntese de seus problemas com a justiça, consultar "Tudo sobre André Vargas". G1, [s.d.]. Disponível em: <g1.globo.com/tudo-sobre/andre-vargas/>. Acesso em: 14 fev. 2023.

100. "30-04-2014 — Pronunciamento da Presidenta da República, Dilma Rousseff em cadeia de rádio e televisão, sobre o Dia do Trabalho". Biblioteca da Presidência da República, 30 abr. 2014. Disponível em: <biblioteca.presidencia.gov.br/discursos/discursos-da-presidenta/pronunciamento-a--nacao-da-presidenta-da-republica-dilma-rousseff-em-cadeia-nacional--de-radio-e-tv-sobre-o-dia-do-trabalho>. Acesso em: 14 mar. 2023. Vale consultar a íntegra do discurso pelas referências explícitas feitas à investigação na Petrobras.

101. Luiz Maklouf Carvalho, "João Santana, o homem que elegeu seis presidentes". *Época*, São Paulo, 4 out. 2013. Disponível em: <epoca.oglobo.globo.com/tempo/noticia/2013/10/bjoao-santanab-o-homem-que-elegeu-seis-presidentes.html>. Acesso em: 14 fev. 2023. A entrevista foi republicada em Luiz Maklouf Carvalho, *João Santana: Um marqueteiro no poder* (Rio de Janeiro: Record, 2015).

102. Ibid.

103. Para uma versão absurdamente fantasiosa do que se teria passado nos bastidores do XIV Encontro Nacional do PT, ver Claudia Safatle, João Borges e Ribamar Oliveira, *Anatomia de um desastre: Os bastidores da crise econômica que mergulhou o país na pior recessão da história* (São Paulo: Portfolio-Penguin, 2016), p. 296. Segundo uma fonte dos autores, o acordado é que Lula sairia candidato do encontro, mas que teria cedido à chantagem de Dilma feita minutos antes de o evento ser iniciado. As idas e vindas do discurso dele embasam a tese. Recuperando-se de uma crise de labirintite, Lula fez um discurso confuso, hesitando em três versões que levara para o evento. Além disso, faz referências à conversa com a "companheira Dilma" antes do início do evento, que o que tinha ouvido contribuíra para sua dificuldade de escolher entre os três discursos que tinha em mãos. Tudo leva a crer, portanto, que a conversa não foi propriamente agradável, que Lula não gostou do que ouviu da "companheira". Para parte do vídeo do XIV Encontro, ver <youtube.com/watch?v=R1W--2v2r3PI>. Acesso em: 14 fev. 2023.

104. Vale notar que os nomes citados são suficientes para indicar que a linha de clivagem não foi ditada pela aversão à corrupção do PT. Acrescente-se

ainda que Jucá e Geddel assumiram postos-chave na administração de Michel Temer, mas foram forçados a deixar os cargos em razão de escândalos.

105. Tão pequena que foi dentro da margem de erro.

106. Isadora Peron, "Marina Silva diz que não embarcou no avião por 'providência divina'". *O Estado de S. Paulo*, São Paulo, 16 ago. 2014. Disponível em: <politica.estadao.com.br/noticias/geral,marina-silva-diz-que-nao-embarcou-no-aviao-por-providencia-divina,1544964>. Acesso em: 14 fev. 2023.

107. "Dilma tem 36%, Aécio, 20%, e Campos, 8%, diz pesquisa Datafolha". G1, 17 jul. 2014. Disponível em: <g1.globo.com/politica/eleicoes/2014/noticia/2014/07/dilma-soma-36-aecio-20-e-campos-8-diz-pesquisa-datafolha.html>. Acesso em: 14 fev. 2023.

108. "Dilma tem 36%, Marina, 21%, e Aécio, 20%, diz pesquisa Datafolha". G1, 18 ago. 214. Disponível em: <g1.globo.com/politica/eleicoes/2014/noticia/2014/08/dilma-tem-36-marina-21-e-aecio-20-diz-pesquisa-datafolha.html>. Acesso em: 14 fev. 2023.

109. Andréia Sadi, Valdo Cruz e Ranier Bragon, "Novo cenário eleitoral reacende 'volta, Lula'". *Folha de S.Paulo*, São Paulo, 16 ago. 2014. Disponível em: <m.folha.uol.com.br/poder/2014/08/1501454-novo-cenario-eleitoral-reacende-volta-lula.shtml?cmpid=%22facefolha%22>. Acesso em: 14 fev. 2023.

110. Raymundo Costa, "O grande eleitor e a campanha de Dilma". *Valor Econômico*, São Paulo, 5 ago. 2014. Disponível em: <valor.globo.com/politica/coluna/o-grande-eleitor-e-a-campanha-de-dilma.ghtml>. Acesso em: 14 fev. 2023.

111. Id., "A minoria estável de Marina Silva". *Valor Econômico*, São Paulo, 2 set. 2014. Disponível em: <valor.globo.com/politica/coluna/a-minoria-estavel-de-marina-silva.ghtml> Acesso em: 14 fev. 2023. Há versões divergentes sobre a avaliação e disposição de Lula. Ver, para um exemplo contrário, a coluna de Rosângela Bittar "Lula em inferno astral". *Valor Econômico*, São Paulo, 3 set. 2014. Disponível em: <valor.globo.com/politica/coluna/lula-em-inferno-astral.ghtml>. Acesso em: 14 fev. 2023.

112. "Dilma diz que Mantega não fica como ministro em um segundo mandato". G1, 8 set. 2014. Disponível em: <g1.globo.com/politica/eleicoes/2014/noticia/2014/09/dilma-diz-que-mantega-nao-fica-como-ministro-em-um-segundo-mandato.html>. Acesso em: 14 fev. 2023. Nem todos na campanha de Dilma concordavam com essa estratégia, acreditando que a adesão do empresariado ao antipetismo era irreversível. Ver "PT avalia aproximação do setor privado". *Folha de S.Paulo*, São Paulo, 31 ago. 2014. Disponível em: <www1.folha.uol.com.br/fsp/poder/183297-pt-avalia-aproximacao-do-setor-privado.shtml>. Acesso em: 14 mar. 2023.

113. A versão de Santana se encontra em Luiz Maklouf Carvalho, *João Santana: Um marqueteiro no poder*, op. cit., p. 194. Se lidas com atenção, as pesquisas mostram que a candidatura de Marina já dera sinais de fragilidade antes de 1º de setembro. As campanhas de Dilma e Aécio haviam se preparado para um confronto limitado a ambos. Marina cresceu aproveitando-se desse espaço. No início, por achar que Marina roubaria votos do campo contrário, PT e PSDB não atacaram. Quando se deram conta da ameaça, readequaram sua estratégia. Marina deixou de plainar em espaço livre e, pressionada, desmoronou diante das bordoadas desferidas pelo PT e pelo PSDB. Entre outras tantas notícias, consultar "'É preciso algo melhor, não um PT de roupa nova', diz Aécio sobre Marina". *Folha de S.Paulo*, São Paulo, 15 set. 2014. Disponível em: <www1.folha.uol.com.br/poder/2014/09/1516473-e-preciso-algo-melhor-nao-um-pt-de-roupa-nova-diz-aecio-sobre-marina. shtml>. Acesso em: 14 fev. 2023.

114. Valdo Cruz, "Dilma e sua ficção real". *Folha de S.Paulo*, São Paulo, 15 set. 2014. Disponível em: <www1.folha.uol.com.br/colunas/valdocruz/2014/ 09/1515959-dilma-e-sua-ficcao-real.shtm>. Acesso em: 14 fev. 2023.

115. Raymundo Costa, "Ideia de renúncia, para apoiar Marina, ronda Aécio Neves". *Valor Econômico*, São Paulo, 2 set. 2014. Disponível em: <valor. com.br/eleicoes2014/3676550/ideia-de-renuncia-para-apoiar-marina- -ronda-aecio-neves>. Acesso em: 14 mar. 2023.

116. Id., "Por onde andará Luiz Inácio?". *Valor Econômico*, São Paulo, 14 out. 2014. Disponível em: <valor.com.br/politica/3734042/por-onde-andara- -luiz-inacio.ghtml>. Acesso em: 14 mar. 2023.

117. Andréia Sadi e Natuza Nery, "Aliados de Dilma apontam distância de Lula e cobram presença na campanha". *Folha de S.Paulo*, São Paulo, 14 out. 2014. Disponível em: <m.folha.uol.com.br/poder/2014/10/1531978-aliados- -de-dilma-apontam-distancia-de-lula-e-cobram-presenca-na-campanha. shtml>. Acesso em: 14 fev. 2023.

118. Raymundo Costa, "Por onde andará Luiz Inácio?", op. cit.

119. Ibid.: "O discurso está pronto e acabado: Dilma, uma criatura de Lula, teria sido vítima do próprio temperamento; teimosa, não aceitou os conselhos recorrentes do criador para se aproximar dos empresários ou ter uma relação mais próxima com o Congresso e com os movimentos sociais".

120. Ainda que escrito posteriormente, a visão mais completa desse diagnóstico se encontra no artigo de Fabio Giambiagi "Quando foi que nos perdemos?". *Valor Econômico*, São Paulo, 11 maio 2015. Disponível em: <valor.globo.com/opiniao/coluna/quando-foi-que-nos-perdemos.ghtml>. Acesso em: 14 fev. 2023. Para uma versão estendida e completa do argumento, ver Fabio Giambiagi e Alexandre Schwartsman, *Complacência*

(Rio de Janeiro: Elsevier, 2014). No livro, em lugar de Vargas Llosa, os autores recorrem ao início de *O amor nos tempos do cólera*: "Era *inevitable*. O fato é que no fundo chegamos a uma situação que era logicamente previsível, à luz do histórico dos comentários e observações do Partido dos Trabalhadores (PT) em relação a diversas questões referentes à vida econômica do país" (p. 2).

121. Catia Seabra e Márcio Falcão, "Lula se impõe sobre dilmistas e já entra na corrida por 2018". *Folha de S.Paulo*, São Paulo, 6 out. 2014. Disponível em: <m.folha.uol.com.br/poder/2014/10/1528020-lula-se-impoe-sobre-dilmistas--e-ja-entra-na-corrida-por-2018.shtml>. Acesso em: 14 mar. 2023.

122. Raymundo Costa, "Força de São Paulo está em jogo no PT". *Valor Econômico*, São Paulo, 7 out. 2014. Disponível em: <valor.globo.com/politica/coluna/forca-de-sao-paulo-esta-em-jogo-no-pt.ghtml>. Acesso em: 14 fev. 2023.

123. Robson Bonin, "Dilma e Lula sabiam de tudo, diz Alberto Youssef a PF". *Veja*, São Paulo, 23 out. 2014. Disponível em: <veja.abril.com.br/brasil/dilma-e-lula-sabiam-de-tudo-diz-alberto-youssef-a-pf/>. Acesso em: 14 fev. 2023. Salvo melhor juízo, foi o primeiro vazamento seletivo da Lava Jato visando influir de forma direta nos resultados eleitorais. O sensacionalismo da chamada torce os depoimentos de Youssef.

124. Transcrição minha. Para a íntegra da entrevista, ver "Exclusivo: Dilma Rousseff dá primeira entrevista após reeleição". *Jornal da Record*, São Paulo, 27 out. 2014. Disponível em: <recordtv.r7.com/jornal-da-record/videos/exclusivo-dilma-rousseff-da-primeira-entrevista-apos-reeleicao-06102018>. Acesso em: 14 fev. 2023. A transcrição oficial disponível está em: "Entrevista concedida pela presidenta da República, Dilma Rousseff, ao *Jornal da Record*, da Rede Record de Televisão". Biblioteca da Presidência da República, 27 out. 2014. Disponível em: <biblioteca.presidencia.gov.br/presidencia/ex--presidentes/dilma-rousseff/entrevistas-presidenta/entrevista-concedida--pela-presidenta-da-republica-dilma-rousseff-ao-jornal-da-record-da-rede--record-de-televisao>. Acesso em: 14 fev. 2023.

125. Para a transcrição oficial, ver "Entrevista concedida pela presidenta da República, Dilma Rousseff, ao *Jornal da Band*, Brasília". Biblioteca da Presidência da República, 28 out. 2014. Disponível em: <biblioteca.presidencia.gov.br/presidencia/ex-presidentes/dilma-rousseff/entrevistas-presidenta/entrevista-concedida-pela-presidenta-da-republica--dilma-rousseff-ao-jornal-da-band-brasilia-df>. Acesso em: 14 fev. 2023; "Entrevista concedida pela presidenta da República, Dilma Rousseff, ao *Jornal Nacional*, da TV Globo". Biblioteca da Presidência da República, 28 out. 2014. Disponível em: <biblioteca.presidencia.gov.br/presidencia/ex-presidentes/dilma-rousseff/entrevistas-presidenta/

entrevista-concedida-pela-presidenta-da-republica-dilma-rousseff-ao-jornal-nacional-da-tv-globo>. Acesso em: 14 fev. 2023. Em editorial crítico, em 28 de outubro de 2014, *O Estado de S. Paulo* reproduz trechos da entrevista à Bandeirantes. De resto, as declarações da presidente reeleita foram ignoradas pela imprensa e, consequentemente, pela opinião pública. Em outras palavras, a estratégia política de Dilma continuou a não gerar frutos palpáveis.

126. Raymundo Costa, "Governo novo, crise antiga". *Valor Econômico*, São Paulo, 21 out. 2014. Disponível em: <valor.globo.com/politica/coluna/governo-novo-crise-antiga.ghtml>. Acesso em: 14 fev. 2023.

127. Andreza Matais, Fausto Macedo e Ricardo Brandt. "PF prende presidentes de empreiteiras e ex-diretor da Petrobras ligado ao PT". *O Estado de S. Paulo*, São Paulo, 14 nov. 2014. Disponível em: <politica.estadao.com.br/noticias/geral,pf-prende-presidentes-de-empreiteiras-e-ex-diretor-da-petrobras-ligado-ao-pt,1592733>. Acesso em: 14 fev. 2023.

128. "Ministro da Justiça promete investigação total e critica uso eleitoral da Lava Jato". *O Estado de S. Paulo*, São Paulo, 15 nov. 2013. Disponível em: <economia.estadao.com.br/noticias/geral,ministro-da-justica-promete-investigacao-total-e-critica-uso-eleitoral-da-lava-jato,1593317>. Acesso em: 14 fev. 2023.

129. Ibid.

130. Fernando Nakagawa, "Investigação sobre Petrobras deverá mudar o país 'para sempre', diz Dilma". *O Estado de S. Paulo*, São Paulo, 16 nov. 2014. Disponível em: <politica.estadao.com.br/noticias/geral,investigacao-sobre-petrobras-devera-mudar-o-pais-para-sempre-diz-dilma,1593624>. Acesso em: 14 fev. 2023.

131. O discurso da Lava Jato, seu diagnóstico e terapia para enfrentar a corrupção serão discutidos adiante.

132. José Ernesto Credendio, Mario Cesar Carvalho e Andrea Michael, "Caixa 2 de FHC citava empresas da Alstom". *Folha de S.Paulo*, São Paulo, 4 jul. 2008. Disponível em: <www1.folha.uol.com.br/poder/2008/07/419184-caixa-2-de-fhc-citava-empresas-da-alstom.shtml?mobile>. Acesso em: 14 fev. 2023.

133. "Alstom teria pago propina a tucanos usando offshores". *O Estado de S. Paulo*, São Paulo, 30 maio. 2008. Disponível em: <politica.estadao.com.br/noticias/geral,alstom-teria-pago-propina-a-tucanos-usando-offshores,181222>. Acesso em: 14 fev. 2023.

134. Ricardo Brito, "Ministro do STF manda soltar presos da Operação Lava Jato". *O Estado de S. Paulo*, São Paulo, 19 maio 2014. Disponível em: <politica.estadao.com.br/noticias/geral,ministro-do-stf-manda-soltar-presos-da-operacao-lava-jato,1168686>. Acesso em: 14 fev. 2023.

135. "Suíça bloqueia US$ 23 mi atribuídos a ex-diretor da Petrobras". *Folha de S.Paulo*, São Paulo, 11 jun. 2014. Disponível em: <www1.folha.uol.com.br/poder/2014/06/1468525-suica-bloqueia-us-23-mi-atribuidos-a--ex-diretor-da-petrobras.shtml>. Acesso em: 14 fev. 2023.

136. Mario Cesar Carvalho, "PF prende ex-diretor da Petrobras Paulo Roberto Costa pela segunda vez". *Folha de S.Paulo*, São Paulo, 11 jun. 2014. Disponível em: <www1.folha.uol.com.br/poder/2014/06/1468605-pf--prende-ex-diretor-da-petrobras-paulo-roberto-costa-pela-segunda-vez.shtml>. Acesso em: 14 fev. 2023.

137. Id., "Ex-diretor da Petrobras decide fazer delação premiada para sair da prisão". *Folha de S.Paulo*, São Paulo, 22 ago. 2014. Disponível em: <www1.folha.uol.com.br/poder/2014/08/1504537-ex-diretor-da-petrobras-nego-cia-delacao-premiada.shtml>. Acesso em: 14 fev. 2023.

138. Márcio Falcão, "Em meio a denúncias, PT defende enfrentamento da corrupção". *Folha de S.Paulo*, São Paulo, 3 nov. 2014. Disponível em: <www1.folha.uol.com.br/poder/2014/11/1542775-em-meio-a-denun-cias-pt-defende-enfrentamento-da-corrupcao.shtml>. Acesso em: 14 fev. 2023. A cada nova revelação da Lava Jato, as preocupações dos petistas cresciam. A possibilidade de que os recursos mobilizados pelo partido para a campanha da eleição e da reeleição da presidente fossem investigados o deixava de cabelo em pé, sobretudo em razão de que pudessem ser usados para justificar pedidos de impeachment. Ver Andréia Sadi, "Operação tenta atingir Dilma e Lula, dizem governistas". *Folha de S.Paulo*, São Paulo, 4 dez. 2014. Disponível em: <feeds.folha.uol.com.br/fsp/poder/198606-operacao-tenta-atin-gir-dilma-e-lula-dizem-governistas.shtml>. Acesso em: 14 fev. 2023.

139. Vera Rosa e Ricardo Della Coletta, "PT quer ter mais influência sobre Dilma". *O Estado de S. Paulo*, São Paulo, 3 nov. 2014. Disponível em: <po-litica.estadao.com.br/noticias/geral,pt-quer-ter-mais-influencia-sobre--dilma,1587376>. Acesso em: 14 fev. 2023.

140. Adriana Fernandes, "O 'mãos de tesoura' vira 'salvador' da política fiscal". *O Estado de S. Paulo*, São Paulo, 27 nov. 2014. Disponível em: <poli-tica.estadao.com.br/noticias/geral,o-maos-de-tesoura-vira-salvador-da--politica-fiscal,1598548>. Acesso em: 14 fev. 2023.

141. Ricardo Galhardo e Ricardo Chapola, "Intelectuais de esquerda criam manifesto pedindo coerência de Dilma". *O Estado de S. Paulo*, São Paulo, 25 nov. 2014. Disponível em: <politica.estadao.com.br/noticias/geral,intelectuais-de-esquerda-criam-manifesto-pedindo-coerencia-de--dilma,1597887>. Acesso em: 14 fev. 2023.

142. "Lula quer voz na lista de ministros de Dilma". *Folha de S.Paulo*, São Paulo, 8 nov. 2014. Disponível em: <www1.folha.uol.com.br/fsp/

corrida/194541-lula-quer-voz-na-lista-de-ministros-de-dilma.shtml>. Acesso em: 14 fev. 2023. Catia Seabra, "Aliados de Lula perdem força em novo Ministério". *Folha de S.Paulo*, São Paulo, 25 dez. 2014. Disponível em: <www1.folha.uol.com.br/fsp/poder/201573-aliados-de-lula-perdem-forca--em-novo-ministerio.shtml>. Acesso em: 14 fev. 2023.

143. João Fellet, "Dilma deixou a desejar no diálogo com a sociedade, diz ministro". UOL, 10 nov. 2014. Disponível em: <noticias.uol.com.br/ultimas--noticias/bbc/2014/11/10/dilma-deixou-a-desejar-no-dialogo-com-a-socie-dade-diz-ministro.html>. Acesso em: 14 fev. 2023.

144. Catia Seabra, "Aliados de Lula perdem força em novo Ministério", op. cit.

145. Ricardo Galhardo, "Dilma deixa Lula de lado ao montar equipe e enfrenta resistência petista". *O Estado de S. Paulo*, São Paulo, 27 dez. 2014. Disponível em: <politica.estadao.com.br/noticias/geral,dilma-deixa-lula--de-lado-ao-montar-equipe-e-enfrenta-resistencia-petista,1612462>. Acesso em: 14 fev. 2023.

146. Vera Rosa, "O 'Dilmo da Dilma' agora com mais poder". *O Estado de S. Paulo*, São Paulo, 21 dez. 2014. Disponível em: <politica.estadao.com. br/noticias/geral,o-dilmo-da-dilma-agora-com-mais-poder,1610361>. Acesso em: 14 fev. 2023.

147. Toni Sciarretta, "Analistas duvidam de autonomia de Joaquim Levy". *Folha de S.Paulo*, São Paulo, 28 nov. 2014. Disponível em: <www1.fo-lha.uol.com.br/mercado/2014/11/1554532-analistas-duvidam-de-au-tonomia-de-joaquim-levy.shtml>. Acesso em: 14 fev. 2023. Alexandre Schwartsman, "Joaquim 2º (ou A Capitulação)". *Folha de S.Paulo*, São Paulo, 26 nov. 2014. Disponível em: <www1.folha.uol.com.br/colu-nas/alexandreschwartsman/2014/11/1553357-joaquim-2-ou-a-capitu-lacao.shtml>. Acesso em: 14 fev. 2023.

148. "Manifestantes invadem sede da CNA em Brasília". *Folha de S.Paulo*, São Paulo, 15 dez. 2014. Disponível em: <www1.folha.uol.com.br/poder/2014/12/1562562-manifestantes-invadem-sede-da-cna-em-bra-silia.shtml>. Acesso em: 14 fev. 2023.

149. "Ruralistas tratam Kátia Abreu como 'traidora' após indicação". *O Estado de S. Paulo*, São Paulo, 1 dez. 2014. Disponível em: <politica.estadao.com. br/noticias/geral,ruralistas-tratam-katia-abreu-como-traidora-apos-indi-cacao,1600674>. Acesso em: 14 fev. 2023.

150. Andréia Sadi e Natuza Nery, "Indicação de Kátia Abreu para a Agricultura gera atrito com grupo JBS". *Folha de S.Paulo*, São Paulo, 2 dez. 2014. Disponível em: <www1.folha.uol.com.br/fsp/poder/198201-troca-de--ministro-gera-atrito-com-grupo-jbs.shtml>. Acesso em: 14 fev. 2023.

151. "Congresso aprova mudança na fiscalização de frigoríficos". *Folha de S.Paulo*, São Paulo, 19 dez. 2014. Disponível em: <www1.folha.uol.com.

br/fsp/poder/200855-congresso-aprova-mudanca-na-fiscalizacao-de-frigorificos.shtml>. Acesso em: 14 fev. 2023.

152. Severino Motta e Andréia Sadi, "PMDB ameaça barrar ida de ministro de Dilma para STF". *Folha de S.Paulo*, São Paulo, 10 nov. 2014. Disponível em: <www1.folha.uol.com.br/poder/2014/11/1545746-pmdb-ameaca-barrar-ida-de-<ministro-de-dilma-para-stf.shtml>. Acesso em: 14 fev. 2023. Márcio Falcão, "Ministro da Justiça precisa agir contra vazamento seletivo, diz vice do Senado". *Folha de S.Paulo*, São Paulo, 24 nov. 2014. Disponível em: <www1.folha.uol.com.br/poder/2014/11/1552470-ministro-da-justica-pre-cisa-agir-contra-vazamento-seletivo-diz-vice-do-senado.shtml>. Acesso em: 14 fev. 2023. "Alvo de fogo amigo no PT por não 'controlar' a Polícia Federal, o ministro da Justiça, José Eduardo Cardozo, confidenciou a amigos, nos últimos dias, que não pretende permanecer no cargo a partir de 2015." Ver Vera Rosa, "Ministro da Justiça dá sinais de que quer deixar a pasta". *O Estado de S. Paulo*, São Paulo, 1 nov. 2014. Disponível em: <politica.estadao.com.br/noticias/geral,ministro-da-justica-da-sinais-de-que-quer-deixar-a-pasta,1586685>. Acesso em: 14 mar. 2023.

153. "Petista pede a saída de Graça e provoca reação do Planalto". *Folha de S.Paulo*, São Paulo, 18 dez. 2014. Disponível em: <www1.folha.uol.com. br/fsp/poder/200725-petista-pede-a-saida-de-graca-e-provoca-rea-cao-do-planalto.shtml>. Acesso em: 14 fev. 2023.

154. Beatriz Bulla e Vera Rosa, "Durante diplomação, Dilma propõe 'pacto nacional contra corrupção'". *O Estado de S. Paulo*, São Paulo, 18 dez. 2014. Disponível em: <politica.estadao.com.br/noticias/geral,durante-diplomacao-dilma-propoe-pacto-nacional-contra-corrupcao,1609454>. Acesso em: 14 fev. 2023. Para a íntegra do discurso: "Discurso da Presidenta da República, Dilma Rousseff, durante solenidade de diploma-ção no Tribunal Superior Eleitoral em Brasília". Biblioteca da Presidên-cia da República, 18 dez. 2014. Disponível em: <biblioteca.presidencia. gov.br/presidencia/ex-presidentes/dilma-rousseff/discursos/discursos-da-presidenta/discurso-da-presidenta-da-republica-dilma-rousseff-du-rante-solenidade-de-diplomacao-no-tribunal-superior-eleitoral-brasi-lia-df>. Acesso em: 14 fev. 2023.

155. "Dilma defende Petrobras e propõe pacto anticorrupção". *Agora São Paulo*, São Paulo, 1 jan. 2015. Disponível em: <agora.folha.uol.com. br/brasil/2015/01/1569666-dilma-defende-petrobras-e-propoe-pacto-anticorrupcao.shtml>. Acesso em: 14 fev. 2023. Para a íntegra do discurso: "Discurso da Presidenta da República, Dilma Rousseff, du-rante compromisso constitucional perante o Congresso Nacional". Bi-blioteca da Presidência da República, 1 jan. 2015. Disponível em: <bi-blioteca.presidencia.gov.br/presidencia/ex-presidentes/dilma-rousseff/

discursos/discursos-da-presidenta/discurso-da-presidenta-da-republica-
-dilma-rousseff-durante-compromisso-constitucional-perante-o-con-
gresso-nacional-1>. Acesso em: 14 fev. 2023.

2. A oposição vai às ruas e mostra a cara [pp. 59-84]

1. "PSDB de Aécio renuncia ao 'punho de renda' e vira adversário 'selvagem'".
O Estado de S. Paulo, São Paulo, 5 dez. 2014. Disponível em: <politica.esta-
dao.com.br/noticias/geral,psdb-de-aecio-renuncia-ao-punho-de-renda-e-
-vira-adversario-selvagem-imp-,1602502>. Acesso em: 14 fev. 2023.
2. Ricardo Noblat, "O confisco da verdade". *O Globo*, Rio de Janeiro, 9 fev.
2015. Disponível em: <acervo.oglobo.globo.com/consulta-ao-acervo/?n
avegacaoPorData=201020150209>. Acesso em: 14 fev. 2023.
3. Sendo exigente, dada a margem de erro, os dois estavam tecnicamente
empatados.
4. "The Cashmere Revolution". *The Economist*, Londres, 23 out. 2014. Disponível em: <economist.com/americas-view/2014/10/23/the-cashmere-
-revolution>. Acesso em: 14 fev. 2023.
5. "Manifestantes pró-Aécio fazem protesto em São Paulo". *Folha de
S.Paulo*, São Paulo, 15 out. 2014. Disponível em: <www1.folha.uol.com.
br/poder/2014/10/1533733-nao-sabem-votar-diz-manifestante-pro-
-aecio-sobre-o-nordeste.shtml?cmpid=menupe>. Acesso em: 14 fev. 2023.
Para relato em primeira pessoa do protesto, consultar Rogerio Chequer
e Colin Butterfield, *Vem Pra Rua: A história do movimento popular que mobilizou o Brasil* (São Paulo: Matrix, 2016), p. 46. A relação íntima com a
PM é destacada em diversas passagens, como afirmam os autores. Inau-
gurada nessa manifestação, aplaudir a Polícia Militar ao final se tornou
rotina, uma "marca do Vem Pra Rua".
6. Ibid. Ao reconstruir a história do grupo, a indignação é associada à corrupção. Ver "Rogerio Chequer e um grupo de amigos indignados fun-
dam o Vem Pra Rua, um movimento social para lutar contra a corrupção generalizada". Ver VemPraRua.net, Linha do Tempo. Disponível
em: <vemprarua.net/o-movimento/#linha-do-tempo>. Acesso em: 14
fev. 2023.
7. O empresário Colin Butterfield foi identificado como o organizador da
manifestação. Ver "Executivo criou no Facebook evento em apoio a Aécio". *O Estado de S. Paulo*, São Paulo, 22 out. 2014. Disponível em: <poli-
tica.estadao.com.br/noticias/geral,executivo-criou-no-facebook-evento-
-em-apoio-a-aecio,1581020>. Acesso em: 14 fev. 2023.
8. "Movimento pró-Aécio quer reavivar manifestações de junho". *O Estado
de S.Paulo*, São Paulo, 22 out. 2014. Disponível em: <estadao.com.br/

politica/movimento-pro-aecio-quer-reavivar-manifestacoes-de-junho/>. Acesso em: 14 fev. 2023.

9. Eis o relato do próprio Renan: "Não acreditava no que via. Graziano, da campanha de Aécio, respondendo minha mensagem. Meses depois das conversas infrutíferas que tivemos — apresentara-lhe algumas ideias sobre redes sociais —, ele me retornava". Ver Rogerio Chequer e Colin Butterfield, *Vem Pra Rua: A história do movimento popular que mobilizou o Brasil*, op. cit., p. 90.

10. Vídeo disponível em: <youtube.com/watch?v=5T1RhsXHpZs>. Acesso em: 14 fev. 2023.

11. Pedro Venceslau, "Aécio coloca mais um paulista na equipe de campanha". *O Estado de S. Paulo*, São Paulo, 17 jul. 2014. Disponível em: <politica.estadao.com.br/blogs/radar-politico/aecio-coloca-mais-um-paulista-na-equipe/>. Acesso em: 14 fev. 2023. As desavenças com Andrea Neves são relatadas pelo próprio Graziano, 2020: p. 57: "Publicada uma bobagem qualquer, notícia verdadeira ou *fake*, aquele post inundava a rede em poucos minutos. O desespero de Andrea, irmã de Aécio, era enorme. Ela queria retrucar os ataques de campanha de Dilma com a mesma moeda, ou seja, criando uma rede de maldade, fabricando *fakes*, comprando robôs, disparando *bots*, tudo igual, com sentido contrário, ao que o exército vermelho digital fazia. Briguei com ela, e, por tabela com ele, por isso. Resultado: perdi a coordenação do digital e passei a gerenciar uma rede paralela, chamada #SouAécio, de apoio à campanha. Na oficial, entraram com tudo no jogo sujo da internet do mal. Perderam feio". Vale ressaltar que seu afastamento se deu antes do início oficial da campanha, em julho de 2014. Outro ponto merece destaque: Graziano não era inteiramente avesso a disseminar *fake news*, como dá a entender. Ele e seu filho foram processados por disseminar boatos de que Lulinha "seria sócio da Friboi e dono de mansões, aviões e grandes áreas de terra, como o terreno onde está instalada a Escola Superior de Agricultura Luiz de Queiroz (Esalq), na cidade de Piracicaba". Ver "Diz que diz". *O Estado de S. Paulo*, São Paulo, 18 abr. 2014. Disponível em: <cultura.estadao.com.br/blogs/direto-da-fonte/diz-que-diz-2/>. Acesso em: 14 fev. 2023.

12. Chequer chegou a Fernando Henrique Cardoso pelas mãos de sua amiga e militante de primeira hora do VPR Luciana Reale, filha do ex-ministro Miguel Reale Júnior. Ver Rogerio Chequer e Colin Butterfield, *Vem Pra Rua: A história do movimento popular que mobilizou o Brasil*, op. cit., p. 64 para um significativo relato em primeira pessoa do encontro.

13. Xico Graziano foi devidamente driblado. A esposa de Fernando Henrique Cardoso, Patricia Kundrát, produziu e enviou por WhatsApp o vídeo vetado por Graziano. Ibid., p. 65.

14. Ibid.

15. "Avenida Paulista tem apoio a Aécio com 2,5 mil militantes". *O Estado de S. Paulo*, São Paulo, 25 out. 2014. Disponível em: <politica.estadao.com.br/noticias/eleicoes,avenida-paulista-tem-apoio-a-aecio-com-2-5-mil--militantes,158270>. Acesso em: 14 fev. 2023.

16. Ricardo Chapola, "PT-SP protocola representação contra Coronel Telhada". *O Estado de S. Paulo*, São Paulo, 30 out. 2014. Disponível em: <politica.estadao.com.br/noticias/geral,pt-sp-protocola-representacao-contra-coronel-telhada,1585634>. Acesso em: 14 fev. 2023.

17. Andreza Matais, "PSDB quer auditoria para resultado das eleições". *O Estado de S. Paulo*, São Paulo, 30 out. 2014. Disponível em: <politica.estadao.com.br/noticias/geral,psdb-quer-auditoria-para-resultado-das-eleicoes,1585754>. Acesso em: 14 fev. 2023.

18. "*O Estado de S. Paulo*: Páginas da edição de 31 de outubro de 2014 — Pag. 8". *O Estado de S. Paulo*, São Paulo, Acervo. Disponível em: <acervo.estadao.com.br/pagina/#!/20141031-44208-nac-8-pol-a8-not>. Acesso em: 14 fev. 2023.

19. "Pedido do PSDB para auditoria na eleição 'não é sério', diz corregedor". *Folha de S.Paulo*, São Paulo, 31 out. 2014. Disponível em: <m.folha.uol.com.br/poder/2014/10/1541473-psdb-nao-cita-fatos-que-colocam-em--xeque-processo-eleitoral-diz-corregedor.shtml>. Acesso em: 14 fev. 2023.

20. Andréia Sadi e Severino Motta, "Ministros articulam fim da aposentadoria aos 70 no STF". *Folha de S.Paulo*, São Paulo, 1 nov. 2014. Disponível em: <m.folha.uol.com.br/poder/2014/11/1541750-ministros-articulam-fim-da-aposentadoria-aos-70-no-stf.shtml>. Acesso em: 14 fev. 2023.

21. Valdo Cruz, "STF não pode se converter em uma 'corte bolivariana'". *Folha de S.Paulo*, São Paulo, 3 nov. 2014. Disponível em: <www1.folha.uol.com.br/poder/2014/11/1542317-o-stf-nao-pode-se-converter-em-uma--corte-bolivariana.shtml>. Acesso em: 14 fev. 2023. O jornalista Elio Gaspari comentou os temores de Gilmar Mendes: "Faltaram 3,5 milhões de votos para desempregar a doutora Dilma. Associar uma derrota eleitoral ao fim do mundo só serve para atrapalhar a vida de quem constrói infernos particulares". Elio Gaspari, "O Supremo e o bolivarianismo". *Folha de S.Paulo*, São Paulo, 5 nov. 2014. Disponível em: <www1.folha.uol.com.br/fsp/poder/194131-o-supremo-e-o-bolivarianismo.shtml>. Acesso em: 14 fev. 2023.

22. Em sua página no Facebook, o deputado chamou para si a responsabilidade pelo pedido, justificando-o como necessário à defesa da ordem legal: "Esclareço que minha ação nada tem a ver com pedido de recontagem ou questionamento do resultado! É, repito, um pedido de auditoria no sistema, com o acompanhamento do TSE e de técnicos indicados pelos partidos,

para evitar que esse sentimento de que houve fraude continue a ser alimentado nas redes sociais, sem que alguém tome uma atitude para esclarecer os fatos". Ver Andreza Matais, Vera Rosa e Beatriz Bulla, "Tucano que coordenou área jurídica da campanha de Aécio pede auditoria de eleição". *O Estado de S. Paulo*, São Paulo, 30 out. 2014. Disponível em: <estadao.com.br/noticias/geral,tucano-que-coordenou-area-juridica-da-campanha-de-aecio-pede-auditoria-de-eleicao,1585768>. Acesso em: 14 mar. 2023.

23. Pedro Vencelau, "Aécio deu aval para pedido de auditoria nas eleições". *O Estado de S. Paulo*, São Paulo, 31 out. 2014. Disponível em: <politica.estadao.com.br/noticias/geral,aecio-deu-aval-para-pedido-de-auditoria--nas-eleicoes,1586137>. Acesso em: 14 fev. 2023.

24. Elizabeth Lopes, "Aécio agradece os 4 milhões de seguidores e equipe comenta pedido de auditoria". *O Estado de S. Paulo*, São Paulo, 31 out. 2014. Disponível em: <politica.estadao.com.br/noticias/geral,aecio-agradece-os-4-milhoes-de-seguidores-e-equipe-comenta-pedido-de-auditoria,1586171>. Acesso em: 14 fev. 2023. Vale dizer que Aécio e o PSDB deram demonstração de completa ignorância, pois o TSE libera imediatamente os "boletins de urna de todas as seções eleitorais do país". Quando Aécio publicou seu post, os resultados por seções eleitorais (urnas eletrônicas) já estavam em meu computador devidamente processados e analisados. O padrão de votação em 2014, seção a seção, segue de perto o de 2010 e o de 2006.

25. Que eu saiba, a primeira alegação de fraude das urnas eletrônicas a ter alguma repercussão foi a da candidata ao Senado por São Paulo, Ana Prudente, do Partido Trabalhista Cristão (PTC), em 2006. A reclamação passaria despercebida se não contasse com o aval de Olavo de Carvalho, que, em vídeo disseminado pela rede, endossou a tese da candidata, inconformada com os magros 7 mil votos que recebera.

26. Ricardo Chapola, "Ato por impeachment de Dilma reúne 2,5 mil em São Paulo". *O Estado de S. Paulo*, São Paulo, 1 nov. 2014. Disponível em: <politica.estadao.com.br/noticias/geral,ato-por-impeachment-de-dilma-reune-2-5-mil-em-sao-paulo,1586653>. Acesso em: 14 fev. 2023. Ver também "Protesto pede impeachment de Dilma". *Folha de S.Paulo*, São Paulo, 1 nov. 2014. Disponível em: <m.folha.uol.com.br/poder/2014/11/1542047--ato-em-sao-paulo-pede-impeachment-de-dilma-e-intervencao-militar.shtml>. Acesso em: 14 fev. 2023. O maior fracasso foi registrado no Rio de Janeiro, onde Jair Bolsonaro discursou para gatos pingados.

27. O currículo do perito é enorme. A visibilidade inicial veio com o caso PC Farias, mas ele não perdeu uma oportunidade de obter exposição, passando pelo caso da Favela Naval, a morte dos Mamonas Assassinas e a bolinha de papel atirada em Serra, um objeto bem mais pesado, de acordo com seu laudo. O perito voltaria à cena para atestar que as conversas entre

Temer e Joesley Batista na garagem do Palácio do Jaburu haviam sido adulteradas. Quando subiu no caminhão de som na avenida Paulista, Molina já estava desligado da Unicamp. Perdeu o cargo em 2001. Ver Mário Tonocchi, "Unicamp demite Ricardo Molina, foneticista que atuou no caso PC". *Folha de S.Paulo*, São Paulo, 26 fev. 2001. Disponível em: <www1.folha.uol.com.br/folha/brasil/ult96u15989.shtml>. Acesso em: 14 fev. 2023.

28. "PSDB afirma que não deu apoio a ato contra Dilma". *O Estado de S. Paulo*, São Paulo, 3 nov. 2014. Disponível em: <politica.estadao.com.br/noticias/geral,psdb-afirma-que-nao-deu-apoio-a-ato-contra-dilma-imp-,1587082>. Acesso em: 14 fev. 2023.

29. Ver Carla Zambelli, *Não foi golpe: Os bastidores da luta nas ruas pelo impeachment de Dilma* (São Paulo: LVM, 2018). A líder do Nas Ruas, um braço do Revoltados Online, escreve: "Aquela turbulenta e dramática eleição, na qual lutamos duramente pela queda do Partido dos Trabalhadores, havia se encerrado e Dilma vencera, de acordo com o resultado das totalmente desconfiáveis urnas eletrônicas. [...] Mesmo com o resultado nitidamente fraudado das eleições, o Nas Ruas não parou. [...] Juntamente com vários movimentos, demos início às manifestações pelo impeachment de Dilma. O primeiro protesto foi em 1º de novembro" (p. 85).

30. Rogerio Chequer e Colin Butterfield, *Vem Pra Rua: A história do movimento popular que mobilizou o Brasil*, op. cit., p. 76, afirmam que o Vem Pra Rua concordava com "a vulnerabilidade das urnas, mas não achávamos produtivo discutir a validade das eleições".

31. Ver Kim Kataguiri e Renan Santos, *Como um grupo de desajustados derrubou a presidente: MBL — A origem* (Rio de Janeiro: Record, 2019), p. 112.

32. "Alckmin diz desconhecer informações que embasaram questionamento ao TSE". *O Estado de S. Paulo*, São Paulo, 31 out. 2014. Disponível em: <politica.estadao.com.br/noticias/geral,alckmin-diz-desconhecer-informacoes-que-embasaram-questionamento-ao-tse,1586165>. Acesso em: 14 fev. 2023. Ricardo Galhardo, "FHC pede PSDB nas ruas, mas 'dentro das regras'". *O Estado de S. Paulo*, São Paulo, 15 nov. 2014. Disponível em: <https://www.estadao.com.br/politica/fhc-pede-psdb-nas-ruas--mas-dentro-das-regras-imp-/>. Acesso em: 14 fev. 2023.

33. "Alckmin cumprimenta Dilma e ressalta diálogo 'aberto'". *O Estado de S. Paulo*, São Paulo, 27 out. 2014. Disponível em: <politica.estadao.com.br/noticias/geral,alckmin-cumprimenta-dilma-e-ressalta-dialogo--aberto,1583871>. Acesso em: 14 fev. 2023.

34. Graziano, vale acrescentar, não era propriamente um moderado ou avesso a usar as redes para ataques políticos. Em 2018, ele aderiu ao bolsonarismo.

35. Isadora Peron e Ricardo Brito, "Aécio rejeita tese de impeachment de Dilma, mas promete liderar oposição". *O Estado de S. Paulo*, São

Paulo, 4 nov. 2014. Disponível em: <politica.estadao.com.br/noticias/geral,aecio-rejeita-tese-de-impeachment-de-dilma-mas-promete-liderar-oposicao,1587897>. Acesso em: 14 fev. 2023. O título da reportagem chama a atenção, pois o PSDB não estava defendendo o impeachment e sim a anulação da eleição. Não há como atestar o fato, mas coube à imprensa rotular todos os protestos e manifestações contra o PT e a reeleição de Dilma como visando seu impeachment.

36. O PSDB acabou investindo mundos e fundos para auditar as urnas eletrônicas. Foram meses de trabalho e 1 milhão de reais do Fundo Partidário investidos para concluir pela negativa. Não se constatou absolutamente nada que apontasse para a procedência das alegações disseminadas pelas redes sociais. Ver Pedro Venceslau e Ricardo Chapola, "Auditoria do PSDB conclui que não houve fraude na eleição". *Exame*, São Paulo, 11 out. 2015. Disponível em: <exame.com/brasil/auditoria-do-psdb-conclui-que-nao-houve-fraude-na-eleicao/>. Acesso em: 14 fev. 2023. Obviamente, o PSDB não reconheceu o passo em falso. Ver "Auditoria do PSDB nas urnas eletrônicas mostra que sistema eleitoral brasileiro é vulnerável". Partido da Social Democracia Brasileira, 5 nov. 2015. Disponível em: <psdb.org.br/ro/auditoria-do-psdb-nas-urnas-eletronicas-mostra-que--sistema-eleitoral-brasileiro-e-vulneravel/>. Acesso em: 14 mar. 2023. Como é seu costume, o presidente Bolsonaro interpretou como quis o resultado da apuração e a recuperou como parte da sua cruzada para desacreditar o voto eletrônico no país. Ver Alessandra Monnerat, "Auditoria do PSDB, citada por Bolsonaro, não encontrou fraudes nas eleições". *O Estado de S. Paulo*, São Paulo, 11 jul. 2021. Disponível em: <politica.estadao.com.br/blogs/estadao-verifica/auditoria-do-psdb-citada-por-bolsonaro-nao-encontrou-fraudes-nas-eleicoes/>. Acesso em: 14 fev. 2023.

37. Rogerio Chequer e Colin Butterfield, *Vem Pra Rua: A história do movimento popular que mobilizou o Brasil*, op. cit., p. 79, consideram que "foi um segundo nascimento do Vem Pra Rua", "a primeira saída sem o apelo nacional das eleições".

38. O grupo ganhou nome e identidade jurídica de forma apressada e improvisada para marcar presença na manifestação. O relato em primeira pessoa está em Kim Kataguiri e Renan Santos, *Como um grupo de desajustados derrubou a presidente: MBL — A origem*, op. cit., p. 112.

39. "Manifestação contra o PT reúne 5 mil em São Paulo". *O Estado de S. Paulo*, São Paulo, 15 nov. 2014. Disponível em: <politica.estadao.com.br/noticias/geral,manifestacao-contra-o-pt-reune-5-mil-em-sao-paulo,1593363>. Acesso em: 14 fev. 2023.

40. Ibid. O repórter concluiu seu texto: "A polícia foi uma das protagonistas do evento. Líderes dos manifestantes pediram por várias vezes aplausos

aos policiais, que garantiam um evento ordeiro. Cerca de quinhentos policiais militares acompanhavam a manifestação".

41. A edição do *Jornal Nacional* do dia 14 de novembro de 2014 pode ser vista em: <globoplay.globo.com/v/3766624/> e <globoplay.globo.com/v/3766729/>.

42. "Corrupção na Petrobras leva chefes de empreiteiras à prisão". *Folha de S.Paulo*, São Paulo, 15 nov. 2014. Disponível em: <acervo.folha.com.br/leitor.do?numero=20044&anchor=5969917&origem=busca&originURL=>. Acesso em: 14 fev. 2023.

43. "Assediado, juiz rejeita imagem de 'ídolo'". *Folha de S.Paulo*, São Paulo, 5 dez. 2014. Disponível em: <www1.folha.uol.com.br/fsp/poder/198727--assediado-juiz-rejeita-imagem-de-idolo.shtml>. Acesso em: 14 fev. 2023.

44. "Manifestação contra o PT reúne 5 mil em São Paulo". *O Estado de S. Paulo*, São Paulo, 15 nov. 2014. Disponível em: <politica.estadao.com.br/noticias/geral,manifestacao-contra-o-pt-reune-5-mil-em-sao-paulo,1593363>. Acesso em: 14 fev. 2023. Ou Marina Dias, "Diante de pedido de ação militar, Lobão abandona ato anti-Dilma". *Folha de S.Paulo*, São Paulo, 15 nov. 2014. Disponível em: <www1.folha.uol.com.br/poder/2014/11/1548789--diante-de-pedido-de-acao-militar-lobao-abandona-ato-anti-dilma.shtml>. Acesso em: 14 fev. 2023.

45. Kim Kataguiri e Renan Santos, *Como um grupo de desajustados derrubou a presidente: MBL — A origem*, op. cit., pp. 113 e 114, relatam o passa-moleque dado pelo Vem Pra Rua e pelo MBL no Revoltados Online no momento da dispersão. Inconformado, Marcello Reis gravou vídeo afirmando que o MBL e o VPR eram financiados pelo MST.

46. Daniela Lima, "Aécio e outros nomes da oposição fazem convocação para ato anti-Dilma". *Folha de S.Paulo*, São Paulo, 5 dez. 2014. Disponível em: <www1.folha.uol.com.br/poder/2014/12/1558536-aecio-e-outros-nomes-da-oposicao-fazem-convocacao-para-ato-anti-dilma.shtml>. Acesso em: 14 fev. 2023.

47. "Na Paulista, manifestantes fazem ato contra a presidente Dilma". *O Estado de S. Paulo*, São Paulo, 6 dez. 2014. Disponível em: <sao-paulo.estadao.com.br/noticias/geral,na-paulista-manifestantes-fazem-ato-contra--a-presidente-dilma,1603220>. Acesso em: 14 fev. 2023.

48. Isadora Peron, "Aécio diz que perdeu para 'organização criminosa' e PT reage". *O Estado de S. Paulo*, São Paulo, 1 dez. 2014. Disponível em: <politica.estadao.com.br/noticias/geral,aecio-diz-que-perdeu-para-organizacao-criminosa-e-pt-reage,1600719>. Acesso em: 14 fev. 2023.

49. Daniel Bramatti, "Alvos da Lava Jato doaram R$ 109 milhões a Dilma e Aécio". *O Estado de S. Paulo*, São Paulo, 26 nov. 2014. Disponível em: <politica.estadao.com.br/noticias/geral,alvos-da-lava-jato-doaram-r-109--milhoes-a-dilma-e-aecio,1598390>. Acesso em: 14 fev. 2023.

50. Pior, a campanha fechara no vermelho e ainda precisaria recorrer a fontes tradicionais para tapar o buraco. O tesoureiro da campanha de Aécio, o ex-ministro da Justiça José Gregori, minimizou o déficit e afirmou que ainda havia entradas a contabilizar. A declaração foi colhida na saída da missa de sétimo dia de outro ex-ministro da Justiça, Márcio Thomaz Bastos, de quem Gregori se lembrou de dizer que "neste momento de denúncias envolvendo a Petrobras, na Operação Lava Jato, o governo e pessoas de empreiteiras que estiverem 'na berlinda' sentirão falta da orientação qualificada de Thomaz Bastos". Ver "Dívida tucana será coberta com donativos, diz tesoureiro de Aécio". *O Estado de S. Paulo*, São Paulo, 26 nov. 2014. Disponível em: <politica.estadao.com.br/noticias/geral,divida-tucana-sera-coberta-com-donativos-diz-tesoureiro-de-aecio,1598368>. Acesso em: 14 fev. 2023.

51. "CPI mista da Petrobras aprova nove convocações". *O Estado de S. Paulo*, São Paulo, 5 nov. 2014. Disponível em: <politica.estadao.com.br/noticias/geral,cpi-mista-da-petrobras-aprova-nove-convocacoes-sem-nomes-do-pt-e-psdb,1588480>. Acesso em: 14 fev. 2023.

52. Isadora Peron, Ricardo Brito e Lilian Venturini, "Acordo em CPI provoca crise interna no PSDB". *O Estado de S. Paulo*, São Paulo, 6 nov. 2014. Disponível em: <politica.estadao.com.br/noticias/geral,acordo-em-cpi-provoca-crise-interna-no-psdb,1589050>. Acesso em: 14 fev. 2023.

53. Fausto Macedo, "'Testa de ferro' de Youssef afirma que doleiro operava também para o PSDB". *O Estado de S. Paulo*, São Paulo, 21 out. 2014. Disponível em: <politica.estadao.com.br/blogs/fausto-macedo/laranja-de--youssef-cita-ex-presidente-do-psdb-e-outro-tucano-padrinho-politico/>. Acesso em: 14 fev. 2023. Mônica Bergamo, "Costa diz que pagou propina ao ex-presidente do PSDB Sérgio Guerra". *Folha de S.Paulo*, São Paulo, 16 out. 2014. Disponível em: <www1.folha.uol.com.br/poder/2014/10/1533519--costa-diz-que-pagou-propina-ao-ex-presidente-do-psdb-sergio-guerra. shtml>. Acesso em: 6 mar. 2023.

54. "PSDB pede ao TSE cassação de registro de Dilma e diplomação de Aécio como presidente". *O Estado de S. Paulo*, São Paulo, 18 dez. 2014. Disponível em: <estadao.com.br/noticias/geral,psdb-pede-ao-tse-cassacao-de--registro-de-dilma-e-diplomacao-de-aecio-como-presidente,1609441>. Acesso em: 14 mar. 2023.

55. Nathalia Passarinho, "PSDB pede a TSE cassação de Dilma e posse de Aécio". G1, 18 dez. 2014. Disponível em: <g1.globo.com/politica/noticia/2014/12/psdb-pede-tse-cassacao-de-dilma-e-posse-de-aecio-como--presidente.html>. Acesso em: 14 fev. 2023.

56. Laryssa Borges, "PSDB pede cassação do registro eleitoral de Dilma". *Veja*, São Paulo, 18 dez. 2014. Disponível em: <veja.abril.com.br/

politica/psdb-pede-cassacao-do-registro-eleitoral-de-dilma/>. Acesso em: 14 fev. 2023.

57. A saga desse processo, suas múltiplas ressurreições e seu destino final serão discutidos adiante.

58. Pedro Venceslau, "Pedido de intervenção militar racha passeata anti-Dilma na Paulista". *O Estado de S. Paulo*, São Paulo, 15 nov. 2014. Disponível em: <politica.estadao.com.br/noticias/geral,pedido-de-intervencao-militar-racha-passeata-anti-dilma-na-paulista,1593345>. Acesso em: 14 fev. 2023. Ricardo Galhardo, "FHC pede PSDB nas ruas, mas 'dentro das regras'". *O Estado de S. Paulo*, São Paulo, 15 nov. 2014. Disponível em: <politica.estadao.com.br/noticias/geral,fhc-pede-psdb-nas-ruas-mas-dentro-das-regras-imp-,1593144>. Acesso em: 14 fev. 2023. Os tucanos mais entusiasmados acharam que poderiam se valer das redes sociais para mobilizar eleitores Brasil afora com palestras gravadas. Ver Daniela Lima, "Senador promove campanha de filiações e fará caravana pelo país". *Folha de S.Paulo*, São Paulo, 7 dez. 2014. Disponível em: <www1.folha.uol.com.br/poder/2014/12/1558757-senador-promove-campanha-de-filiacoes-e-fara-caravana-pelo-pais.shtml>. Acesso em: 14 fev. 2023.

59. Ives Gandra da Silva Martins, "A hipótese de culpa para o impeachment". *Folha de S.Paulo*, São Paulo, 3 fev. 2015. Disponível em: <www1.folha.uol.com.br/opiniao/2015/02/1584267-ives-gandra-da-silva-martins-a-hipotese-de-culpa-para-o-impeachment.shtml>. Acesso em: 14 fev. 2023.

60. A popularidade da presidente permaneceu inalterada imediatamente após a eleição, mas despencou em fevereiro de 2015. Ver "Responsabilizada por Petrobras pela maioria, Dilma tem avaliação estável". Datafolha, 8 dez. 2014. Disponível em: <datafolha.folha.uol.com.br/opiniaopublica/2014/12/1559419-responsabilzada-por-petrobras-pela-maioria-dilma-tem-avaliacao-estavel.shtml>. Acesso em: 14 fev. 2023. "Avaliação da presidente Dilma Rousseff". Datafolha, fev. 2015. Disponível em: <media.folha.uol.com.br/datafolha/2015/02/09/arquivo-brasil.pdf>. Acesso em: 14 fev. 2023.

61. "Petrobras vai divulgar balanço em janeiro sem revisão de auditoria". *Folha de S.Paulo*, São Paulo, 30 dez. 2014. Disponível em: <www1.folha.uol.com.br/mercado/2014/12/1568696-petrobras-vai-divulgar-balanco-em-janeiro-sem-revisao-de-auditoria.shtml>. Acesso em: 14 fev. 2023.

62. Irany Tereza, "Insistência em divulgar perdas derrubou Graça". *O Estado de S. Paulo*, São Paulo, 4 fev. 2015. Disponível em: <politica.estadao.com.br/noticias/geral,insistencia-em-divulgar-perdas-derrubou-graca,1629529>. Acesso em: 14 fev. 2023. Para um relato detalhado do imbróglio e da posição de Graça Foster, consultar Claudia Safatle, João Borges e Ribamar Oliveira, *Anatomia de um desastre: Os bastidores da crise*

econômica que mergulhou o país na pior recessão da história, op. cit., p. 177. Ver também Roberta Paduan, *Petrobras: Uma história de orgulho e vergonha*, op. cit., p. 325.

63. "'Avisei Graça pessoalmente', diz ex-gerente da Petrobras na TV". *Valor Econômico*, São Paulo, 22 dez. 2014. Disponível em: <valor.globo.com/politica/noticia/2014/12/22/avisei-graca-pessoalmente-diz-ex-gerente-da-petrobras-na-tv.ghtml>. Acesso em: 14 fev. 2023. Após a demissão de Graça Foster, nunca mais se ouviu falar da gerente e de sua denúncia. A Lava Jato a dispensou por não ter nada a revelar. Ver Fausto Macedo, Julia Affonso e Ricardo Brandt, "Lava Jato desiste de Venina como testemunha". *O Estado de S. Paulo*, São Paulo, 4 fev. 2015. Disponível em: <politica.estadao.com.br/blogs/fausto-macedo/lava-jato-desiste-de-venina-como-testemunha/>. Acesso em: 14 fev. 2023.

64. "Eduardo Cunha defende a troca da diretoria da Petrobras". *Valor Econômico*, São Paulo, 29 dez. 2014. Disponível em: <valor.globo.com/politica/noticia/2014/12/29/eduardo-cunha-defende-a-troca-da-diretoria--da-petrobras.ghtml>. Acesso em: 14 fev. 2023.

65. Ver Rogerio Chequer e Colin Butterfield, *Vem Pra Rua: A história do movimento popular que mobilizou o Brasil*, op. cit., p. 86.

66. Vinicius Neder, "Nome forte de Dilma, Graça Foster sucumbe a Lava Jato". *O Estado de S. Paulo*, São Paulo, 4 fev. 2015. Disponível em: <politica.estadao.com.br/noticias/geral,nome-forte-de-dilma-graca-foster--sucumbe-a-lava-jato,1629441>. Acesso em: 14 fev. 2023.

67. "Aprovação a governo Dilma Rousseff cai, e reprovação a petista dispara". Datafolha, 9 fev. 2015. Disponível em: <datafolha.folha.uol.com.br/opiniaopublica/2015/02/1587329-aprovacao-a-governo-dilma-rousseff-cai-e--reprovacao-a-petista-dispara.shtml>. Acesso em: 14 fev. 2023.

68. "27-01-2015 — Discurso da Presidenta da República, Dilma Rousseff, durante abertura da reunião ministerial — Granja do Torto". Biblioteca da Presidência da República, 27 jan. 2015. Disponível em: <biblioteca.presidencia.gov.br/presidencia/ex-presidentes/dilma-rousseff/discursos/discursos-da--presidenta/discurso-da-presidenta-da-republica-dilma-rousseff-durante--abertura-da-reuniao-ministerial-granja-do-torto>. Acesso em: 14 fev. 2023.

69. Ibid.

70. Sergio Fernando Moro, "Considerações sobre a Operação Mani Pulite". *Revista CEJ*, Brasília, v. 8, n. 26, p. 61, 2004. Disponível em: <conjur.com.br/dl/artigo-moro-mani-pulite.pdf)>. Acesso em: 14 fev. 2023. Deltan M. Dallagnol, *As lógicas das provas no processo: Prova direta, indícios e presunções*. Porto Alegre: Livraria do Advogado, 2015, p. 11.

71. "Cardozo: situação da Lava Jato decorre de postura governamental e imediata". *O Estado de S. Paulo*, São Paulo, 15 mar. 2015. Disponível em:

<politica.estadao.com.br/noticias/geral,cardozo-situacao-da-lava-jato-decorre-de-postura-governamental-e-imediata,1651369>. Acesso em: 14 fev. 2023. Na mesma ocasião, o ministro da Secretaria-Geral da Presidência, Miguel Rossetto, afirmou que "a presidente acompanha a indignação da sociedade brasileira com a corrupção". A declaração de Cardozo, como seria de esperar, gerou reações do PSDB. Ver "FHC contesta ex-ministro sobre corrupção". *O Estado de S. Paulo*, São Paulo, 23 mar. 2015. Disponível em: <politica.estadao.com.br/noticias/geral,fhc-contesta-ex-ministro-sobre--corrupcao,1656276>. Acesso em: 14 fev. 2023. Seguiu-se uma polêmica sobre a "idade" da corrupção, isto é, se ela teria ou não ocorrido nos governos tucanos. Ao desafiar o PSDB, o governo Dilma encomendou a reação que viria a se consolidar, a saber, que a corrupção sob governos petistas mudara de grau, que se tornara parte de uma política de governo ou de um projeto de poder. Em outras palavras, a estratégia do governo saiu pela culatra.

72. Rafael Moraes Moura, "Dilma anuncia pacote anticorrupção e diz ter 'compromisso' contra impunidade". *O Estado de S. Paulo*, São Paulo, 18 mar. 2015. Disponível em: <politica.estadao.com.br/noticias/geral,dilma-anuncia-pacote-anticorrupcao-e-diz-ter-compromisso-contra-impunidade,1653351>. Acesso em: 14 fev. 2023. Ricardo Della Coletta, Rafael Moraes Moura e Anne Warth, "Veja os pontos do pacote anticorrupção". *O Estado de S. Paulo*, São Paulo, 19 mar. 2015. Disponível em: <politica.estadao.com.br/noticias/geral,veja-os-pontos-do-pacote-anticorrupcao,1653417>. Acesso em: 14 fev. 2023.

73. "O patético pacote anticorrupção". *O Estado de S. Paulo*, São Paulo, 23 mar. 2015. Disponível em: <opiniao.estadao.com.br/noticias/geral,o--patetico-pacote-anticorrupcao-imp-,1655827>. Acesso em: 14 fev. 2023.

74. Daniel Galvão, "Força-tarefa da Lava Jato vai sugerir propostas anticorrupção". *O Estado de S. Paulo*, São Paulo, 16 mar. 2015. Disponível em: <politica.estadao.com.br/noticias/geral,forca-tarefa-da-lava-jato-vai-sugerir-propostas-anticorrupcao,1651965>. Acesso em: 14 fev. 2023.

75. Beatriz Bulla, "Procurador da Lava Jato diz que pena de corrupção no país é 'piada de mau gosto'". *O Estado de S. Paulo*, São Paulo, 20 mar. 2015. Disponível em: <politica.estadao.com.br/noticias/geral,procurador--da-lava-jato-diz-que-pena-de-corrupcao-no-pais-e-piada-de-mau--gosto,1654833>. Acesso em: 14 fev. 2023.

76. Renan Ramalho, "MP apresenta dez propostas para reforçar combate à corrupção no país". G1, 20 mar. 2015. Disponível em: <g1.globo.com/politica/noticia/2015/03/mp-apresenta-dez-propostas-para-reforcar-combate-corrupcao-no-pais.html>. Acesso em: 14 fev. 2023.

77. Sergio Fernando Moro, "Considerações sobre a Operação Mani Pulite", op. cit., p. 61. Elio Gaspari foi um dos poucos analistas a chamar

a atenção para o artigo-programa do juiz Sergio Moro. Em novembro de 2014, o jornalista escreveu: "O artigo do juiz Moro está na rede. Chama-se 'Considerações sobre a Operação Mani Pulite'. Lendo-o, vê--se o que está acontecendo e o que poderá acontecer". Ver Elio Gaspari, "A deslegitimação de um sistema político". *Folha de S.Paulo*, São Paulo, 29 nov. 2015. Disponível em: <www1.folha.uol.com.br/colunas/eliogaspari/2015/11/1712500-a-deslegitimacao-de-um-sistema-politico.shtml>. Acesso em: 14 fev. 2023.

78. Deltan M. Dallagnol, *As lógicas das provas no processo: Prova direta, indícios e presunções*, op. cit., p. 11. A tese foi defendida em Harvard em 2013. O título do trabalho deixa claras as intenções do procurador federal. Como se vê na passagem citada, Dallagnol recorre à técnica clássica entre bacharéis, qual seja, passar uma mão de verniz sobre suas ideias para que brilhem e ofusquem o leitor. É preciso descontruir o texto para entender que "provas indiretas" são provas colhidas ilegalmente e que a ausência de explicação pelo réu inverte o ônus da prova.

79. Para a íntegra das Dez Medidas, consultar "10 Medidas Contra a Corrupção — MPF". Disponível em: <dezmedidas.mpf.mp.br/>. Acesso em: 14 fev. 2023. Vale observar que cada uma delas se subdivide em diversos projetos de lei.

80. "Proposta indecente". *O Estado de S. Paulo*, São Paulo, 31 mar. 2015. Disponível em: <https://acervo.estadao.com.br/pagina/#!/20150331-44359-spo-3-edi-a3-not>. Acesso em: 14 fev. 2023. Mais tarde, no final de 2016, quando as Dez Medidas estavam para ser votadas pela Câmara dos Deputados e a força-tarefa fez vazar documentos que comprometiam o ministro Dias Toffoli, seu aliado de longa data Gilmar Mendes foi menos educado: "É aquela coisa de delírio. Veja as dez propostas que apresentaram. Uma delas diz que prova ilícita feita de boa-fé deve ser validada. Quem faz uma proposta dessa não conhece nada de sistema, é um cretino absoluto. Cretino absoluto. Imagina que amanhã eu posso justificar a tortura porque eu fiz de boa-fé". Ver Gabriel Mascarenhas, "Gilmar Mendes diz que proposta defendida por Moro é coisa de 'cretino'". *Folha de S.Paulo*, São Paulo, 23 ago. 2016. Disponível em: <www1.folha.uol.com.br/poder/2016/08/1806132-gilmar-mendes-diz-que-proposta--defendida-por-moro-e-coisa-de-cretino.shtml>. Acesso em: 14 fev. 2023.

81. A proposta prevê que "adquirir, vender, emprestar, alugar, receber, ceder, possuir, utilizar ou usufruir, de maneira não eventual, bens, direitos ou valores cujo valor seja incompatível com os rendimentos auferidos pelo servidor público, ou por pessoa a ele equiparada, em razão de seu cargo, emprego, função pública ou mandato eletivo, ou auferidos por outro meio lícito" passa a ser tipificado como enriquecimento ilícito.

82. Fausto Macedo e Ricardo Brandt, "'A corrupção era um modelo de negócio para as empresas', diz procurador da Lava Jato". *O Estado de S. Paulo*, São Paulo, 15 mar. 2015. Disponível em: <https://www.estadao.com.br/amp/politica/fausto-macedo/a-corrupcao-era-um-modelo-de-negocio-para-as-empresas-diz-procurador-da-lava-jato/>. Acesso em: 14 fev. 2023.

83. O ministro Luís Roberto Barroso, em "A razão sem voto: A função representativa e majoritária das cortes constitucionais" (*Revista Estudos Institucionais*, Rio de Janeiro, v. 2, n. 2, p. 529-30, 2016), por exemplo, chegou a afirmar que "por numerosas razões, o Legislativo nem sempre expressa o sentimento da maioria. [...] Por outro lado, não é incomum nem surpreendente que o Judiciário, em determinados contextos, seja melhor intérprete do sentimento majoritário. Inúmeras razões para isso. Inicio por uma que é menos explorada pela doutrina em geral, mas particularmente significativa no Brasil. Juízes são recrutados, na primeira instância, mediante concursos públicos. Isso significa que pessoas vindas de diferentes origens sociais, desde que tenham cursado uma faculdade de direito e tenham feito um estudo sistemático aplicado, podem ingressar na magistratura. Essa ordem de coisas produziu, ao longo dos anos, um drástico efeito democratizador do Judiciário". O contraste entre a plutocratização dos cargos eletivos e a democratização dos cargos por concurso é uma constante na obra do ministro.

84. Ver Deltan Dallagnol, *A luta contra a corrupção: A Lava Jato e o futuro de um país marcado pela impunidade* (Rio de Janeiro: Sextante, 2017), pp. 207 e seguintes para a reconstituição das idas e vindas da campanha pela aprovação das Dez Medidas.

85. Vale acrescentar que, em seus artigos e entrevistas, Moro e Dallagnol reconheciam que a Mãos Limpas não havia gerado resultados de longo prazo por não ter atacado as causas estruturais da corrupção, o que se pretendia fazer no Brasil com a aprovação das Dez Medidas contra a Corrupção.

86. Ao rememorar o período, Rodrigo Janot, em *Nada menos que tudo: Bastidores da operação que colocou o sistema político em xeque* (São Paulo: Planeta, 2019) p. 41, afirma que o material remetido por Curitiba era de péssima qualidade, insuficiente para sustentar as denúncias: "Quando vimos o conteúdo das delações conduzidas por Curitiba e começamos a destrinchar os anexos das 'bombas atômicas que iam arrebentar Brasília', tivemos uma grande decepção. 'Isso tá uma merda, não tem nada, tá raso esse negócio!', eu disse numa conversa com Eduardo Pelella e Vladimir Aras, assessores próximos. Aras se lembrou, então, de um diálogo que teve com Souza [Carlos Fernando de Souza Lima], menos incensado que Dallagnol, mas, certamente, o principal estrategista da força-tarefa no Paraná. Segundo ele, Souza disse que a intenção da força-tarefa era 'horizontalizar para chegar logo lá na frente', e não 'verticalizar'

as investigações, e que, por isso, teríamos dificuldade em fundamentar os pedidos de inquérito".

87. Ver o termo de colaboração 021 de Alberto Youssef. Disponível em: <https://www.conjur.com.br/dl/inq-4244-manifestacao.pdf>. Acesso em: 15 mar. 2023.

88. Erich Decat, João Domingos e Adriana Fernandes, "Renan devolve MP de desonerações em retaliação a Dilma". *O Estado de S. Paulo*, São Paulo, 3 mar. 2015. Disponível em: <politica.estadao.com.br/noticias/geral,renan--devolve-mp-de-desoneracoes-em-retaliacao-a-dilma,1643731>. Acesso em: 14 fev. 2023.

89. Beatriz Bulla e Andreza Matais, "Janot pede investigação de 54 pessoas; chefes de Câmara e Senado estão na lista". *O Estado de S. Paulo*, São Paulo, 3 mar. 2015. Disponível em: <politica.estadao.com.br/noticias/geral,janot--pede-investigacao-de-54-pessoas-chefes-de-camara-e-senado-estao-na--lista,1643703>. Acesso em: 14 fev. 2023.

90. "STF quebra sigilo e autoriza inquéritos contra 37 parlamentares". *O Estado de S. Paulo*, São Paulo, 7 mar. 2015. Disponível em: <politica.esta-dao.com.br/noticias/geral,stf-quebra-sigilo-e-autoriza-inqueritos-con-tra-37-parlamentares,1646327>. Acesso em: 14 fev. 2023.

91. Em *Nada menos que tudo: Bastidores da operação que colocou o sistema político em xeque*, op. cit., p. 74, Janot afirma que excluiu Aécio da lista por falta de evidências. Entretanto, não deixa de mencionar as conversas e a pressão do senador para ser poupado. Janot chega a afirmar que, em mais de uma oportunidade, o senador teria chorado em seu gabinete e, como complemento, transcreve trechos de carta que ele lhe enviou, cujo fecho veio em inglês: *"My life is in your hands"*.

92. Flávio Ferreira, "Delatores da Lava Jato não contaram todo o prometido". *Folha de S.Paulo*, São Paulo, 4 maio 2015. Disponível em: <www1.folha.uol.com.br/poder/2015/05/1624235-delatores-da-lava-jato-nao--contaram-todo-o-prometido.shtml>. Acesso em: 14 mar. 2023.

93. Muitos políticos usaram as redes para convocar manifestantes. Aécio foi um deles. O pastor Silas Malafaia foi outro. Artistas e celebridades também fizeram seu papel. A imprensa deu destaque a três movimentos como sendo os principais grupos organizados a convocar para o evento: Revoltados Online, MBL e Vem Pra Rua. Ver Elizabeth Lopes, "Em vídeo, Aécio chama população para protestos de domingo". *O Estado de S. Paulo*, São Paulo, 13 mar. 2015. Disponível em: <politica.estadao.com.br/noticias/geral,em-video-aecio-chama-populacao-para-protestos-de--domingo,1650408>. Acesso em: 14 fev. 2023; Daniel de Carvalho, "Malafaia convoca fiéis para protesto do dia 15". *O Estado de S. Paulo*, São Paulo, 11 mar. 2015. Disponível em: <politica.estadao.com.br/noticias/

geral,malafaia-convoca-fieis-para-protesto-do-dia-15,1648994>. Acesso em: 14 fev. 2023; "Artistas gravam vídeos defendendo protestos do dia 15". *O Estado de S. Paulo*, São Paulo, 13 mar. 2015. Disponível em: <politica.estadao.com.br/noticias/geral,artistas-gravam-videos-defendendo--protestos-do-dia-15,1650268>. Acesso em: 14 fev. 2023.

94. Kim Patroca Kataguiri e Renan Henrique Ferreira Santos, "Leviatã agonizante". *Folha de S.Paulo*, São Paulo, 9 mar. 2015. Disponível em: <m.folha.uol.com.br/opiniao/2015/03/1599525-kim-patroca-kataguiri-e-renan-henrique-ferreira-santos-leviata-agonizante.shtml?cmpid=menupe>. Acesso em: 14 mar. 2023.

95. "Protestos contra o governo reúnem quase 1 milhão pelo país". *Folha de S.Paulo*, São Paulo, 15 mar. 2015. Disponível em: <www1.folha.uol.com.br/poder/2015/03/1603286-protestos-contra-o-governo-reune-quase-1-milhao-pelo-pais.shtml>. Acesso em: 14 fev. 2023.

96. A desconfiança em relação ao PSDB não se estendia ao PMDB, que seria corrupto, mas não como o PT, totalitário. Ver Daniela Lima, Patrícia Campos Mello e Lucas Vettorazzo, "Grupos contra Dilma esperam levar 100 mil às ruas no dia 15". *Folha de S.Paulo*, São Paulo, 9 mar. 2015. Disponível em: <www1.folha.uol.com.br/fsp/poder/211132--grupos-contra-dilma-esperam-levar-100-mil-as-ruas-no-dia-15.shtml>. Acesso em: 14 fev. 2023.

97. "Siglas de oposição dão suporte para protestos do dia 15". *O Estado de S. Paulo*, São Paulo, 10 mar. 2015. Disponível em: <politica.estadao.com.br/noticias/geral,siglas-de-oposicao-dao-suporte-para-protestos-do-dia-15--imp-,1647647>. Acesso em: 14 fev. 2023.

98. O parlamentar acrescentou: "Não sou eu que estou dizendo, é o proceder dela que a aproxima do impeachment, o formato de governar com quadrilha". Ver Mariana Haubert, "Manifestações geram bate-boca na Câmara entre líder do PT e do PSDB". *Folha de S.Paulo*, São Paulo, 17 mar. 2015. Disponível em: <www1.folha.uol.com.br/poder/2015/03/1604355--manifestacoes-geram-bate-boca-na-camara-entre-lider-do-pt-e-do-psdb.shtml>. Acesso em: 14 fev. 2023.

99. Ricardo Della Coletta, "Solidariedade anuncia campanha popular pelo impeachment de Dilma". *O Estado de S. Paulo*, São Paulo, 12 mar. 2015. Disponível em: <politica.estadao.com.br/noticias/geral,solidariedade--anuncia-campanha-popular-pelo-impeachment-de-dilma,1649643>. Acesso em: 14 fev. 2023.

100."'Manifestações foram genéricas', diz Kassab no interior de São Paulo". *O Estado de S. Paulo*, São Paulo, 21 mar. 2015. Disponível em: <politica.estadao.com.br/noticias/geral,manifestacoes-foram-genericas-diz-kassab--no-interior-de-sao-paulo,1655392>. Acesso em: 14 fev. 2023.

101. Gabriela Lara, "Protesto em Porto Alegre termina com convocação para novos atos". *O Estado de S. Paulo*, São Paulo, 15 mar. 2015. Disponível em: <politica.estadao.com.br/noticias/geral,protesto-em-porto-alegre-termina-com-convocacao-para-novos-atos,1651335>. Acesso em: 14 fev. 2023.

102. Gustavo Uribe e Marina Dias, "Grupos testam força nas ruas contra Dilma". *Folha de S.Paulo*, São Paulo, 12 abr. 2015. Disponível em: <www1.folha.uol.com.br/fsp/poder/215675-grupos-testam-forca-nas-ruas-contra-dilma.shtml>. Acesso em: 14 fev. 2023.

103. Ricardo Galhardo, "Movimentos unificam bandeira, mas disputa entre eles aumenta". *O Estado de S. Paulo*, São Paulo, 12 abr. 2015. Disponível em: <politica.estadao.com.br/noticias/geral,movimentos-unificam-bandeira-mas-disputa-entre-eles-aumenta,1668026>. Acesso em: 14 fev. 2023.

104. "Protesto contra Dilma reúne 100 mil na avenida Paulista, diz Datafolha". *Folha de S.Paulo*, São Paulo, 12 abr. 2015. Disponível em: <www1.folha.uol.com.br/poder/2015/04/1615697-protesto-contra-dilma-reune-cem-mil-na-avenida-paulista-diz-datafolha.shtml>. Acesso em: 14 fev. 2023.

105. Gustavo Uribe, "Fórmula de atos não teve efeito esperado, diz líder anti-Dilma". *Folha de S.Paulo*, São Paulo, 14 abr. 2015. Disponível em: <www1.folha.uol.com.br/fsp/poder/215912-formula-de-atos-nao-teve-efeito-esperado-diz-lider-anti-dilma.shtml>. Acesso em: 14 fev. 2023.

106. Ibid.

107. "Como os atos não vêm tendo o endosso das siglas de oposição, temos de dar o recado mais próximo deles. Não vai ter outro jeito a não ser fazer em Brasília." Lucas Ferraz, "Inspirada em Júlio César e Prestes, marcha contra Dilma começa em SP". *Folha de S.Paulo*, São Paulo, 24 abr. 2015. Disponível em: <www1.folha.uol.com.br/poder/2015/04/1620742-marcha-por-impeachment-de-dilma-comeca-com-28-participantes-em-sp.shtml>. Acesso em: 14 fev. 2023.

108. Daniela Lima, "Aécio tentará aproximação com ativistas antigoverno". *Folha de S.Paulo*, São Paulo, 22 mar. 2015. Disponível em: <www1.folha.uol.com.br/fsp/poder/212940-aecio-tentara-aproximacao-com-ativistas-antigoverno.shtml>. Acesso em: 14 fev. 2023.

109. O único evento momentoso e digno de nota da marcha foi o atropelamento de dois dos manifestantes por um motorista bêbado, que, para frustração do MBL, não tinha relação alguma com o PT. Ver Aguirre Talento e Pedro Ladeira, "Acidente em estrada fere dois manifestantes de marcha contra Dilma". *Folha de S.Paulo*, São Paulo, 23 maio 2015. Disponível em: <www1.folha.uol.com.br/poder/2015/05/1633022-acidente-em-estrada-fere-dois-manifestantes-de-marcha-contra-dilma.shtml>. Acesso em: 14 fev. 2023.

110. Daniel de Carvalho, Isadora Peron e José Roberto Castro, "Líder tucano se enrola com impeachment". *O Estado de S. Paulo*, São Paulo, 24 abr. 2015. Disponível em: <politica.estadao.com.br/noticias/geral,lider-tucano-se-enrola-com-impeachment,1675750>. Acesso em: 14 fev. 2023.

111. Gustavo Uribe, "PSDB traiu o Brasil, acusam grupos pró-impeachment". *Folha de S.Paulo*, São Paulo, 21 maio 2015. Disponível em: <m.folha.uol.com.br/poder/2015/05/1631833-grupos-favoraveis-a-impeachment-de-dilma-acusam-psdb-de-trair-o-brasil.shtml>. Acesso em: 14 fev. 2023.

112. Gustavo Uribe e Catia Seabra, "Após recuo, grupos acusam PSDB de traição". *Folha de S.Paulo*, São Paulo, 22 maio 2015. Disponível em: <acervo.folha.com.br/fsp/2015/05/22/2//5990756>. Acesso em: 14 fev. 2023. Xico Graziano aproveitou a oportunidade para atacar suas crias, dizendo que o MBL revelava um "pendor ditatorial" sem deixar de ser compreensivo com os que considerava ignorantes: "Entendo a frustração de quem quer impeachment. Agora, atacar Aécio, FHC ou PSDB mostra ignorância política".

113. Vale ler a reconstituição dos eventos no livro-memória do MBL. Escrito e publicado depois do impeachment, os radicais não mediram as palavras e tratam o PSDB, Aécio e Reale Júnior como traidores, falsos e covardes. Janaina Paschoal, interessantemente, não é mencionada. Ver Kim Kataguiri e Renan Santos, *Como um grupo de desajustados derrubou a presidente: MBL — A origem*, op. cit., pp. 174 e seguintes.

114. Pedro Venceslau, "Políticos vão engrossar marcha 'anti-Dilma'". *O Estado de S. Paulo*, São Paulo, 12 maio 2015. Disponível em: <politica.estadao.com.br/noticias/geral,politicos-vao-engrossar-marcha-anti-dilma,1686074>. Acesso em: 14 fev. 202

115. Lisandra Paraguassu, "Petição do MBL por impeachment tem apoio tímido". *O Estado de S. Paulo*, São Paulo, 28 maio 2015. Disponível em: <politica.estadao.com.br/noticias/geral,peticao-do-mbl-por-impeachment-tem-apoio-timido----imp-,1695735>. Acesso em: 14 fev. 2023.

116. Gabriela Guerreiro, "PSDB ganha tempo e adia pedido de impeachment contra Dilma". *Folha de S.Paulo*, São Paulo, 6 maio 2015. Disponível em: <m.folha.uol.com.br/poder/2015/05/1625468-psdb-ganha-tempo-e-adia-pedido-de-impeachment-contra-dilma.shtml>. Acesso em: 14 fev. 2023.

117. Catia Seabra e Natuza Nery, "PSDB recua e diz que impeachment da presidente Dilma não é para agora". *Folha de S.Paulo*, São Paulo, 21 maio 2015. Disponível em: <m.folha.uol.com.br/poder/2015/05/1631709-psdb-recua-e-diz-que-impeachment-da-presidente-dilma-não-e-para-agora.shtml>. Acesso em: 14 fev. 2023.

118. Pedro Venceslau, "'Falta cultura política aos meninos da marcha'". *O Estado de S. Paulo*, São Paulo, 26 maio 2015. Disponível em: <politica.estadao.com.br/noticias/geral,falta-cultura-politica-aos-meninos-da-marcha-imp-,1694201>. Acesso em: 14 fev. 2023.

119. Id., "Impeachment não passaria na Câmara, diz senador tucano". *O Estado de S. Paulo*, São Paulo, 20 maio 2015. Disponível em: <politica.estadao.com.br/noticias/geral,impeachment-nao-passaria-na-camara-diz-senador-tucano,1691246>. Acesso em: 14 fev. 2023.

3. O chantagista-mor da República [pp. 85-125]

1. Jennifer Gonzales, "Palanque — Um giro pelas campanhas eleitorais". *O Estado de S. Paulo*, São Paulo, 16 ago. 2010. Disponível em: <politica.estadao.com.br/blogs/radar-politico/palanque-um-giro-pelas-campanhas-eleitorais-23/>. Acesso em: 14 fev. 2023.

2. Jorge Bastos Moreno, *Ascensão e queda de Dilma Rousseff: Tuítes sobre os bastidores do governo petista e o diário da crise que levou à sua ruína.* São Paulo: Globo, 2017, p. 130.

3. "Carta ao leitor: Bastidores da queda". *Veja*, São Paulo, 2 abr. 2021. Disponível em: <veja.abril.com.br/politica/carta-ao-leitor-bastidores-da-queda/>. Acesso em: 14 fev. 2023.

4. "PMDB e PT juntam forças para influir no governo Lula". *O Estado de S. Paulo*, São Paulo, 9 jan. 2007. Disponível em: <politica.estadao.com.br/noticias/geral,pmdb-e-pt-juntam-forcas-para-influir-no-governo-lula,20070109p26794>. Acesso em: 14 fev. 2023.

5. Andreza Matais e Gabriela Guerreiro, "Jobim renuncia à disputa pela presidência do PMDB". *Folha de S.Paulo*, São Paulo, 6 mar. 2007. Disponível em: <www1.folha.uol.com.br/folha/brasil/ult96u90013.shtml>. Acesso em: 14 fev. 2023. "Tarso nega interferência do Planalto na disputa do PMDB". *O Estado de S. Paulo*, São Paulo, 6 mar. 2007. Disponível em: <politica.estadao.com.br/noticias/geral,tarso-nega-interferencia-do-planalto-na-disputa-do-pmdb,20070306p27946>. Acesso em: 14 fev. 2023. Tarso Genro, é bom lembrar, após a crise do Mensalão, declarou que o PT precisava ser refundado, rever seus princípios. Deu no que deu. Concretamente, o projeto de refundação significou um reequilíbrio das forças internas das tendências que disputavam o controle do partido.

6. "Grupo de Temer pede impugnação de Jobim". G1, 5 mar. 2007. Disponível em: <g1.globo.com/Noticias/Politica/0,,MUL9131-5601,00-GRUPO+DE+TEMER+PEDE+IMPUGNACAO+DE+JOBIM.html>. Acesso em: 14 fev. 2023.

7. "PMDB reelege Temer como presidente em votação recorde". *O Estado de S. Paulo*, São Paulo, 11 mar. 2007. Disponível em: <politica.estadao.com.

br/noticias/geral,pmdb-reelege-temer-como-presidente-em-votacao--recorde,20070311p28121>. Acesso em: 14 fev. 2023.

8. "Chinaglia é favorito no PT e tem maioria no PMDB, diz Dirceu". *O Estado de S. Paulo*, São Paulo, 9 jan. 2007. Disponível em: <politica.estadao.com.br/noticias/geral,chinaglia-e-favorito-no-pt-e-tem-maioria-no-pmdb-diz--dirceu,20070109p26773>. Acesso em: 14 fev. 2023.

9. "PMDB deve indicar candidato da coalizão em 2010, diz Temer". *O Estado de S. Paulo*, São Paulo, 11 mar. 2007. Disponível em: <politica.estadao.com.br/noticias/geral,pmdb-deve-indicar-candidato-da-coalizao-em-2010-diz--temer,20070311p28127>. Acesso em: 14 fev. 2023. José Dirceu, vale assinalar, também aventara a hipótese.

10. "Dilma 'estranha' plano de sucessão presidencial do PMDB". *O Estado de S. Paulo*, São Paulo, 12 mar. 2007. Disponível em: <politica.estadao.com.br/noticias/geral,dilma-estranha-plano-de-sucessao-presidencial-do--pmdb,20070312p28138>. Acesso em: 14 fev. 2023.

11. "Lula deve confirmar convite a Geddel para Ministério". *O Estado de S. Paulo*, São Paulo, 5 mar. 2007. Disponível em: <politica.estadao.com.br/noticias/geral,lula-deve-confirmar-convite-a-geddel-para--ministerio,20070305p27922>. Acesso em: 14 fev. 2023.

12. "Lula adia anúncio, mas deve dar Agricultura a Stephanes". *O Estado de S. Paulo*, São Paulo, 21 mar. 2007. Disponível em: <politica.estadao.com.br/noticias/geral,lula-adia-anuncio-mas-deve-dar-agricultura-a-stepha-nes,20070321p28376>. Acesso em: 14 fev. 2023.

13. "PMDB nega pedido para apadrinhar Temporão na Saúde". *O Estado de S. Paulo*, São Paulo, 13 mar. 2007. Disponível em: <politica.estadao.com.br/noticias/geral,pmdb-nega-pedido-para-apadrinhar-temporao-na--saude,20070313p28179>. Acesso em: 14 fev. 2023.

14. "Reforma avança e Tarso Genro assume Justiça na sexta-feira". *O Estado de S. Paulo*, São Paulo, 13 mar. 2007. Disponível em: <politica.estadao.com.br/noticias/geral,reforma-avanca-e-tarso-genro-assume-justica-na-sexta--feira,20070313p28176>. Acesso em: 14 fev. 2023.

15. Da admissibilidade e não do conteúdo, tarefa que deveria ser desempenhada por uma comissão especial formada para esse fim. Sendo uma renovação, é difícil argumentar que, depois de ter vigido por tantos anos, se descobrira que a CPMF era inconstitucional.

16. Renata Giraldi, "CPI trabalha no recesso e quer convocar presidentes da TAM e da Infraero". *Folha de S.Paulo*, São Paulo, 19 jul. 2007. Disponível em: <www1.folha.uol.com.br/cotidiano/2007/07/313464-cpi-trabalha--no-recesso-e-quer-convocar-presidentes-da-tam-e-da-infraero.shtml>. Acesso em: 14 fev. 2023.

17. "Deputado retarda relatório da CPMF para obter cargo". *O Estado de S. Paulo*, São Paulo, 25 jun. 2007. Disponível em: <politica.estadao.com.br/noticias/geral,deputado-retarda-relatorio-da-cpmf-para-obter--cargo,13270>. Acesso em: 14 fev. 2023.

18. Vera Rosa, "Lula abre temporada de nomeações nas estatais para prorrogar CPMF". *O Estado de S. Paulo*, São Paulo, 2 ago. 2007. Disponível em: <politica.estadao.com.br/noticias/geral,lula-abre-temporada-de-nomeacoes-nas-estatais-para-prorrogar-cpmf,28528>. Acesso em: 14 fev. 2023.

19. Vera Rosa, "Ex-prefeito do Rio, Conde assumirá presidência de Furnas". *O Estado de S. Paulo*, São Paulo, 31 jul. 2007. Disponível em: <politica.estadao.com.br/noticias/geral,ex-prefeito-do-rio-conde-assumira-presidencia-de-furnas,27739>. Acesso em: 14 fev. 2023.

20. "Cunha vê contradição em depoimento de executivo da Airbus". *O Estado de S. Paulo*, São Paulo, 9 ago. 2007. Disponível em: <brasil.estadao.com.br/noticias/geral,cunha-ve-contradicao-em-depoimento-de-executivo-da-airbus,32138>. Acesso em: 14 fev. 2023.

21. João Domingos e Marcelo de Moraes, "PMDB está de olho no setor elétrico". *O Estado de S. Paulo*, São Paulo, 7 out. 2007. Disponível em: <politica.estadao.com.br/noticias/geral,pmdb-esta-de-olho-no-setor-eletrico,61449>. Acesso em: 14 fev. 2023.

22. Gabriela Guerreiro e Ana Paula Ribeiro, "Investigado pela PF, Silas Rondeau oficializa pedido de demissão a Lula". *Folha de S.Paulo*, São Paulo, 22 maio 2007. Disponível em: <www1.folha.uol.com.br/folha/brasil/ult96u92715.shtml>. Renan Calheiros, presidente do Senado, também foi atingido pela Operação Navalha. A imprensa publicou que suas contas pessoais eram pagas por lobista ligado a empreiteiras. Ver Reinaldo Azevedo, "Lobista de construtora paga contas de Renan Calheiros". *Veja*, São Paulo, 25 maio 2007. Disponível em: <veja.abril.com.br/blog/reinaldo/veja-3-lobista-de-construtora-paga-contas-de-renan-calheiros/>. Acesso em: 14 fev. 2023.

23. Renata Giraldi, "Lula aceita Lobão para Minas e Energia, mas adia formalização do convite". *Folha de S.Paulo*, São Paulo, 10 jan. 2008. Disponível em: <www1.folha.uol.com.br/poder/2008/01/362291-lula-aceita--lobao-para-minas-e-energia-mas-adia-formalizacao-do-convite.shtml>. Acesso em: 14 fev. 2023. Cirilo Junior, "Área internacional da Petrobras será chefiada por indicado pelo PMDB". *Folha de S.Paulo*, São Paulo, 3 mar. 2008. Disponível em: <www1.folha.uol.com.br/poder/2008/03/378243--area-internacional-da-petrobras-sera-chefiada-por-indicado-pelo-pmdb.shtml>. Acesso em: 14 fev. 2023. Equivocadamente, cita o PMDB do Senado como o padrinho de Zelada. A informação é retificada dias depois, e a nomeação entra na conta da bancada mineira do PMDB, leia-se o grupo

sob o controle de Eduardo Cunha. Ver "Petrobras confirma indicado do PMDB para área Internacional". *Folha de S.Paulo*, São Paulo, 4 mar. 2008. Disponível em: <www1.folha.uol.com.br/fsp/dinheiro/fi0403200811. htm>. Acesso em: 14 fev. 2023.

24. Pedro Soares, "Disputa política para nomeação na Petrobras". *Folha de S.Paulo*, São Paulo, 29 jan. 2008. Disponível em: <www1.folha.uol.com. br/folha/brasil/ult96u367757.shtml>. Acesso em: 14 fev. 2023.

25. "Empresa anuncia criação de subsidiária de biocombustíveis". *Folha de S.Paulo*, São Paulo, 4 mar. 2008. Disponível em: <www1.folha.uol.com. br/fsp/dinheiro/fi0403200812.htm>. Acesso em: 14 fev. 2023.

26. "Os Cabeças do Congresso Nacional — 2007". Departamento Intersindical de Assessoria Parlamentar, [s.d.]. Disponível em: <diap.org.br/index.php/ publicacoes/category/9-os-cabecas-do-congresso-nacional?start=10>. Acesso em: 14 mar. 2023.

27. Luciana Nunes Leal, "Governistas brigam durante comissão da Aneel". *O Estado de S. Paulo*, São Paulo, 19 jun. 2009. Disponível em: <politica. estadao.com.br/noticias/geral,governistas-brigam-durante-comissao- -da-aneel,389710>. Acesso em: 14 fev. 2023.

28. Ibid.

29. "Lobão defende flexibilização das compras da Eletrobras". *O Estado de S. Paulo*, São Paulo, 27 mar. 2009. Disponível em: <economia.estadao. com.br/noticias/negocios,lobo-defende-flexibilizao-das-compras-da- -eletrobrs,26325e>. Acesso em: 14 fev. 2023.

30. Luciana Nunes Leal, "No Rio, alas resistem a aliança com Dilma". *O Estado de S. Paulo*, São Paulo, 15 ago. 2009. Disponível em: <politica.estadao.com. br/noticias/geral,no-rio-alas-resistem-a-alianca-com-dilma,419493>. Acesso em: 14 fev. 2023.

31. Não faltou quem transformasse as restrições de Cunha a Dilma em teoria, vendo na incapacidade da presidente em dividir as prebendas do poder com aliados as razões profundas que explicariam o impeachment. É preciso entender que, no jargão de Cunha, não sabia dividir quem não lhe desse carta branca para avançar e pegar a melhor parte.

32. Christiane Samarco, "PMDB começa intervenção em diretório de SC". *O Estado de S. Paulo*, São Paulo, 17 jun. 2010. Disponível em: <politica. estadao.com.br/noticias/geral,pmdb-comeca-intervencao-em-diretorio-de-sc,568248>. Acesso em: 14 fev. 2023.

33. Quando Dilma adoeceu e sua candidatura à Presidência foi posta em dúvida, chegou-se a cogitar que Aécio Neves poderia deixar o PSDB, se filiar ao PMDB e encabeçar a chapa apoiada pelo PT. Sempre atento aos detalhes jurídicos, Cunha apresentou proposta para facilitar a manobra, que, com a recuperação de Dilma, acabou esquecida. Ver "Aécio

corteja DEM e PMDB em visita ao Congresso". *O Estado de S. Paulo*, São Paulo, 22 maio 2009. Disponível em: <politica.estadao.com.br/noticias/geral,aecio-corteja-dem-e-pmdb-em-visita-ao-congresso,375103>. Acesso em: 14 fev. 2023.

34. "Aécio diz que eleição de Lacerda é vitória da 'tese da convergência'". G1, 26 out. 2008. Disponível em: <gazetadopovo.com.br/vida-publica/aecio-diz-que-eleicao-de-lacerda-e-vitoria-da-tese-da-convergencia-b8vc-nwk0csvjjmcdc952if5fy/>. Acesso em: 14 mar. 2023.

35. Vera Rosa, "PT e PMDB esboçam acordo em Minas". *O Estado de S. Paulo*, São Paulo, 16 abr. 2010. Disponível em: <brasil.estadao.com.br/noticias/geral,pt-e-pmdb-esbocam-acordo-em-minas,539102>. Acesso em: 14 fev. 2023.

36. Do ponto de vista do PT, a aliança passou pela retirada da candidatura de Fernando Pimentel ao governo do estado. No Rio de Janeiro, onde Cunha não atuou, Lula entrou em campo para que Lindbergh Farias se contentasse com disputar uma cadeira no Senado em lugar de mirar o governo do estado. Isso em 2010. Em 2014, como já apontado, o PT não viu razões para fazer concessões nos dois estados.

37. Adriana Fernandes, Vera Rosa e João Domingos, "Na pressão por cargos, PMDB agora ameaça rejeitar mínimo de R$ 540". *O Estado de S. Paulo*, São Paulo, 5 jan. 2011. Disponível em: <brasil.estadao.com.br/noticias/geral,na-pressao-por-cargos-pmdb-agora-ameaca-rejeitar-minimo-de--r-540-imp-,662176>. Acesso em: 14 fev. 2023.

38. Leonencio Nossa e João Domingos, "Dilma autoriza PMDB a negociar cargos". *O Estado de S. Paulo*, São Paulo, 12 jan. 2011. Disponível em: <brasil.estadao.com.br/noticias/geral,dilma-autoriza-pmdb-a-negociar--cargos-imp-,664994/>. Acesso em: 14 fev. 2023.

39. "'Briga ácida' por Furnas é lamentável, diz Temer". *O Estado de S. Paulo*, São Paulo, 29 jan. 2011. Disponível em: <politica.estadao.com.br/noticias/geral,briga-acida-por-furnas-e-lamentavel-diz-temer,672490>. Acesso em: 14 fev. 2023.

40. "Vaccarezza minimiza crise com PMDB e diz que nada abalará base". *Folha de S.Paulo*, São Paulo, 31 maio 2011. Disponível em: <www1.folha.uol.com.br/poder/923312-vaccarezza-minimiza-crise-com-pmdb-e-diz-que--nada-abalara-base.shtml>. Acesso em: 14 fev. 2023. "Temer afirma que elevou tom de voz com Palocci". *Folha de S.Paulo*, São Paulo, 29 maio 2011. Disponível em: <www1.folha.uol.com.br/poder/2011/05/922323--temer-afirma-que-elevou-tom-de-voz-com-palocci.shtml>. Acesso em: 14 fev. 2023.

41. Ana Flor, "Temer diz a ministros que atritos com Palocci 'ficaram no passado'". *Folha de S.Paulo*, São Paulo, 30 maio 2011. Disponível em: <www1.

folha.uol.com.br/poder/2011/05/922766-temer-diz-a-ministros-que-atritos-com-palocci-ficaram-no-passado.shtml>. Acesso em: 14 fev. 2023.

42. Para recordar: Palocci era mais que o ministro da Casa Civil. Para todos os efeitos, acumulava a função de negociar cargos do segundo e do terceiro escalões, esvaziando as funções do ministro das Relações Institucionais, Luiz Sérgio, ligado a José Dirceu. Ver Andrea Jubé Vianna, "PMDB pede mais conversa entre Planalto e aliados". *O Estado de S. Paulo*, São Paulo, 31 maio 2011. Disponível em: <politica.estadao.com.br/noticias/geral,pmdb-pede-mais-conversa-entre-planalto-e-aliados,726228>. Acesso em: 14 fev. 2023.

43. João Domingos, "Dilma manda demitir peemedebista da Caixa para conter disputa com o PT". *O Estado de S. Paulo*, São Paulo, 13 dez. 2011. Disponível em: <politica.estadao.com.br/noticias/geral,dilma-manda-demitir-peemedebista-da-caixa-para-conter-disputa-com-o-pt,810620>. Acesso em: 14 fev. 2023.

44. Maria Clara Cabral, "Câmara retoma possibilidade de uso do FGTS para obras da Copa". *Folha de S.Paulo*, São Paulo, 14 fev. 2012. Disponível em: <www1.folha.uol.com.br/poder/1048807-camara-retoma-possibilidade-de-uso-do-fgts-para-obras-da-copa.shtml>. Acesso em: 14 fev. 2023.

45. Maria Clara Cabral, "Insatisfeitos, deputados do PMDB fazem manifesto contra PT". *Folha de S.Paulo*, São Paulo, 1 mar. 2012. Disponível em: <www1.folha.uol.com.br/poder/2012/03/1055694-insatisfeitos-deputados-do-pmdb-fazem-manifesto-contra-pt.shtml>. Acesso em: 14 fev. 2023.

46. "Gravação indica que Delta tentou blindar vice-líder do PMDB". *Folha de S.Paulo*, São Paulo, 2 maio 2012. Disponível em: <www1.folha.uol.com.br/poder/2012/05/1084094-gravacao-indica-que-delta-tentou-blindar-vice-lider-do-pmdb.shtml>. Acesso em: 14 fev. 2023.

47. "Temer reassume presidência do PMDB e fortalece partido para negociações da campanha". *O Estado de S. Paulo*, São Paulo, 16 jul. 2014. Disponível em: <estadao.com.br/noticias/geral,temer-reassume-presidencia-do-pmdb-e-fortalece-partido-para-negociacoes-da-campanha,1529703>. Acesso em: 14 fev. 2023.

48. "Michel Temer reassume presidência do PMDB durante campanha eleitoral". G1, 16 jul. 2014. Disponível em: <g1.globo.com/politica/eleicoes/2014/noticia/2014/07/michel-temer-reassume-presidencia-do-pmdb-durante-campanha-eleitoral.html>. Acesso em: 14 fev. 2023.

49. Jeferson Ribeiro e Alexandre Caverni, "PMDB mantém aliança com PT e apoiará reeleição de Dilma". Reuters, 10 jun. 2014. Disponível em: <reuters.com/article/manchetes-politica-pmdb-alianca-idBRKB-N0EL2B520140610>. Acesso em: 14 fev. 2023.

50. Fernando Rodrigues, "Dilma teria de ter demitido toda a diretoria da Petrobras, diz Cunha". *Folha de S.Paulo*, São Paulo, 16 out. 2014. Disponível

em: <www1.folha.uol.com.br/poder/poderepolitica/2014/10/1533066-entrevista-com-eduardo-cunha.shtml>. Acesso em: 14 fev. 2023.

51. "Painel: Partido ao meio". *Folha de S.Paulo*, São Paulo, 17 out. 2014. Disponível em: <painel.blogfolha.uol.com.br/2014/10/17/segundo-turno-cria-racha-entre-grupos-de-temer-e-eduardo-cunha-no-pmdb/>. Acesso em: 14 fev. 2023.

52. Estelita Haas Carazzai, "PMDB vai 'centralizar' direção e 'penalizar' divergentes, diz Temer". *Folha de S.Paulo*, São Paulo, 15 out. 2014. Disponível em: <www1.folha.uol.com.br/poder/2014/10/1534366-pmdb-vai-centralizar-direcao-e-penalizar-divergentes-diz-temer.shtml>. Acesso em: 14 fev. 2023. Michel Temer chegou a declarar: "Se tiver um candidato [à presidência da Câmara], ainda que seja do PMDB, que se coloque contra o governo, ele está se colocando contra mim, que sou vice-presidente da República". Ver "Planalto age para esvaziar 'blocão' dos rebeldes". *O Estado de S. Paulo*, São Paulo, 11 nov. 2014. Disponível em: <estadao.com.br/politica/planalto-age-para-esvaziar-blocao-dos-rebeldes-imp-/>. Acesso em: 14 fev. 2023.

53. Mariana Haubert, "Cunha na presidência da Câmara não traria problema ao governo, diz Temer". *Folha de S.Paulo*, São Paulo, 12 nov. 2014. Disponível em: <www1.folha.uol.com.br/poder/2014/11/1546976-cunha-na-presidencia-da-camara-nao-traria-problema-ao-governo-diz-temer.shtml>. Acesso em: 14 fev. 2023.

54. "PT adia escolha de seu candidato para comandar Câmara". *Folha de S.Paulo*, São Paulo, 14 nov. 2014. Disponível em: <www1.folha.uol.com.br/fsp/poder/195495-pt-adia-escolha-de-seu-candidato-para-comandar-camara.shtml>. Acesso em: 14 fev. 2023.

55. Andréia Sadi e Natuza Nery, "PMDB vai à Justiça contra criação de partidos, diz Cunha". *Folha de S.Paulo*, São Paulo, 3 fev. 2015. Disponível em: <www1.folha.uol.com.br/poder/2015/02/1584340-pmdb-vai-a-justica-contra-criacao-de-novos-partidos-diz-cunha.shtml>. Acesso em: 14 fev. 2023.

56. "Aliados do PMDB são afastados da Agricultura". *O Estado de S. Paulo*, São Paulo, 6 jan. 2015. Disponível em: <politica.estadao.com.br/noticias/geral,aliados-do-pmdb-sao-afastados-da-agricultura,1616193>. Acesso em: 14 fev. 2023.

57. Fernando Taquari, "Cunha nega interesse em pautar projetos que afetam governabilidade". *Valor Econômico*, São Paulo, 13 fev. 2015. Disponível em: <valor.globo.com/politica/noticia/2015/02/13/cunha-nega-interesse-em-pautar-projetos-que-afetam-governabilidade.ghtml>. Acesso em: 14 fev. 2023.

58. Raphael Di Cunto, "Convocações do PT mudam foco da CPI". *Valor Econômico*, São Paulo, 3 mar. 2015. Disponível em: <valor.globo.com/politica/

noticia/2015/03/03/convocacoes-do-pt-mudam-foco-da-cpi.ghtml>. Acesso em: 14 fev. 2023.

59. A atenção a André Esteves tem razão de ser. Basta lembrar que o banqueiro foi preso juntamente com Delcídio do Amaral ao final de 2015 e que, na oportunidade, seus negócios com Eduardo Cunha (compra de emendas a MPs) vieram à tona.

60. "Cunha diz que há componente de 'aversão ao PT' na crise política". *Valor Econômico*, São Paulo, 16 mar. 2015. Disponível em: <valor.globo.com/politica/noticia/2015/03/16/cunha-diz-que-ha-componente-de-aversao--ao-pt-na-crise-politica.ghtml>. Acesso em: 14 fev. 2023.

61. Flavia Lima, "Cunha diz que divergências com o governo são naturais". *Valor Econômico*, São Paulo, 26 mar. 2015. Disponível em: <valor.globo.com/politica/noticia/2015/03/26/cunha-diz-que-divergencias-com-o--governo-sao-naturais.ghtml>. Acesso em: 14 fev. 2023.

62. Julianna Granjeia, "Cunha diz que corrupção está no Executivo e não no Legislativo". *Valor Econômico*, São Paulo, 16 mar. 2015. Disponível em: <valor.globo.com/politica/noticia/2015/03/16/cunha-diz-que-corrupcao--esta-no-executivo-e-nao-no-legislativo.ghtml>. Acesso em: 14 fev. 2023. Em verdade, as perguntas sobre a possibilidade de que pautasse o impeachment antecedem sua eleição à presidência da Câmara. Ver Andréia Sadi, "'PMDB não tem operador em esquema na Petrobras', diz Eduardo Cunha". *Folha de S.Paulo*, São Paulo, 29 dez. 2014. Disponível em: <www1.folha.uol.com.br/fsp/poder/202050-pmdb-nao-tem-operador-em-esquema--na-petrobras.shtml>. Acesso em: 14 fev. 2023.

63. Renato Batista, "Cunha se diz contrário a impeachment de Dilma". *Valor Econômico*, São Paulo, 9 mar. 2015. Disponível em: <valor.globo.com/politica/noticia/2015/03/09/cunha-se-diz-contrario-a-impeachment-de--dilma.ghtml>. Acesso em: 14 fev. 2023.

64. "Cunha: PMDB 'finge' que está no governo e 'eles também'". *Valor Econômico*, São Paulo, 29 mar. 2015. Disponível em: <valor.globo.com/politica/noticia/2015/03/29/cunha-pmdb-finge-que-esta-no-governo-e-eles-tambem.ghtml>. Acesso em: 14 fev. 2023.

65. Mariana Haubert, "Aliado de Dilma, Cid Gomes propõe frente de esquerda para conter PMDB". *Folha de S.Paulo*, São Paulo, 4 nov. 2014. Disponível em: <www1.folha.uol.com.br/poder/2014/11/1543050-aliado-de--dilma-cid-gomes-propoe-frente-de-esquerda-para-conter-pmdb.shtml>. Acesso em: 14 fev. 2023. Daiene Cardoso, "Cunha critica vetos de Dilma e promete acionar Justiça contra criação do PL". *O Estado de S. Paulo*, São Paulo, 25 mar. 2015. Disponível em: <politica.estadao.com.br/noticias/geral,cunha-critica-vetos-de-dilma-e-promete-acionar-justica-contra--criacao-do-pl,1657870>. Acesso em: 14 fev. 2023.

66. Daniel de Carvalho e Pedro Venceslau, "Congresso rebelado aproveita crise do governo para impor agenda política". *O Estado de S. Paulo*, São Paulo, 21 mar. 2015. Disponível em: <politica.estadao.com.br/noticias/geral,congresso-rebelado-aproveita-crise-do-governo-para-impor-agenda-politica,1655415>. Acesso em: 14 fev. 2023.

67. Andrea Jubé, "Dilma convida Eliseu Padilha (PMDB) para articulação política". *Valor Econômico*, São Paulo, 6 abr. 2015. Disponível em: <valor.globo.com/politica/noticia/2015/04/06/dilma-convida-eliseu-padilha-pmdb-para-articulacao-politica.ghtml>. Acesso em: 14 fev. 2023. Raymundo Costa, "Padilha deve recusar convite para assumir a coordenação política". *Valor Econômico*, São Paulo, 7 abr. 2015. Disponível em: <valor.globo.com/politica/noticia/2015/04/07/padilha-deve-recusar-convite-para-assumir-a-coordenacao-politica.ghtml>. Acesso em: 14 fev. 2023.

68. Raymundo Costa e Andrea Jubé, "Dilma escolhe Michel Temer como coordenador e amplia força do PMDB". *Valor Econômico*, São Paulo, 8 abr. 2015. Disponível em: <valor.globo.com/politica/noticia/2015/04/08/dilma-escolhe-michel-temer-como-coordenador-e-amplia-forca-do-pmdb.ghtml>. Acesso em: 14 fev. 2023.

69. Raymundo Costa, "Governo já respira no Congresso". *Valor Econômico*, São Paulo, 15 maio 2015. Disponível em: <valor.globo.com/politica/coluna/governo-ja-respira-no-congresso.ghtml>. Acesso em: 14 fev. 2023.

70. Bruno Boghossian, "Para Cunha, manobra fiscal não sustenta pedido de impeachment". *Folha de S.Paulo*, São Paulo, 19 abr. 2015. Disponível em: <www1.folha.uol.com.br/poder/2015/04/1618603-para-cunha-manobra-fiscal-nao-sustenta-pedido-de-impeachment.shtml>. Acesso em: 14 fev. 2023.

71. Thiago Resende e Raphael Di Cunto, "Cunha usa CPI para atacar Janot". *Valor Econômico*, São Paulo, 13 mar. 2015. Disponível em: <valor.globo.com/politica/noticia/2015/03/13/cunha-usa-cpi-para-atacar-janot.ghtml>. Acesso em: 14 fev. 2023. Thiago Resende, "CPI Petrobras: Câmara contrata firma de investigação por R$ 1 milhão". *Valor Econômico*, São Paulo, 26 mar. 2015. Disponível em: <valor.globo.com/politica/noticia/2015/03/26/cpi-petrobras-camara-contrata-firma-de-investigacao-por-r-1-milhao.ghtml>. Acesso em: 14 fev. 2023.

72. Ricardo Brandt e Mateus Coutinho, "Processo não trata de corrupção de políticos, diz juiz". *O Estado de S. Paulo*, São Paulo, 26 nov. 2014. Disponível em: <politica.estadao.com.br/noticias/geral,processo-nao-trata-de-corrupcao-de-politicos-diz-juiz-imp-,1598083>. Acesso em: 14 fev. 2023.

73. Beatriz Bulla, "Janot confirma que foi procurado por defesa de empresas". *O Estado de S. Paulo*, São Paulo, 3 dez. 2014. Disponível em: <politica.estadao.com.br/noticias/geral,janot-confirma-que-foi-procurado-por-defesa-de-empresas,1601662>. Acesso em: 14 fev. 2023. Para a visão

de Dallagnol sobre esse primeiro conflito entre Brasília e Curitiba, ver Deltan Dallagnol, *A luta contra a corrupção: A Lava Jato e o futuro de um país marcado pela impunidade*, op. cit., pp. 89-121. A versão de Janot para os mesmos fatos pode ser encontrada em Rodrigo Janot (com Jaílton de Carvalho e Guilherme Evelin), *Nada menos que tudo: Bastidores da operação que colocou o sistema político em xeque* (São Paulo: Planeta, 2019), pp. 51-63. Para uma visão favorável a Curitiba, consultar Vladimir Netto, *Lava Jato: O juiz Sergio Moro e os bastidores da operação que abalou o Brasil e o mundo* (Rio de Janeiro: Sextante, 2018), pp. 112-138.

74. Dallagnol, em *A luta contra a corrupção: A Lava Jato e o futuro de um país marcado pela impunidade*, op. cit., p. 117, escreve: "Os políticos estavam no topo da cadeia de comando da corrupção".

75. Ricardo Brandt e Mateus Coutinho, "Processo não trata de corrupção de políticos, diz juiz", op. cit.

76. Mario Cesar Carvalho, "Executivo acerta acordo de delação sobre a Petrobras". *Folha de S.Paulo*, São Paulo, 28 out. 2014. Disponível em: <www1.folha.uol.com.br/fsp/especial/192865-executivo-acerta-acordo--de-delacao-sobre-a-petrobras.shtml>. Acesso em: 14 fev. 2023. Camargo foi orientado pela advogada Beatriz Catta Preta, a mesma que atuara em nome de Paulo Roberto Costa. Vale acrescentar que o empresário se apresentou voluntariamente aos investigadores e se prontificou a entregar provas à Lava Jato, escapando assim da prisão.

77. Vale observar que os três, Paulo Roberto Costa, Alberto Youssef e Julio Camargo, prestaram depoimentos ao juiz Sergio Moro, que, necessariamente, ou não se deu conta da inconsistência ou a ignorou.

78. "Veja íntegra do depoimento de Julio Camargo ao juiz Sergio Moro em Curitiba". UOL, 16 jul. 2015. Disponível em: <https://economia.uol.com.br/videos/?id=veja-integra-do-depoimento-de-julio-camargo-ao-juiz--sergio-moro-em-curitiba-04024D183762D0A95326>. Acesso em: 14 fev. 2023.

79. Depois de Camargo afirmar que Curitiba o havia instruído a omitir os pagamentos a Cunha, Moro sugere: "Também, por algum receio, não?".

80. Fernando Calgaro, Nathalia Passarinho e Lucas Salomão, "Eduardo Cunha anuncia rompimento com o governo e diz que é 'oposição'". G1, 17 jul. 2015. Disponível em: <g1.globo.com/politica/noticia/2015/07/eduardo-cunha--anuncia-rompimento-politico-com-o-governo-dilma.html>. Acesso em: 14 fev. 2023.

81. Erich Decat, "Parte do PMDB sonda tucanos sobre gestão Temer". *O Estado de S. Paulo*, São Paulo, 4 jul. 2015. Disponível em: <politica.estadao.com.br/noticias/geral,parte-do-pmdb--sonda-tucanos-sobre-gestao-temer,1718973>. Acesso em: 14 fev. 2023.

82. "Temer diz que impeachment é algo 'impensável' e que Dilma está tranquila". *O Estado de S. Paulo*, São Paulo, 6 jul. 2015. Disponível em: <politica.estadao.com.br/noticias/geral,temer-diz-que-temer-e-algo--impensavel-e-que-dilma-esta-tranquila,1720204>. Acesso em: 14 fev. 2023.

83. "Votação de contas de governos entra na pauta em agosto". *O Estado de S. Paulo*, São Paulo, 15 jul. 2015. Disponível em: <politica.estadao.com.br/noticias/geral,votacao-de-contas-de-governos-entra-na-pauta-em-agosto---imp-,1725340>. Acesso em: 14 fev. 2023.

84. "Com adesão da oposição, atos focam em impeachment". *O Estado de S. Paulo*, São Paulo, 16 ago. 2015. Disponível em: <politica.estadao.com.br/noticias/geral,protestos-foram-registrados-em-24-estados-e-no--df,1745095>. Acesso em: 14 fev. 2023.

85. Pedro Venceslau e Lisandra Paraguassu, "Protesto de domingo foca só no PT e CUT fala em 'armas na mão'". *O Estado de S. Paulo*, São Paulo, 13 ago. 2015. Disponível em: <politica.estadao.com.br/noticias/geral,protesto--de-domingo-foca-em-petistas-e-cut-fala-em-arma-na-mao,1743718>. Acesso em: 14 fev. 2023.

86. Ibid.

87. Pedro Venceslau, "Grupos anti-Dilma decidem atuar separados". *O Estado de S. Paulo*, São Paulo, 17 out. 2015. Disponível em: <politica.estadao.com.br/noticias/geral,grupos-anti-dilma-decidem-atuar-separados---imp-,1781270>. Acesso em: 14 fev. 2023.

88. Fausto Macedo, "Janot denuncia Eduardo Cunha por corrupção e lavagem de dinheiro". *O Estado de S. Paulo*, São Paulo, 20 ago. 2015. Disponível em: <politica.estadao.com.br/blogs/fausto-macedo/janot-denuncia-eduardo--cunha-por-corrupcao-e-lavagem-de-dinheiro/>. Acesso em: 14 fev. 2023.

89. Fausto Macedo, "Cunha usou Assembleia de Deus para receber propina, diz Janot". *O Estado de S. Paulo*, São Paulo, 20 ago. 2015. Disponível em: <politica.estadao.com.br/blogs/fausto-macedo/janot-acusa-cunha-de-usar--assembleia-de-deus-para-receber-propina/>. Acesso em: 14 fev. 2023.

90. Entre esses casos, o mais escabroso, sem dúvida alguma, era o que narrava as ameaças feitas pelo doleiro Lúcio Bolonha Funaro aos familiares do controlador do Banco Schahin. Ver Talita Fernandes, Beatriz Bulla, Andreza Matais e Ricardo Brandt, "Janot diz que presidente da Câmara 'pressionou' empreiteira Schahin". *O Estado de S. Paulo*, São Paulo, 21 ago. 2015. Disponível em: <politica.estadao.com.br/blogs/fausto-macedo/janot-diz-que-presidente-da-camara-pressionou-empreiteira-schahin/>. Acesso em: 14 fev. 2023.

91. Daiene Cardoso e Bernardo Caram, "Oposição diz não querer fazer prejulgamento de Cunha". *O Estado de S. Paulo*, São Paulo, 20 ago. 2015. Disponível em: <politica.estadao.com.br/noticias/geral,oposicao-diz-nao-querer--fazer-prejulgamento-de-cunha,1748030>. Acesso em: 14 fev. 2023.

92. Talita Fernandes e Beatriz Bulla, "Delator fala em relação de operador do PMDB com Renan, Cunha e Temer". *O Estado de S. Paulo*, São Paulo, 22 ago. 2015. Disponível em: <politica.estadao.com.br/blogs/fausto-ma-cedo/delator-fala-em-relacao-de-operador-do-pmdb-com-renan-cunha--e-temer/>. Acesso em: 14 fev. 2023.

93. Victor Martins e Ricardo Brito, "Citado na Lava Jato, Temer diz não co-nhecer delatores". *O Estado de S. Paulo*, São Paulo, 22 ago. 2015. Dispo-nível em: <politica.estadao.com.br/noticias/geral,citado-na-lava-jato--temer-diz-nao-conhecer-delatores,1748914>. Acesso em: 14 fev. 2023.

94. Marcela Mattos, "Pressionado, Temer deixa a articulação política do go-verno". *Veja*, São Paulo, 24 ago. 2015. Disponível em: <veja.abril.com.br/politica/pressionado-temer-deixa-a-articulacao-politica-do-governo/>. Acesso em: 14 fev. 2023.

95. Gustavo Uribe e Débora Álvares, "Fundador do PT apresenta pedido de impeachment de Dilma Rousseff". *Folha de S.Paulo*, São Paulo, 1 set. 2015. Disponível em: <www1.folha.uol.com.br/poder/2015/09/1676296-funda-dor-do-pt-apresentara-pedido-de-impeachment-de-dilma.shtml>. Acesso em: 14 fev. 2023. Vale observar que, em razão da idade, coube à filha do ju-rista, Maria Lúcia Bicudo, militante do MBL, protocolar o pedido em Bra-sília. Janaina Paschoal, a mesma jurista que meses antes negara base legal para um pedido de impeachment a pedido do PSDB, se fez presente no ato.

96. Daniel de Carvalho, "Eduardo Cunha pede para jurista Hélio Bicudo refa-zer pedido de impeachment". *O Estado de S. Paulo*, São Paulo, 14 set. 2015. Disponível em: <politica.estadao.com.br/noticias/geral,cunha-pede-para--bicudo-refazer-pedido-de-impeachment-ate-a-proxima-semana,1762019>. Acesso em: 14 fev. 2023. Se tivesse lido com atenção as memórias do ju-rista, Cunha talvez duvidasse das suas credenciais para elaborar o parecer. Para os interessados, vale ler o relato de sua passagem pelo setor elétrico durante o governo Carvalho Pinto (ver Hélio Bicudo, *Minhas memórias*, São Paulo: Martins Fontes, 2006, pp. 85 e seguintes). Para uma visão mais ampla das relações entre as empreiteiras e os governos, consultar Wilson Quintella, *Memórias do Brasil Grande: A história das maiores obras do país e dos homens que as fizeram* (São Paulo: Saraiva, 2008).

97. Erich Decat, "Picciani assume postura contra o impeachment na Câ-mara". *O Estado de S. Paulo*, São Paulo, 8 out. 2015. Disponível em: <po-litica.estadao.com.br/noticias/geral,picciani-assume-militancia-anti-im-peachment,1776804>. Acesso em: 14 fev. 2023.

98. Daniel de Carvalho, "Governo oferece dois ministérios ao PMDB da Câ-mara". *O Estado de S. Paulo*, São Paulo, 22 set. 2015. Disponível em: <po-litica.estadao.com.br/noticias/geral,governo-oferece-dois-ministerios--ao-pmdb-da-camara,1766982>. Acesso em: 14 fev. 2023.

99. Daniel de Carvalho, "Grupo do PMDB divulga manifesto contra 'barganha' em reforma ministerial". *O Estado de S. Paulo*, São Paulo, 1 out. 2015. Disponível em: <politica.estadao.com.br/noticias/geral,grupo-do-pmdb-divulga--manifesto-contra-barganha-em-reforma-ministerial,1772841>. Acesso em: 14 fev. 2023. O manifesto foi encabeçado por Lúcio Vieira Lima (PMDB-BA), Carlos Marun (PMDB-MS) e Baleia Rossi (PMDB-SP), entre outros tantos luminares. Ao assinar o documento, Jarbas Vasconcelos (PMDB-PE) e outros membros do que restava da bancada ética do partido renovaram as mostras de quão perdidos se encontravam.

100. Vera Rosa, "PMDB comandará orçamento maior do que os petistas na nova Esplanada" *O Estado de S. Paulo*, São Paulo, 4 out. 2015. Disponível em: <https://www.estadao.com.br/politica/pmdb-comandara-orcamento-maior--do-que-os-petistas-na-nova-esplanada/>. Acesso em: 14 fev. 2023.

101. Raymundo Costa, "Enquanto 16 de agosto não chega". *Valor Econômico*, São Paulo, 11 ago. 2015. Disponível em: <valor.globo.com/politica/coluna/enquanto-16-de-agosto-nao-chega.ghtml>. Acesso em: 14 fev. 2023.

102. "Suíça bloqueia conta que teria Cunha como beneficiário". *O Estado de S. Paulo*, São Paulo, 30 set. 2015. Disponível em: <politica.estadao.com.br/noticias/geral,suica-bloqueia-conta-atribuida-a-eduardo-cunha,1772007>. Acesso em: 14 fev. 2023. Daniel de Carvalho, "Janot confirma à Câmara contas de Cunha e família na Suíça". *O Estado de S. Paulo*, São Paulo, 8 out. 2015. Disponível em: <politica.estadao.com.br/noticias/geral,janot-confirma-a-parlamentares-contas-de-cunha-e-familia-na-suica,1776678>. Acesso em: 14 fev. 2023.

103. Isabela Bonfim, "'Eduardo Cunha tem o benefício da dúvida', afirma líder do PSDB na Câmara". *O Estado de S. Paulo*, São Paulo, 5 out. 2015. Disponível em: <politica.estadao.com.br/noticias/geral,eduardo-cunha-tem-o--beneficio-da-duvida--afirma-lider-do-psdb-na-camara,1774911>. Acesso em: 14 fev. 2023.

104. Daniel de Carvalho e Pedro Venceslau, "Oposição vai incluir 'novas pedaladas' para reforçar texto do impeachment". *O Estado de S. Paulo*, São Paulo, 12 out. 2015. Disponível em: <politica.estadao.com.br/noticias/geral,oposicao-vai-incluir-novas-pedaladas-para-reforcar-texto-do-impeachment,1778452>. Acesso em: 14 fev. 2023.

105. "Vamos apresentar na sexta-feira as mesmas petições justapostas. Estamos fazendo recorta e cola. Mera aglutinação." Ver "'Não adianta berrar contra o governo ou fazer acordo com a oposição'". Diário do Poder, 14 out. 2015. Disponível em: <diariodopoder.com.br/uncategorized/apos-nao-adianta-berrar-contra-o-governo-ou-fazer-acordo-com-a-oposicaoapos>. Acesso em: 14 fev. 2023.

106. Daniel de Carvalho, "Cunha diz que vai despachar pedidos de impeachment a partir da próxima semana". *O Estado de S. Paulo*, São Paulo, 23

set. 2015. Disponível em: <politica.estadao.com.br/noticias/geral,cunha--diz-que-vai-despachar-pedidos-de-impeachment-a-partir-da-proxima-se-mana,1767776>. Acesso em: 14 fev. 2023. "Cunha diz que em 10 ou 15 dias deve apreciar todos os pedidos de impeachment". *O Estado de S. Paulo*, São Paulo, 1 out. 2015. Disponível em: <politica.estadao.com.br/noticias/geral,cunha-diz-que-em-10-ou-15-dias-deve-apreciar-todos-os-pedidos--de-impeachment,1772715>. Acesso em: 14 fev. 2023.

107. Daniel de Carvalho e Daiene Cardoso, "PSOL e deputados do PT protocolam ação em que pedem a cassação do mandato de Cunha". *O Estado de S. Paulo*, São Paulo, 13 out. 2015. Disponível em: <politica.estadao.com.br/noticias/geral,psol-e-rede-protocolam-acao-contra-cunha-no-conselho--de-etica,1778926>. Acesso em: 14 fev. 2023.

108. Vera Rosa e Adriano Ceolin, "Lula pede a deputados do PT que deem 'trégua' para Eduardo Cunha". *O Estado de S. Paulo*, São Paulo, 16 out. 2015. Disponível em: <politica.estadao.com.br/noticias/geral,lula-pede--ao-pt-tregua-para-cunha--imp-,1780636>. Acesso em: 14 fev. 2023.

109. Vera Rosa, "Dilma teme que Cunha, acuado, aceite pedido de impeachment". *O Estado de S. Paulo*, São Paulo, 10 out. 2015. Disponível em: <politica.estadao.com.br/noticias/geral,planalto-avalia-que-tem-70-dias-para--estancar-crise-e-barrar-impeachment,1777727>. Acesso em: 14 fev. 2023.

110. Ricardo Galhardo, "Cresce no PT pressão para partido endossar cassação de Cunha". *O Estado de S. Paulo*, São Paulo, 15 out. 2015. Disponível em: <politica.estadao.com.br/noticias/geral,cresce-no-pt-pressao-para--partido-endossar-cassacao-de-cunha,1780394>. Acesso em: 14 fev. 2023.

111. "Segundo aliados do Planalto relataram ao Broadcast Político, outro pedido do peemedebista na negociação com o Palácio do Planalto seria a intervenção do governo junto à Procuradoria-Geral da República (PGR) para 'segurar' as investigações contra ele." Ver Igor Gadelha, Daniel de Carvalho e Daiene Cardoso, "Cunha nega ter discutido saída de Cardozo em almoço com Temer e Renan". *O Estado de S. Paulo*, São Paulo, 14 out. 2015. Disponível em: <politica.estadao.com.br/noticias/geral,cunha-nega--ter-discutido-saida-de-cardozo-em-almoco-com-temer-e-renan,1779585>. Acesso em: 14 fev. 2023.

112. Ricardo Galhardo, "PT reforça pressão por saída de Cardozo". *O Estado de S. Paulo*, São Paulo, 22 out. 2015. Disponível em: <politica.estadao.com. br/noticias/geral,pt-reforca-pressao-por-saida-de-cardozo--imp-,1783979>. Acesso em: 14 fev. 2023.

113. Nelson Jobim, contudo, era advogado do BTG Pactual, investigado pela Lava Jato.

114. Raymundo Costa, "Na conta do chá para conter impeachment". *Valor Econômico*, São Paulo, 6 out. 2015. Disponível em: <valor.globo.com/politica/

coluna/na-conta-do-cha-para-conter-impeachment.ghtml>. Acesso em: 14 fev. 2023.

115. Igor Gadelha, "PPS deve seguir PSDB e anunciar rompimento formal com Cunha". *O Estado de S. Paulo*, São Paulo, 11 nov. 2015. Disponível em: <politica.estadao.com.br/noticias/geral,pps-deve-seguir-psdb-e--anunciar-rompimento-formal-com-cunha,10000001725>. Acesso em: 14 fev. 2023. Janaina Paschoal foi mais longe e passou às ameaças. Ver Pedro Venceslau, "Autora de pedido de impeachment diz que Cunha está 'prevaricando'". *O Estado de S. Paulo*, São Paulo, 19 nov. 2015. Disponível em: <politica.estadao.com.br/noticias/geral,autora-de-pedido-dizque--peemedebistaesta-prevaricando,10000002408>. Acesso em: 14 fev. 2023. O editorialista de *O Estado de S. Paulo* foi ainda mais duro: "O presidente da Câmara, Eduardo Cunha (PMDB-RJ), não faz nenhuma questão de parecer o que não é. Age exatamente como se espera de alguém que chegou ao topo como representante da ralé política, para a qual o poder é construído e mantido exclusivamente à base de chantagem e fisiologismo. Para políticos como Cunha, não há parceiros de negociação em torno de uma pauta comum, de interesse do país; em vez disso, há reféns de articulações opacas que se prestam a proteger negócios, amealhar prebendas e garantir impunidade". Ver "Prevaricação". *O Estado de S. Paulo*, São Paulo, 20 nov. 2015. Disponível em: <opiniao.estadao.com.br/noticias/geral,prevaricacao,10000002525>. Acesso em: 14 fev. 2023.

116. Beatriz Bulla, "Ministro do TSE volta a pedir que PGR investigue gráfica contratada pela campanha de Dilma". *O Estado de S. Paulo*, São Paulo, 1 set. 2015. Disponível em: <politica.estadao.com.br/noticias/geral,ministro-do--tse-volta-pedir-a-pgr-investigacao-de-grafica-contradata-pela-campanha--de-dilma>. Acesso em: 14 mar. 2023.

117. Daniel de Carvalho, "'Se eu derrubo Dilma agora, no dia seguinte, vocês me derrubam', diz Cunha à oposição". *O Estado de S. Paulo*, São Paulo, 13 out. 2015. Disponível em: <politica.estadao.com.br/noticias/geral,se--eu-derrubo-dilma-agora--no-dia-seguinte--voces-me-derrubam--diz--cunha-a-oposicao,1779080>. Acesso em: 14 fev. 2023.

118. Pedro Venceslau, "Henrique Alves diz que não há maioria no PMDB por impeachment". *O Estado de S. Paulo*, São Paulo, 26 out. 2015. Disponível em: <politica.estadao.com.br/noticias/geral,henrique-alves-diz-que--nao-ha-maioria-no-pmdb-por-impeachment,10000000689>. Acesso em: 14 fev. 2023.

119. Adriano Ceolin, "Cunha e governo tentam esticar crise até o próximo ano". *O Estado de S. Paulo*, São Paulo, 1 nov. 2015. Disponível em: <politica.estadao.com.br/noticias/geral,cunha-e-governo-tentam-esticar--crise-ate-o-proximo-ano,1789337>. Acesso em: 14 fev. 2023.

120. Daniel de Carvalho, "A aliados, Cunha afirma que impeachment ficará para 2016". *O Estado de S. Paulo*, São Paulo, 18 nov. 2015. Disponível em: <politica.estadao.com.br/noticias/geral,a-aliados--cunha-afirma-que-impeachment-ficara-para-2016,10000002352>. Acesso em: 14 fev. 2023.

121. José Roberto de Toledo, "Brazilian standoff". *O Estado de S. Paulo*, São Paulo, 22 out. 2015. Disponível em: <politica.estadao.com.br/noticias/geral,brazilian-standoff,10000000517>. Acesso em: 14 fev. 2023.

122. Ricardo Brandt, Mateus Coutinho e Fausto Macedo, "Justiça mantém Fernando Baiano preso por tempo indeterminado". *O Estado de S. Paulo*, São Paulo, 21 nov. 2014. Disponível em: <politica.estadao.com.br/blogs/fausto-macedo/justica-mantem-fernando-baiano-preso/>. Acesso em: 14 fev. 2023. A manchete tem um complemento essencial que não consta do link: "por tempo indeterminado".

123. E isso significa que seus primeiros contatos pela empresa haviam se dado pelas mãos da dupla Delcídio do Amaral-Nestor Cerveró. Delcídio, posteriormente, se afastou da empresa e entrou para o PT, partido pelo qual se elegeu senador pelo Mato Grosso do Sul. Ver Fausto Macedo, Ricardo Brandt e Mateus Coutinho, "Negócios começaram no governo FHC, afirma Baiano". *Exame*, São Paulo, 22 nov. 2014. Disponível em: <exame.com/brasil/negocios-comecaram-no-governo-fhc-afirma-baiano/>. Acesso em: 14 fev. 2023.

124. "Fernando Baiano, lobista do PMDB, assina acordo de delação na Lava Jato". *Época*, São Paulo, 10 set. 2015. Disponível em: <epoca.oglobo.globo.com/tempo/filtro/noticia/2015/09/fernando-baiano-assina-acordo-de-delacao-premiada-na-lava-jato.html>. Acesso em: 14 fev. 2023.

125. Lauro Jardim, "Fernando Baiano sai da prisão. E vai para um apartamento de R$ 12 milhões". *O Globo*, Rio de Janeiro, 16 nov. 2015. Disponível em: <blogs.oglobo.globo.com/lauro-jardim/post/fernando-baiano-sai-da-prisao-e-vai-para-um-apartamento-de-r-12-milhoes.html>. Acesso em: 14 fev. 2023.

126. "Teori 'fatia' delação de Baiano e Moro investigará citados sem foro". *Folha de S.Paulo*, São Paulo, 20 out. 2015. Disponível em: <www1.folha.uol.com.br/poder/2015/10/1696389-teori-fatia-delacao-de-baiano-e-moro-investigara-citados-sem-foro.shtml>. Acesso em: 14 fev. 2023. As informações devem ser lidas com cautela. Pelo que se sabe, não compete ao Judiciário comandar investigações, e sim ao Ministério Público Federal. Assim, em lugar do próprio Teori Zavascki e de Sergio Moro, o certo seria dizer Rodrigo Janot e Deltan Dallagnol.

127. O nome da operação faz referência ao crachá que daria a Bumlai acesso livre a todas as dependências do Palácio do Planalto, incluindo as restritas à Presidência da República.

128. O caso representava um verdadeiro vespeiro para o PT, pois poderia reabrir o caso do assassinato de Celso Daniel.

129. Fausto Macedo, "Veja a decisão de Moro que manda prender amigo de Lula". *O Estado de S. Paulo*, São Paulo, 24 nov. 2015. Disponível em: <politica.estadao.com.br/blogs/fausto-macedo/veja-a-decisao-de-moro--que-manda-prender-amigo-de-lula/>. Acesso em: 14 fev. 2023.

130. Fausto Macedo, "'Excepcional' não é prisão, mas sim 'deterioração da coisa pública', diz juiz da Lava Jato". *O Estado de S. Paulo*, São Paulo, 24 nov. 2015. Disponível em: <politica.estadao.com.br/blogs/fausto-macedo/excepcional-nao-e-prisao-mas-sim-deterioracao-da-coisa-publica--diz-juiz-da-lava-jato/>. Acesso em: 14 fev. 2023. No plano legal, pelo menos em seu artigo de 2004, Sergio Moro não via razões para não usar detenções provisórias ou cautelares como sucedâneo ou antecipação de uma sentença que inevitavelmente virá. Moro escreveu: "A presunção da inocência, no mais das vezes invocada como óbice a prisões pré-julgamento, não é absoluta, constituindo apenas instrumento pragmático destinado a prevenir a prisão de inocentes. Vencida a carga probatória necessária para a demonstração da culpa, aqui, sim, cabendo rigor na avaliação, não deveria existir maior óbice moral para a decretação da prisão" ("Considerações sobre a Operação Mani Pulite", op. cit., p. 61). Vale observar que o argumento, inicialmente, trata das "prisões pré-julgamento" e a frase final se refere a "decretação da prisão" sem qualificativo algum. Ou seja, Moro está defendendo que a prisão preventiva pode ser tomada como uma antecipação da sentença final quando for vencida a carga probatória. Note-se que em um quadro de "corrupção sistêmica", por definição, a fase do exame da carga probatória já está vencida.

131. Vale dizer que a ideia de corrupção sistêmica não faz o menor sentido do ponto de vista acadêmico. As tentativas de transpor preconceitos à linguagem acadêmica, recorrendo a ideias importadas da teoria dos jogos, não resiste à análise séria. Para uma crítica dos usos e abusos do uso da corrupção por acadêmicos e *policy makers*, consultar Ivan Krastev, *Shifting Obsessions: Three Essays on the Politics of Anticorruption* (Viena: Central European University Press, 2004).

132. Para uma análise sistemática das prisões preventivas decretadas por Sergio Moro, consultar Chaves (Dissertação de Mestrado, UnB, 2021) e Fabiana Alves Rodrigues, *Operação Lava Jato: Aprendizado institucional e ação estratégica na Justiça* (São Paulo: WMF Martins Fontes, 2020), p. 161. A cada despacho, Moro adiciona frases e remonta o texto. Com o tempo, a justificativa vai se consolidando e, significativamente, ganha corpo quase idêntico à decisão reproduzida na decretação da prisão preventiva de José Dirceu assinada em 27 de julho de 2015. Para a decisão, ver

"Pedido de busca e apreensão criminal nº 5031859-24.2015.4.047000/PR". Justiça Federal, Seção Judiciária do Paraná, 13ª Vara Federal de Curitiba, 27 jul. 2015. Disponível em: <politica.estadao.com.br/blogs/fausto-macedo/wp-content/uploads/sites/41/2015/08/Evento-10-DESPADEC1. pdf>. Acesso em: 14 fev. 2023.

133. Andreza Matais, "PF põe 18 vezes nome de Lula em interrogatório de Bumlai". *Exame*, São Paulo, 24 dez. 2015. Disponível em: <exame.com/brasil/pf-poe-18-vezes-nome-de-lula-em-interrogatorio-de-bumlai/>. Acesso em: 14 fev. 2023.

134. Dilma, que havia se reaproximado de Lula, não gostou do rumo que as coisas estavam tomando. "Prisão de Bumlai leva preocupação ao Planalto". *O Estado de S. Paulo*, São Paulo, 24 nov. 2015. Disponível em: <politica.estadao.com.br/noticias/geral,prisao-de-bumlai-leva-preocupacao-ao-planalto,10000002820>. Acesso em: 14 fev. 2023. Do texto da notícia: "Nos diversos e frequentes encontros de Dilma e Lula, o ex-presidente sempre reclama da perseguição que está sofrendo e se queixa do que classifica como falta de controle do ministro da Justiça, José Eduardo Cardozo, sobre a Polícia Federal".

135. Do texto da notícia citada na nota anterior: "No entanto, Cunha, que havia refluído um pouco nas ameaças de colocar o processo de impeachment da presidente em pauta, uma vez acuado, voltou a dar sinais de que poderá levar adiante as ameaças contra o governo Dilma — justamente no momento em que o Planalto luta para aprovar as últimas medidas do ajuste para tentar amenizar o resultado das contas públicas em 2016".

136. "Oposição se une contra Cunha e busca procurador". *O Estado de S. Paulo*, São Paulo, 25 nov. 2015. Disponível em: <politica.estadao.com.br/noticias/geral,oposicao-se-une-contra-cunha-e-busca-procurador,10000002899>. Acesso em: 14 fev. 2023.

137. Ibid.

138. "Uma gravação com 1 hora e 35 minutos revela como o líder do governo no Senado, Delcídio do Amaral (PT-MS), ofereceu ajuda financeira à família do ex-diretor da área internacional da Petrobras Nestor Cerveró para que ele não fechasse acordo de delação premiada com o Ministério Público Federal. [...] No diálogo ocorrido no dia 4 de novembro em um quarto do hotel Royal Tulip, em Brasília, o petista também propôs ao filho de Cerveró, Bernardo Cerveró, que, se o ex-diretor realmente optasse por um acordo com os procuradores da República, ele não o citasse. [...] O parlamentar petista é acusado pela Procuradoria-Geral da República de estar atrapalhando as investigações." Ver Matheus Leitão, "ÁUDIO: Ouça a gravação que embasou a prisão do senador Delcídio do Amaral". G1, 25 nov. 2015. Disponível em: <g1.

globo.com/politica/blog/matheus-leitao/post/audio-ouca-gravacao-
-que-embasou-prisao-do-senador-delcidio-do-amaral.html>. Acesso
em: 14 mar. 2023.

139. Segundo seu relato, pela manhã, ao lhe entregar as fitas, o subordinado
teria lhe dito: "Chefe, acho que vamos ter que prender um senador!".
Ver Rodrigo Janot (com Jaílton de Carvalho e Guilherme Evelin), *Nada
menos que tudo: Bastidores da operação que colocou o sistema político em xeque*, op. cit., p. 103.

140. A reconstituição da peregrinação da fita se baseia em Felipe Recondo e
Luiz Weber, *Os onze: O STF, seus bastidores e suas crises* (São Paulo: Companhia das Letras, 2019), p. 53 e Rodrigo Janot (com Jaílton de Carvalho
e Guilherme Evelin), *Nada menos que tudo: Bastidores da operação que colocou o sistema político em xeque*, op. cit., p. 103.

141. Paula Reverbel, "Por prisão de Delcídio, Janot pediu nova interpretação
da Constituição". *Folha de S.Paulo*, São Paulo, 25 nov. 2015. Disponível
em: <www1.folha.uol.com.br/poder/2015/11/1711071-por-prisao-de-del-
cidio-janot-pediu-nova-interpretacao-da-constituicao.shtml>. Acesso
em: 14 fev. 2023.

142. Pedro Canário e Marcelo Galli, "Em depoimento, Cerveró diz que gravação de Delcídio foi 'sugestão do procurador'". *Consultor Jurídico*, São
Paulo, 9 jun. 2016. Disponível em: <conjur.com.br/2016-jun-09/depoi-
mento-cervero-gravar-delcidio-foi-ideia-mp>. Acesso em: 14 fev. 2023.

143. A ministra Cármen Lúcia se lembrou do Mensalão antes de recorrer ao
chavão: "Criminosos não passarão sobre juízes e sobre as novas esperanças do povo brasileiro. Não passarão sobre o Supremo, não passarão
sobre a Constituição do Brasil". O decano da Corte, ministro Celso de
Mello, mostrou que não economizaria grifos em suas frases de efeito:
"É preciso esmagar, é preciso destruir com todo o peso da lei, respei-
tada a devida ordem constitucional, esses agentes criminosos". Os criminosos a serem esmagados, vale frisar, tinham acesso livre a ministros do Supremo, com quem discutiam seus planos. Ver Márcio Falcão
e Aguirre Talento, "Ministros do STF mantêm prisão de senador petista
por unanimidade". *Folha de S.Paulo*, São Paulo, 25 nov. 2015. Disponível em: <www1.folha.uol.com.br/poder/2015/11/1710787-ministros-do-
-stf-mantem-prisao-de-senador-por-unanimidade.shtml>. Acesso em:
14 fev. 2023.

144. Eis a transcrição da parte relevante: "Delcídio: Agora, Edson e Bernardo,
é, eu acho que nós temos que centrar fogo no STF agora, eu conversei
com o Teori, conversei com o Toffoli, pedi pro Toffoli conversar com o
Gilmar, o Michel conversou com o Gilmar também, porque o Michel
está muito preocupado com o Zelada, e eu vou conversar com o Gilmar

também". O ministro Gilmar Mendes não negou que os referidos contatos tenham ocorrido. Tampouco foi taxativo quanto ao teor das conversas: "Não, nada disso, até já esclareci, não houve nenhum... Sempre tem esse tipo de conversa, as pessoas ficam fazendo alusões ou promessas. Nós em Brasília conversamos com todas as pessoas. Mas as pessoas sabem os limites dos assuntos que eles podem tratar". Ver: Paula Reverbel, "Citado por senador preso, ministro do STF diz que conversa com todos". *Folha de S.Paulo*, São Paulo, 27 nov. 2015. Disponível em: <www1.folha.uol.com.br/poder/2015/11/1711856-citado-por-senador-preso-ministro-do-stf-diz-que-conversa-com-todos.shtml>. Acesso em: 14 fev. 2023. O ministro Dias Toffoli também reconheceu ter conversado com Delcídio, mas não sobre habeas corpus para Cerveró. Ver Flávio Ferreira, "Toffoli admite conversas com Delcídio, mas apenas sobre reforma política". *Folha de S.Paulo*, São Paulo, 27 nov. 2015. Disponível em: <www1.folha.uol.com.br/poder/2015/11/1712216-toffoli-admite-conversas-com-delcidio-mas-apenas-sobre-reforma-politica.shtml>. Acesso em: 14 fev. 2023.

145. Lia-se no bilhete: "Em troca de uma emenda à medida provisória nº 608, o BTG Pactual, proprietário da massa falida do banco Bamerindus, o qual estava interessado em utilizar os créditos fiscais de tal massa, pagou ao deputado federal Eduardo Cunha a quantia de 45 milhões de reais". Ver Aguirre Talento e Eduardo Cucolo, "Anotação diz que BTG pagou R$ 45 milhões a Cunha para mudar MP". *Folha de S.Paulo*, São Paulo, 29 nov. 2015. Disponível em: <www1.folha.uol.com.br/poder/2015/11/1712703-papel-diz-que-btg-pagou-r-45-mi-a-cunha-para-mudar-mp.shtml>. Acesso em: 14 fev. 2023.

146. O deputado enxertou emendas em pelo menos nove MPs, a maior parte delas vetada pela presidente Dilma. Ver Alex Ribeiro, Juliano Basile e Eduardo Campos, "Cunha articulou benefícios para bancos liquidados". *Valor Econômico*, São Paulo, 1 dez. 2015. Disponível em: <valor.globo.com/politica/noticia/2015/12/01/cunha-articulou-beneficios-para-bancos-liquidados.ghtml>. Acesso em: 14 fev. 2023. Maiá Menezes, "BTG orientou Cunha a alterar MP que trata de tributação no exterior". *O Globo*, Rio de Janeiro, 2 dez. 2015. Disponível em: <oglobo.globo.com/brasil/btg-orientou-cunha-alterar-mp-que-trata-de-tributacao-no-exterior-18196303>. Acesso em: 14 fev. 2023.

147. Mateus Coutinho, "Janot é incluído em lista de 'cem pensadores globais' da revista *Foreign Policy*". *O Estado de S. Paulo*, São Paulo, 1 dez. 2015. Disponível em: <politica.estadao.com.br/blogs/fausto-macedo/janot-e-incluido-em-lista-de-cem-pensadores-globais-da-revista-foreign-policy/>. Acesso em: 14 fev. 2023.

148. Várias cópias das delações de Cerveró chegaram aos jornais. Ver Andreza Matais, Julia Affonso e Fernanda Yoneya, "Cerveró diz que pagou US$ 6

milhões em propinas para Renan e Jader". *O Estado de S. Paulo*, São Paulo, 16 dez. 2015. Disponível em: <politica.estadao.com.br/blogs/fausto-macedo/cervero-diz-que-pagou-us-6-milhoes-em-propinas-para-renan-e-jader/>. Acesso em: 14 fev. 2023; Julia Affonso, Fausto Macedo e Mateus Coutinho, "Delcídio recebeu propina sobre contrato de US$ 500 milhões no governo FHC, diz Cerveró". *O Estado de S. Paulo*, São Paulo, 17 dez. 2015. Disponível em: <politica.estadao.com.br/blogs/fausto-macedo/delcidio-recebeu-propina-em-2001-diz-cervero/>. Acesso em: 14 fev. 2023; André Guilherme Vieira e Letícia Casado, "Cerveró muda versão de propina à campanha de Lula". *Valor Econômico*, São Paulo, 14 jan. 2016. Disponível em: <valor.globo.com/politica/noticia/2016/01/14/cervero-muda-versao-de-propina-a-campanha-de-lula.ghtml>. Acesso em: 14 fev. 2023. O acordo final contém termos de colaboração assinados após a publicação das notícias.

149. "Presidente do PT recomenda que petistas votem contra Cunha". *Folha de S.Paulo*, São Paulo, 1 dez. 2015. Disponível em: <www1.folha.uol.com.br/poder/2015/12/1713509-presidente-do-pt-recomenda-que-petistas-votem-contra-cunha.shtml>. Acesso em: 14 fev. 2023.

150. Rodolfo Borges, "Acuado, Cunha acolhe pedido de impeachment contra Dilma Rousseff". *El País Brasil*, São Paulo, 2 dez. 2015. Disponível em: <brasil.elpais.com/brasil/2015/12/02/politica/1449089233_244586.html>. Acesso em: 14 fev. 2023.

151. Valdo Cruz, Daniela Lima e Marina Dias, "Em carta, Temer acusa Dilma de mentir e sabotar o PMDB". *Folha de S.Paulo*, São Paulo, 7 dez. 2015. Disponível em: <www1.folha.uol.com.br/poder/2015/12/1716221-temer-escreve-carta-em-tom-de-desabafo-a-dilma.shtml>. Acesso em: 14 fev. 2023. A epígrafe em latim e as mesóclises fizeram com que a atenção se desviasse do essencial: "De qualquer forma, sou presidente do PMDB e a senhora resolveu ignorar-me chamando o líder Picciani e seu pai para fazer um acordo sem nenhuma comunicação ao seu vice e presidente do partido. Os dois ministros [Marcelo Castro e Celso Pansera], sabe a senhora, foram nomeados por ele".

152. Cristiane Agostine, "Aécio defende impeachment de Dilma e diz que não é golpe". *Valor Econômico*, São Paulo, 2 dez. 2015. Disponível em: <valor.globo.com/politica/noticia/2015/12/02/aecio-defende-impeachment-de-dilma-e-diz-que-nao-e-golpe.ghtml>. Acesso em: 14 fev. 2023.

153. "Após acolhimento de pedido de impeachment, movimentos anunciam novos atos". *O Estado de S. Paulo*, São Paulo, 2 dez. 2015. Disponível em: <politica.estadao.com.br/noticias/geral,apos-acolhimento-de-pedido-de-impeachment--movimentos-anunciam-novos-atos,10000003676>. Acesso em: 14 fev. 2023.

154. Gustavo Uribe e Ranier Bragon, "'Não farei comentários', diz Cunha sobre temor de ser preso na Lava Jato". *Folha de S.Paulo*, São Paulo, 25 nov. 2015. Disponível em: <www1.folha.uol.com.br/poder/2015/11/1711061--nao-farei-comentarios-diz-cunha-sobre-temor-de-ser-preso-na-lava--jato.shtml>. Acesso em: 14 fev. 2023. "Nas conversas de quarta-feira (25), aliados e correligionários de Cunha tentaram acalmá-lo com a avaliação de que são 'completamente diferentes' a situação dele em relação à do petista preso." Ver Gustavo Uribe, Ranier Bragon e Márcio Falcão, "Cunha avalia como 'frágil' peça de PGR que pediu prisão de Delcídio". *Folha de S.Paulo*, São Paulo, 26 nov. 2015. Disponível em: <www1.folha.uol.com.br/poder/2015/11/1711587-cunha-avalia-como-fragil-peca--da-pgr-que-pediu-prisao-de-delcidio.shtml>. Acesso em: 14 fev. 2023.

155. Marina Dias e Catia Seabra, "'Perplexo', Rui Falcão diz que PT não é obrigado a ser solidário com Delcídio". *Folha de S.Paulo*, São Paulo, 25 nov. 2015. Disponível em: <www1.folha.uol.com.br/poder/2015/11/1711078--perplexo-rui-falcao-diz-que-pt-nao-e-obrigado-a-ser-solidario-com--delcidio.shtml>. Acesso em: 14 fev. 2023. "Questionado por que não manifestou ao senador, preso nesta quarta (25) acusado de atrapalhar as investigações do esquema de corrupção na Petrobras, a mesma solidariedade dedicada a Vaccari, Rui afirmou: 'Existe uma diferença clara entre atividade partidária e não partidária'." Ver Catia Seabra, "'Coisa de imbecil' e 'que idiota', diz Lula sobre Delcídio, preso na Lava Jato". *Folha de S.Paulo*, São Paulo, 26 nov. 2015. Disponível em: <m.folha.uol.com.br/poder/2015/11/1711347-tratativas-de-delcidio-nao-tem-relacao-com-o-pt-diz-presidente-do-partido.shtm>. Acesso em: 14 fev. 2023.

156. Ver Daniela Lima, "Após prisão de senador, Congresso foi tomado por perplexidade e cálculos". *Folha de S.Paulo*, São Paulo, 25 nov. 2015. Disponível em: <www1.folha.uol.com.br/poder/2015/11/1711221-apos-prisao-de-senador-congresso-foi-tomado-por-perplexidade-e-calculos.shtml>. Acesso em: 14 fev. 2023.

157. Vale lembrar que Cunha tateou o terreno depois da prisão de Bumlai.

158. Mariana Haubert e Gustavo Uribe, "Oposição defende ação contra Dilma; governistas chamam de chantagem". *Folha de S.Paulo*, São Paulo, 2 dez. 2015. Disponível em: <www1.folha.uol.com.br/poder/2015/12/1714207--oposicao-defende-acao-contra-dilma-governistas-chamam-de-chantagem.shtml>. Acesso em: 14 fev. 2023. O ex-presidente Fernando Henrique Cardoso também externou seu apoio à abertura do processo de impeachment. Ver Mamede Filho, "Impeachment pode fazer Brasil caminhar novamente, diz FHC". UOL, 4 dez. 2015. Disponível em: <noticias.uol.com.br/ultimas-noticias/bbc/2015/12/04/impeachment-pode-fazer-brasil-caminhar-novamente-diz-fhc.htm>. Acesso em: 14 fev. 2023.

159. Fernanda Mena, Gustavo Uribe, Marina Dias e Ranier Bragon, "Pegos de surpresa, grupos anti-Dilma voltam às ruas". *Folha de S.Paulo*, São Paulo, 12 dez. 2015. Disponível em: <www1.folha.uol.com.br/poder/2015/12/1718264-pegos-de-surpresa-grupos-anti-dilma-voltam-as-ruas.shtml>. Acesso em: 14 fev. 2023.

160. Ao mesmo tempo, Cunha tomava todas as medidas possíveis para fazer com que o processo no Conselho de Ética andasse a passo de tartaruga. Ver Aguirre Talento, Ranier Bragon, Daniela Lima e Gustavo Uribe, "Cunha manobra e destitui relator de sua cassação no Conselho de Ética". *Folha de S.Paulo*, São Paulo, 9 dez. 2015. Disponível em: <www1.folha.uol.com.br/poder/2015/12/1716859-cunha-manobra-e-destitui-relator-de-sua-cassacao-no-conselho-de-etica.shtml>. Acesso em: 14 fev. 2023.

161. Para uma análise detalhada do Rito Cunha e as controvérsias geradas, consultar Rafael Mafei, *Como remover um presidente: Teoria, história e prática do impeachment no Brasil* (São Paulo: Companhia das Letras, 2021), p. 207.

162. Paulo Gama, Gustavo Uribe e Ranier Bragon, "Oposição e PMDB articulam chapa avulsa para comissão do impeachment". *Folha de S.Paulo*, São Paulo, 7 dez. 2015. Disponível em: <www1.folha.uol.com.br/poder/2015/12/1715966-oposicao-e-pmdb-articulam-chapa-avulsa-para-comissao-do-impeachment.shtml>. Acesso em: 14 fev. 2023.

163. Gustavo Uribe e Ranier Bragon "Cunha se equivocou ao aceitar pedido de impeachment, diz líder do PMDB". *Folha de S.Paulo*, São Paulo, 2 dez. 2015. Disponível em: <www1.folha.uol.com.br/poder/2015/12/1714252-cunha-se-equivocou-ao-aceitar-pedido-de-impeachment-diz-lider-do-pmdb.shtml>. Acesso em: 14 fev. 2023. Atordoado, o governo hesitou, sem ter certeza sobre qual estratégia adotar. Inicialmente, acreditou que a pressa de Cunha lhe seria favorável. Ver Ranier Bragon e Gustavo Uribe, "Governo orienta base de apoio a tentar desfecho rápido para impeachment". *Folha de S.Paulo*, São Paulo, 3 dez. 2015. Disponível em: <www1.folha.uol.com.br/poder/2015/12/1714523-governo-orienta-base-de-apoio-a-tentar-desfecho-rapido-para-impeachment.shtml>. Acesso em: 14 fev. 2023; Marina Dias, "Dilma tem 'pressa' para votar impeachment, diz Jaques Wagner". *Folha de S.Paulo*, São Paulo, 3 dez. 2015. Disponível em: <www1.folha.uol.com.br/poder/2015/12/1714740-dilma-tem-pressa-para-votar-impeachment-diz-jaques-wagner.shtml>. Acesso em: 14 fev. 2023.

164. Nathalia Passarinho e Fernanda Calgaro, "Chapa alternativa da oposição é eleita para comissão do impeachment". G1, 8 dez. 2015. Disponível em: <g1.globo.com/politica/processo-de-impeachment-de-dilma/noticia/2015/12/chapa-alternativa-da-oposicao-e-eleita-para-comissao-do-impeachment.html>. Acesso em: 14 fev. 2023.

165. Mariana Oliveira e Renan Ramalho, "Ministro do STF suspende instalação da comissão do impeachment". G1, 8 dez. 2015. Disponível em: <g1.globo.com/politica/processo-de-impeachment-de-dilma/noticia/2015/12/ministro-do-stf-suspende-instalacao-da-comissao-especial-do-impeachment.html>. Acesso em: 14 fev. 2023.

166. O editorial da *Folha de S.Paulo* sumariza a avaliação dos movimentos de protestos: "Todos foram pegos de surpresa quando o presidente da Câmara dos Deputados, Eduardo Cunha (PMDB-RJ), decidiu deflagrar o processo de impeachment de Dilma. Passaram-se menos de duas semanas desde então, e pode-se argumentar que, mesmo com as redes sociais, não se mobilizam grandes multidões em prazo tão exíguo. Não se descarta, naturalmente, que o protagonismo de Cunha nesse episódio tenha afastado muitos que, de outro modo, se disporiam a protestar contra o governo da petista. O peemedebista, como se sabe, manobra para não ser julgado pelo Conselho de Ética da Câmara, e a maioria inconteste da sociedade defende sua cassação. Seja por que motivo for, o fato é que as manifestações tiveram desta vez uma adesão bem aquém da registrada em eventos anteriores. De acordo com medição do instituto Datafolha, 40,3 mil pessoas compareceram à avenida Paulista no último domingo. No maior protesto contra Dilma Rousseff, no dia 15 de março, 210 mil manifestantes tomaram o local. No dia 12 de abril, foram 100 mil; em 16 de agosto, 135 mil. A diferença se reproduziu Brasil afora. Segundo a Polícia Militar, os atos de março reuniram cerca de 1,7 milhão de pessoas nas capitais; agora, foram aproximadamente 75 mil (incluindo São Paulo). Grupos como Movimento Brasil Livre e Vem Pra Rua classificaram os protestos como mero aquecimento para os atos do ano que vem. A próxima manifestação já está programada para 13 de março". Ver "Sem empolgação". *Folha de S.Paulo*, São Paulo, 15 dez. 2015. Disponível em: <www1.folha.uol.com.br/opiniao/2015/12/1719099-sem-empolgacao.shtml?origin=folha>. Acesso em: 14 fev. 2023.

167. A confirmação de que o pedido havia sido de fato protocolado só veio em janeiro. Ver "Teori não viu fatos para buscas contra Renan". *O Estado de S. Paulo*, São Paulo, 27 jan. 2016. Disponível em: <politica.estadao.com.br/noticias/geral,teori-nao-viu-fatos-para-buscas-contra-renan,10000013570>. Acesso em: 14 fev. 2023.

168. Ver "Polícia Federal faz buscas em casas de Eduardo Cunha no DF e no RJ". G1, 15 dez. 2015. Disponível em: <g1.globo.com/bom-dia-brasil/noticia/2015/12/pf-cumpre-mandados-na-residencia-oficial-de-eduardo--cunha-em-brasilia.html>. Acesso em 3 mar. 2023.

169. Beatriz Bulla e Adriano Ceolin, "Janot pede afastamento de Eduardo Cunha". *O Estado de S. Paulo*, São Paulo, 16 dez. 2015. Disponível em:

<politica.estadao.com.br/noticias/geral,janot-pede-afastamento-de-eduardo-cunha,10000005032>. Acesso em: 14 fev. 2023. Segundo foi noticiado, Janot teria considerado pedir a prisão do parlamentar, mas baixara suas pretensões, contentando-se com o pedido de afastamento.

170. Julia Affonso e Fausto Macedo, "Janot chama Eduardo Cunha de 'delinquente'". *O Estado de S. Paulo*, São Paulo, 19 dez. 2015. Disponível em: <politica.estadao.com.br/blogs/fausto-macedo/janot-chama-eduardo-cunha-de-delinquente/>. Acesso em: 14 fev. 2023.

171. Márcio Falcão, "Decisão sobre afastamento de Cunha será a 'mais justa possível', diz Teori". *Folha de S.Paulo*, São Paulo, 18 dez. 2015. Disponível em: <www1.folha.uol.com.br/poder/2015/12/1720640-decisao-sobre-afastamento-de-cunha-a-mais-justa-possivel-diz-teori.shtml>. Acesso em: 14 fev. 2023.

172. Cunha diria que não era coisa para pusilânimes.

173. "Supremo derruba comissão pró-impeachment na Câmara". *Folha de S.Paulo*, São Paulo, 18 dez. 2015. Disponível em: <agora.folha.uol.com.br/brasil/2015/12/1720572-supremo-derruba-comissao-pro-impeachment-na-camara.shtml>. Acesso em: 14 fev. 2023.

174. Em seu voto, Gilmar Mendes comentou: "Estamos de ladeira abaixo, sem governo, sem condições de governar". Ver Beatriz Bulla e Gustavo Aguiar, "Dilma vence no STF e Senado terá palavra final sobre impeachment". *O Estado de S. Paulo*, São Paulo, 17 dez. 2015. Disponível em: <politica.estadao.com.br/noticias/geral,dilma-vence-no-stf-e-senado-tera-palavra-final-sobre-impeachment,10000005174>. Acesso em: 14 fev. 2023.

175. O presidente da Câmara questionou: "Eleição pressupõe que tem aprovação. A pergunta que fica no ar é a seguinte, se o plenário rejeitar a chapa única como é que vai ficar? Vai ter comissão? Esse é um ponto que vamos precisar esclarecer. O plenário pode não aceitar a chapa indicada pelos líderes". Ver Daiene Cardoso e Igor Gadelha, "Cunha cobra mais clareza do STF após decisão sobre rito do impeachment". *O Estado de S. Paulo*, São Paulo, 17 dez. 2015. Disponível em: <politica.estadao.com.br/noticias/geral,cunha-cobra-mais-clareza-do-stf-apos-decisao-sobre-rito-do-impeachment,10000005183>. Acesso em: 14 fev. 2023.

176. "Há um consenso nacional de que é indispensável pacificar urgentemente o campo político e que duas questões vitais precisam ser resolvidas: o impeachment de Dilma e a controvérsia criada na Câmara pela delicada situação de seu presidente, deputado Eduardo Cunha (PMDB-RJ). Diante disso, torna-se inevitável indagar a razão pela qual, diante de uma preciosa oportunidade de avançar significativamente na questão, o ministro Teori Zavascki, relator da Lava Jato, adiou para depois do recesso do Judiciário a apreciação do pedido de suspensão do mandato de Eduardo Cunha feito

pela Procuradoria-Geral da República. É inegável que o tempo antes do início do recesso era curto, mas a enorme relevância do assunto exigia um tour de force do STF ou, no mínimo, uma decisão liminar monocrática. O resultado prático da decisão protelatória do ministro Teori Zavascki foi que Eduardo Cunha garantiu mais dois meses de mandato e Dilma, o mesmo tempo para continuar se escondendo atrás dele, que é provavelmente seu maior inimigo político, mas também — pelas artes da política — seu melhor trunfo para escapar do impeachment. Dois meses podem ser tempo demais para instituições que esgotam rapidamente as suas reservas de decência." Ver "Sob o império da lei." *O Estado de S. Paulo*, São Paulo, 22 dez. 2015. Disponível em: <opiniao.estadao.com.br/noticias/geral,sob--o-imperio-da-lei,10000005486>. Acesso em: 14 fev. 2023.

177. Thais Arbex e Bela Megale, "Delator Julio Camargo casará filha com festa de 600 pessoas no Jockey Club". *Folha de S.Paulo*, São Paulo, 28 dez. 2015. Disponível em: <www1.folha.uol.com.br/poder/2015/12/1723441-delator-julio-camargo-casara-filha-com-festa-para-600-pessoas-no-jockey--club.shtml>. Acesso em: 14 fev. 2023.

4. Cognição sumária [pp. 127-57]

1. "'Aécio é o cara mais vulnerável do mundo', afirma Machado em conversa com Renan". *O Estado de S. Paulo*, São Paulo, 26 maio 2016. Disponível em: <estadao.com.br/politica/blog-do-fausto-macedo/aecio-e-o-cara--mais-vulneravel-do-mundo-afirma-machado-em-conversa-com-re-nan/>. Acesso em: 14 fev. 2023.

2. Andreza Matais, Ricardo Brandt e Julia Affonso, "No grampo, Lula fala de imperador louco de Roma: 'Eu poderia incendiar o país'". *O Estado de S. Paulo*, São Paulo, 17 mar. 2016. Disponível em: <politica.estadao.com.br/blogs/fausto-macedo/no-grampo-lula-fala-de-imperador-louco-de--roma-eu-poderia-incendiar-o-pais/>. Acesso em: 14 fev. 2023.

3. Beatriz Bulla, Isadora Peron e Gustavo Aguiar, "Ministro do STF diz que Dilma colocou 'tutor' na Presidência". *O Estado de S. Paulo*, São Paulo, 16 mar. 2016. Disponível em: <politica.estadao.com.br/noticias/geral,ministro--do-stf-diz-que-dilma-colocou-tutor-na-presidencia,10000021604>. Acesso em: 14 fev. 2023.

4. Cunha não economizou críticas ao STF: "Nunca na história do Supremo Tribunal Federal se decidiu por uma intervenção tão profunda no funcionamento interno da Câmara dos Deputados, restringindo, inclusive, o direito dos parlamentares". Ver Beatriz Bulla, "Cunha protocola recurso contra decisão do STF sobre rito do impeachment". *O Estado de S. Paulo*, São Paulo, 1 fev. 2016. Disponível em: <politica.estadao.com.br/noticias/

geral,cunha-protocola-recurso-contra-decisao-do-stf-sobre-rito-do-impeachment,10000014470>. Acesso em: 14 fev. 2023.

5. "Temer diz que pretende manter 'relação harmoniosa' com Dilma em 2016". *O Estado de S. Paulo*, São Paulo, 5 jan. 2016. Disponível em: <politica.estadao.com.br/noticias/geral,temer-diz-que-pretende-manter-relacao-harmoniosa-com-dilma-em-2016,10000006249>. Acesso em: 14 fev. 2023. Igor Gadelha, "Aliados dizem que Temer se arrependeu de carta enviada a Dilma". *O Estado de S. Paulo*, São Paulo, 12 jan. 2016. Disponível em: <politica.estadao.com.br/noticias/geral,aliados-dizem-que-temer-se--arrependeu-de-carta-enviada-a-dilma,10000006>. Acesso em: 14 fev. 2023.

6. Erich Decat e Daniel de Carvalho, "Temer age para não perder comando do PMDB". *O Estado de S. Paulo*, São Paulo, 6 jan. 2016. Disponível em: <politica.estadao.com.br/noticias/geral,temer-age-para-nao-perder-comando-do-pmdb,10000006277>. Acesso em: 14 fev. 2023.

7. "[O impeachment] perdeu força e agora somos parceiros e queremos a pacificação do País. Isso, no entanto, não impede o partido de ter uma candidatura própria. Nós não podemos ser apenas um partido que acusa ou vai em busca de cargos. Nós queremos comandar o país a partir de 2018 para implantarmos um programa." Ver "Temer avalia que impeachment 'perdeu força'". *Veja*, São Paulo, 29 jan. 2015. Disponível em: <veja.abril.com.br/politica/temer-avalia-que-impeachment-perdeu-forca/>. Acesso em: 14 fev. 2023. A colunista Dora Kramer sintetizou de forma clara a arapuca em que o vice-presidente se metera: "Contrariando o habitual, no entanto, desta vez a versão oficial está em consonância com a realidade. Por um motivo simples, objetivo e que, para ele, se impõe como prioridade: a permanência na presidência do PMDB, que ocupa desde 2001. Nesses quinze anos, nunca foi tão importante para Michel Temer assegurar a manutenção no comando do partido. No momento ele está menos preocupado com o mandato da presidente da República e muito mais mobilizado para salvar o próprio mandato à frente do PMDB. Se ocupando a presidência Temer já não tem controle total sobre os pemedebistas, fora do cargo aí mesmo é que seria uma figura decorativa. Um vice-presidente pela metade, desprovido de serventia política". Ver Dora Kramer, "Salve-se se puder". *O Estado de S. Paulo*, São Paulo, 13 jan. 2016. Disponível em: <estadao.com.br/politica/dora-kramer/salve--se-se-puder/>. Acesso em: 14 fev. 2023.

8. Ricardo Brito e Adriana Fernandes, "Oposição, na ofensiva política e na defensiva econômica". *O Estado de S. Paulo*, São Paulo, 15 fev. 2016. Disponível em: <economia.estadao.com.br/blogs/lupa/oposicao-na--ofensiva-politica-e-na-defensiva-economica/>. Acesso em: 14 fev. 2023. "A oposição no Congresso tem se dividido em duas frentes de atuação.

A parcela da Câmara continua interessada em desgastar a presidente Dilma Rousseff para retirá-la do posto. [...] Por sua vez, a do Senado, formada em parte por empresários e políticos que almejam voos eleitorais maiores futuramente, percebeu que dificilmente a saída da petista ocorrerá e, desde o segundo semestre do ano passado, tem atuado na construção de ações para superar a crise." Ver Dora Kramer, "Salve-se se puder" , op. cit.

9. "Levantamentos qualitativos internos identificaram Aécio como um senador que não propunha saídas para superar a crise. As sondagens também mostraram uma corrosão na imagem do PSDB pelo apoio às pautas-bomba. Uma delas foi o aval maciço da legenda à tentativa de derrubar, em setembro, o fator previdenciário, regra de aposentadoria instituída no governo Fernando Henrique, em 1999, para diminuir o déficit da Previdência Social." Ver "Aécio muda estratégia de atuação política em relação ao governo". *O Estado de S. Paulo*, São Paulo, 16 fev. 2016. Disponível em: <politica.estadao.com.br/noticias/geral,aecio-muda-estrategia-de-atuacao-politica-em-relacao-ao-governo,10000016546>. Acesso em: 14 fev. 2023.

10. Ricardo Brito e Adriana Fernandes, "Oposição, na ofensiva política e na defensiva econômica", op. cit.

11. Erich Decat, "Crise econômica e CPIs dão fôlego à oposição para além do impeachment". *O Estado de S. Paulo*, São Paulo, 24 jan. 2016. Disponível em: <estadao.com.br/politica/crise-economica-e-cpis-dao-folego-a-oposicao-para-alem-do-impeachment/>. Acesso em: 14 fev. 2023.

12. E os pré-candidatos do partido começaram a medir forças. Aécio Neves, José Serra e Geraldo Alckmin apoiaram candidatos próprios nas prévias para definir o candidato do partido à prefeitura de São Paulo. Geraldo Alckmin venceu os demais por larga margem. Ver Pedro Venceslau, "Prévias encerram trégua no PSDB-SP". *O Estado de S. Paulo*, São Paulo, 28 fev. 2016. Disponível em: <estadao.com.br/politica/previas-encerram-tregua-no-psdb-sp/>. Acesso em: 14 fev. 2023; "Goldman critica apoio de Alckmin a Doria nas prévias tucanas". *O Estado de S. Paulo*, São Paulo, 28 fev. 2016. Disponível em: <estadao.com.br/politica/goldman-critica-apoio-de-alckmin-a-doria-nas-previas-tucanas/>. Acesso em: 14 fev. 2023.

13. Igor Gadelha, "Tucanos reveem tática e apoiam ajuste de Dilma". *O Estado de S. Paulo*, São Paulo, 12 fev. 2016. Disponível em: <estadao.com.br/politica/tucanos-reveem-tatica-e-apoiam-ajuste-de-dilma/>. Acesso em: 14 fev. 2023.

14. Isadora Peron, "Jaques Wagner diz que não há 'coelho na cartola' nem pacote para salvar economia". *O Estado de S. Paulo*, São Paulo, 6 jan. 2016. Disponível em: <estadao.com.br/politica/jaques-wagner-diz-que-nao-ha-coelho-na-cartola-nem-pacote-para-salvar-economia/>. Acesso em: 14 fev. 2023.

15. Edna Simão e Leandra Peres, "Governo anuncia corte no Orçamento às 14h30". *Valor Econômico*, São Paulo, 19 fev. 2016. Disponível em: <valor.globo.com/brasil/noticia/2016/02/19/governo-anuncia-corte-no-orcamento-as-14h30-1.ghtml>. Acesso em: 14 fev. 2023.

16. Eduardo Cucolo, Sofia Fernandes e Valdo Cruz, "Para conter gastos, governo pode até congelar salário mínimo". *Folha de S.Paulo*, São Paulo, 19 fev. 2016. Disponível em: <www1.folha.uol.com.br/mercado/2016/02/1741148-para-conter-gastos-governo-pode-ate-congelar-salario-minimo.shtml>. Acesso em: 14 fev. 2023.

17. Victor Martins, Lorenna Rodrigues, Rachel Gamarski e Bernardo Caram, "Barbosa propõe criar 'intervalo' para meta fiscal". *O Estado de S. Paulo*, São Paulo, 28 jan. 2016. Disponível em: <estadao.com.br/economia/barbosa-propoe-criar-intervalo-para-meta-fiscal/>. Acesso em: 14 fev. 2023.

18. Mariana Carneiro, "Analistas elogiam proposta do governo de impor limite a gastos". *Folha de S.Paulo*, São Paulo, 20 fev. 2016. Disponível em: <www1.folha.uol.com.br/mercado/2016/02/1741324-analistas-elogiam-proposta-do-governo-de-impor-limite-a-gastos.shtml>. Acesso em: 14 fev. 2023.

19. Gustavo Uribe, "Governo pretende enviar em abril ao Congresso reforma da Previdência". *Folha de S.Paulo*, São Paulo, 16 fev. 2016. Disponível em: <www1.folha.uol.com.br/mercado/2016/02/1740020-governo-pretende-enviar-em-abril-ao-congresso-reforma-da-previdencia.shtml>. Acesso em: 14 fev. 2023. Mariana Haubert e Sofia Fernandes, "Proposta do governo para reforma da Previdência vai ter 8 pontos centrais". *Folha de S.Paulo*, São Paulo, 17 fev. 2016. Disponível em: <www1.folha.uol.com.br/mercado/2016/02/1740230-proposta-do-governo-para-reforma-da-previdencia-vai-ter-8-pontos-centrais.shtml>. Acesso em: 14 fev. 2023.

20. Como notou Raymundo Costa, Lula nunca deixava de embutir restrições a Dilma em suas falas. "O ex-presidente recorreu sempre à primeira pessoa ao tratar dos erros da presidente Dilma Rousseff; e ao plural majestático para falar dos êxitos do seu governo. É um discurso que não deixa saída para a presidente — se o governo conseguir ao menos contornar a crise, será porque ela ouviu os seus conselhos e pôs em prática a sua receita de sucesso." Ver Raymundo Costa, "Ex-presidente busca distanciamento". *Valor Econômico*, São Paulo, 21 jan. 2016. Disponível em: <valor.globo.com/politica/coluna/ex-presidente-busca-distanciamento.ghtml>. Acesso em: 14 fev. 2023.

21. Em entrevista, o senador Lindbergh Farias (PT-RJ) não poupou a presidente de críticas: "Minha tese é que a pauta que a Dilma está escolhendo vai contra a gente. É um movimento, na minha avaliação, consciente por parte da presidente de se afastar das nossas políticas, dos nossos programas. [...] Ela acha que vai acalmar e pacificar o país com isso. Ela nem

vai conseguir acalmar os que estão contra ela no andar de cima e pode acabar perdendo a base dela. Vai ter um ato no dia 31 de março, contra o golpe, contra o impeachment, mas vai ser diferente, vai ter como centro pautas contra a reforma da Previdência, contra o ajuste fiscal, em defesa da Petrobras. Vai ser um ato com tom muito mais crítico a ela, dos movimentos sociais. Ela está conseguindo algo impensável, se afastar de sua base. Ela não vai amenizar o andar de cima. Esse pessoal quer tirá-la do governo. Ela está se oferecendo para esse pessoal e esquecendo sua base". Ver Luciana Nunes Leal, "'A pauta da presidente vai contra a gente'". *O Estado de S. Paulo*, São Paulo, 28 fev. 2016. Disponível em: <politica.estadao.com.br/noticias/geral,a-pauta-da-presidente-vai-con-tra-a-gente,1000001>. Acesso em: 14 fev. 2023.

22. Valdo Cruz e Marina Dias, "PT reproduziu metodologias antigas e se lambuzou, diz Jaques Wagner". *Folha de S.Paulo*, São Paulo, 3 jan. 2016. Disponível em: <folha.uol.com.br/poder/2016/01/1725212-o-pt-se-lam-buzou-diz-jaques-wagner-ministro-da-casa-civil.shtml>. Acesso em: 14 fev. 2023. Difícil distinguir o fogo amigo do inimigo, mas o fato é que, à medida que se mostrava capaz de dar passos decisivos para recolocar o governo de pé, a imprensa foi devidamente alimentada com informações sobre denúncias e investigações em curso em que Jaques Wagner era mencionado. A maior parte dessas informações não era propriamente nova, indicando os propósitos políticos dos vazamentos. Ver Daniel de Carvalho e Beatriz Bulla, "Mensagens indicam atuação de Wagner por empreiteiros". *O Estado de S. Paulo*, São Paulo, 7 jan. 2016. Disponível em: <estadao.com.br/politica/mensagens-indicam-atuacao-de-wagner--por-empreiteiros/>. Acesso em: 14 fev. 2023; "Para TCU, obra da OAS com Wagner foi superfaturada". *O Estado de S. Paulo*, São Paulo, 9 jan. 2016. Disponível em: <estadao.com.br/politica/para-tcu--obra-da-oas--com-wagner-foi-superfaturada--imp-/>. Acesso em: 14 fev. 2023; Daniel de Carvalho e Beatriz Bulla, "Mensagens indicam ajuda do petista a aliado político". *O Estado de S. Paulo*, São Paulo, 9 jan. 2016. Disponível em: <estadao.com.br/politica/mensagens-indicam-ajuda-do-petista-a--aliado-politico--imp-/>. Acesso em: 14 fev. 2023; Julia Affonso, Ricardo Brandt e Fausto Macedo, "Operador de propina da Lava Jato doou R$ 50 mil a campanha de Jaques Wagner em 2006". *O Estado de S. Paulo*, São Paulo, 9 jan. 2016. Disponível em: <estadao.com.br/politica/blog-do--fausto-macedo/operador-de-propina-da-lava-jato-doou-r-50-mil-a-cam-panha-de-jaques-wagner-em-2006/>. Acesso em: 14 fev. 2023.

23. Eliane Cantanhêde, "Tira essa zika daí!". *O Estado de S. Paulo*, São Paulo, 21 fev. 2016. Disponível em: <estadao.com.br/politica/eliane-canta-nhede/tira-essa-zika-dai/>. Acesso em: 14 fev. 2023. Vale acrescentar

que a colunista debitava na conta de Eduardo Cunha a responsabilidade pela inviabilização do impeachment: "O presidente da Câmara se prepara para voltar para casa levando na bagagem um fardo do qual jamais vai se livrar: foi ele quem salvou o mandato da presidente Dilma Rousseff. Com sua biografia, suas contas na Suíça e suas relações vorazes com a Petrobras, quanto mais se empenhou em derrubá-la, mais conseguiu salvá-la".

24. Téo Takar, "Bovespa recupera os 43 mil pontos com política e salto de commodities". *O Estado de S. Paulo*, São Paulo, 14 jan. 2016. Disponível em: <https://valor.globo.com/financas/noticia/2016/02/22/bovespa-recupera-os-43-mil-pontos-com-politica-e-salto-de-commodities.ghtml/>. Acesso em: 14 fev. 2023.

25. Andreza Matais, Julia Affonso, Ricardo Brandt e Fausto Macedo, "Moro mantém ex-marqueteiros de Dilma e Lula na prisão". *O Estado de S. Paulo*, São Paulo, 3 mar. 2016. Disponível em: <politica.estadao.com.br/blogs/fausto-macedo/moro-mantem-marqueteiros-de-dilma-e-lula-na-prisao/>. Acesso em: 14 fev. 2023.

26. "Pedido de prisão preventiva nº 5003682-16.2016.4.04.7000/PR". Justiça Federal, Seção Judiciária do Paraná, 13ª Vara Federal de Curitiba, 11 fev. 2016. Disponível em: <d1ao0r2iuz522v.cloudfront.net/381adc355ae7122 8a3f0b6cde992e1fb.html>. Acesso em: 14 fev. 2023.

27. Em seu artigo "Considerações sobre a Operação Mani Pulite", op. cit., Moro afirma, entre outras coisas, que a democracia descumpria as promessas feitas ao longo da transição e que o peso do dinheiro nas campanhas fazia com que políticos corruptos eliminassem os honestos e que, portanto, ser corrupto era a norma. Dado o raciocínio, seria de esperar que Moro privilegiasse a reforma da legislação eleitoral, e não da criminal.

28. Para referência: a operação seguinte à Acarajé foi a Aletheia, na qual Lula foi conduzido coercitivamente a prestar depoimento. O próximo ato da Lava Jato foi a liberação das conversas entre Lula e Dilma visando impedir que o ex-presidente assumisse a pasta ministerial.

29. Raymundo Costa, "Lava Jato dá novo gás ao impeachment". *Valor Econômico*, São Paulo, 23 fev. 2016. Disponível em: <valor.globo.com/politica/coluna/lava-jato-da-novo-gas-ao-impeachment.ghtml>. Acesso em: 14 fev. 2023.

30. Vera Rosa e Luciana Nunes Leal, "Pressionado pelo PT, ministro da Justiça decide deixar o governo". *O Estado de S. Paulo*, São Paulo, 28 fev. 2016. Disponível em: <estadao.com.br/politica/pressao-do-pt-faz-cardozo-voltar-a-cogitar-demissao/>. Acesso em: 14 fev. 2023. Andrea Jubé, Lucas Marchesini, Bruno Peres e Vandson Lima, "Avanço da Lava Jato tira Cardozo do Ministério da Justiça". *Valor Econômico*, São Paulo, 1 mar. 2016. Disponível

em: <valor.globo.com/politica/noticia/2016/03/01/avanco-da-lava-jato-tira-cardozo-do-ministerio-da-justica.ghtml>. Acesso em: 14 fev. 2023.

31. "Governo se prepara para escolher novo nome para a Justiça". *O Estado de S. Paulo*, São Paulo, 8 mar. 2016. Disponível em: <estadao.com.br/politica/governo-se-prepara-para-escolher-novo-nome-para-a-justica/>. Acesso em: 14 fev. 2023.

32. "Aragão pode ou não pode ser ministro da Justiça?". *O Estado de S. Paulo*, São Paulo, 22 mar. 2016. Disponível em: <estadao.com.br/economia/o-direito-ao-seu-alcance/aragao-pode-ou-nao-pode-ser-ministro-da-justica/>. Acesso em: 14 fev. 2023. Adriano Ceolin e Beatriz Bulla, "Dilma põe na Justiça colega de Janot". *O Estado de S. Paulo*, São Paulo, 14 mar. 2016. Disponível em: <estadao.com.br/politica/eugenio-aragao-e-o-novo-ministro-da-justica/>. Acesso em: 14 fev. 2023. Oportuno relembrar que Eduardo Cunha havia sugerido o nome de Michel Temer e Lula, o de Nelson Jobim, para o lugar de Cardozo no final do ano anterior. O ex-ministro do Supremo, no ano seguinte, acabaria se tornando sócio do BTG. Ver "BTG anuncia que ex-presidente do STF Nelson Jobim virou sócio do banco". *Folha de S.Paulo*, São Paulo, 27 jul. 2016. Disponível em: <www1.folha.uol.com.br/mercado/2016/07/1795854-banco-de-andre-esteves-anuncia-que-ex-presidente-do-stf-virou-socio.shtml>. Acesso em: 14 fev. 2023.

33. "PSDB pede inclusão de provas da Operação Acarajé em ação no TSE contra Dilma". UOL, 23 fev. 2016. Disponível em: <noticias.uol.com.br/ultimas-noticias/agencia-estado/2016/02/23/psdb-pede-inclusao-de-provas-da-operacao-acaraje-em-acao-no-tse-contra-dilma.htm/>. Acesso em: 14 fev. 2023. Daiene Cardoso, "Nova fase da Lava Jato reforça ação para cassação da chapa de Dilma, diz oposição". *O Estado de S. Paulo*, São Paulo, 22 fev. 2016. Disponível em: <estadao.com.br/politica/nova-fase-da-lava-jato-reforca-acao-para-cassacao-da-chapa-de-dilma--diz-oposicao/>. Acesso em: 14 fev. 2023. Alguns trechos de reportagens relevantes para completar o quadro: "As atenções do governo deverão ser tragadas para a legitimidade do mandato de Dilma, alvo de quatro ações movidas pelo PSDB no Tribunal Superior Eleitoral (TSE) que pedem a cassação da chapa Dilma e o vice Michel Temer por irregularidades na campanha. A oposição desde cedo se articula para aumentar a carga nas ações que podem levar a novas eleições este ano com o presidente do partido, Aécio Neves, despontando como favorito". Ver Adriana Fernandes e Ricardo Brito, "Prisão de marqueteiro pode impedir pontapé das reformas". *O Estado de S. Paulo*, São Paulo, 22 fev. 2016. Disponível em: <estadao.com.br/economia/lupa/prisao-de-marqueteiro-pode-implodir-pontape-das-reformas/>. Acesso em: 14 fev. 2023. Eliane Cantanhêde

escreveu: "O mundo político, que já estava totalmente desequilibrado, virou de pernas para o ar com a prisão do marqueteiro João Santana. Se o processo de impeachment vinha esfriando sensivelmente no Congresso, o processo de cassação de mandato da presidente está fervendo no Tribunal Superior Eleitoral (TSE)". Ver Eliane Cantanhêde, "A pimenta do acarajé". *O Estado de S. Paulo*, São Paulo, 24 fev. 2016. Disponível em: <estadao.com.br/politica/eliane-cantanhede/a-pimenta-do--acaraje/>. Acesso em: 14 fev. 2023.

34. Andreza Matais, Vera Rosa e Fausto Macedo, "Delcídio faz acordo de delação premiada e acusa Dilma de interferir na Lava Jato". *O Estado de S. Paulo*, São Paulo, 3 mar. 2016. Disponível em: <politica.estadao.com.br/blogs/fausto-macedo/delcidio-fez-acordo-de-delacao-premiada/>. Acesso em: 14 fev. 2023.

35. Desnecessário dizer que o mercado reagiu positivamente à notícia de que Dilma e Lula eram citados nos trechos vazados da delação do senador. Ver Eulina Oliveira, "Bolsa sobe mais de 5% e dólar recua 2% com delação premiada de Delcídio". *Folha de S.Paulo*, São Paulo, 3 mar. 2016. Disponível em: <www1.folha.uol.com.br/mercado/2016/03/1746003-bolsa-sobe-mais--de-5-e-dolar-recua-2-com-delacao-premiada-de-delcidio.shtml>. Acesso em: 14 fev. 2023.

36. Na delação, constaria que "a presidente Dilma tentou atuar ao menos três vezes para interferir na Operação Lava Jato por meio do Judiciário. 'É indiscutível e inegável a movimentação sistemática do ministro da Justiça, José Eduardo Cardozo, e da própria presidente Dilma Rousseff no sentido de promover a soltura de réus presos na operação', afirmou Delcídio na delação [...]. Cardozo deixou esta semana o ministério alegando sofrer pressões do PT. Na delação, Delcídio teria citado também o ex-presidente Luiz Inácio Lula da Silva e detalhado os bastidores da compra da refinaria de Pasadena pela Petrobras". Ver "Surpreendido com delação, governo tenta dosar discurso sobre Delcídio". *O Estado de S. Paulo*, São Paulo, 3 mar. 2016. Disponível em: <estadao.com.br/politica/surpreendido-com-delacao-governo-tenta-dosar-discurso-sobre--delcidio/>. Acesso em: 14 fev. 2023; "Dilma afirma em nota que 'vazamentos apócrifos, seletivos e ilegais' devem ser repudiados". *O Estado de S. Paulo*, São Paulo, 3 mar. 2016. Disponível em: <estadao.com.br/politica/dilma-afirma-em-nota-que-vazamentos-apocrifos--seletivos-e-ilegais-devem-ser-repudiados/>. Acesso em: 14 fev. 2023. Entre o texto vazado e o definitivamente assinado vai uma distância enorme. As delações de Cerveró e de Delcídio seguem o mesmo padrão, a saber, terem sido precedidas por uma série de "vazamentos seletivos" que acabaram não incluídos no documento final. No caso de Delcídio, o mais interessante

é que a própria PGR acabou por desconsiderar parte do acordo firmado por ausência de provas para prosseguir com as investigações. Ver Beatriz Bulla, "Teori autoriza fatiamento de delação de Delcídio". *O Estado de S. Paulo*, São Paulo, 28 mar. 2016. Disponível em: <estadao.com.br/politica/teori-autoriza-fatiamento-de-delacao-de-delcidio/>. Acesso em: 14 fev. 2023. Ali se lê que "após pedido da Procuradoria-Geral da República, foram geradas na Corte dezenove novas petições, autuadas nesta segunda-feira. A partir de agora, a PGR irá analisar quais fatos narrados por Delcídio contêm indícios de prática de crime. Nesses casos, são feitos pedidos de abertura de inquérito. Há situações, no entanto, em que a Procuradoria pede o arquivamento da situação descrita pelo delator por falta de indicativos de ilícitos penais".

37. Ricardo Brito e Adriana Fernandes, "Com Lava Jato contra Lula, PT deve se divorciar de Dilma". *O Estado de S. Paulo*, São Paulo, 4 mar. 2016. Disponível em: <estadao.com.br/economia/lupa/com-lava-jato-contra--lula-pt-deve-se-divorciar-de-dilma/>. Acesso em: 14 fev. 2023. Marina Dias, "Lula prioriza sua defesa e a do PT e vê Dilma em 2º plano". *Folha de S.Paulo*, São Paulo, 29 fev. 2016. Disponível em: <www1.folha.uol.com.br/poder/2016/02/1744462-lula-prioriza-sua-defesa-e-a-do-pt-e-ve-dilma-em-2-plano.shtml>. Acesso em: 14 fev. 2023. Vera Rosa, Luciana Nunes Leal e Ricardo Galhardo, "Festa de aniversário do PT é marcada por desagravo a Lula". *O Estado de S. Paulo*, São Paulo, 27 fev. 2016. Disponível em: <politica.estadao.com.br/noticias/geral,festa-de-aniversario-do-pt-e-marcada-por-desagrado-a-lula,10000018646>. Acesso em: 14 fev. 2023. Vera Rosa, "Contrariada com o PT, Dilma ameaça não ir à festa de 36 anos do partido". *O Estado de S. Paulo*, São Paulo, 25 fev. 2016. Disponível em: <politica.estadao.com.br/noticias/geral,contrariada-com-pt--dilma-ameaca-nao-ir-a-festa-de-36-anos-do-partido,10000018214>. Acesso em: 14 fev. 2023. Camila Matoso, "Mesmo com saída de Cardozo da Justiça, ruptura entre Dilma Rousseff e PT não está descartada". *Folha de S.Paulo*, São Paulo, 1 mar. 2016. Disponível em: <painel.blogfolha.uol.com.br/2016/03/01/mesmo-com-saida-de-cardozo-da-jutica-ruptura-en-tre-dilma-rousseff-e-pt-nao-esta-descartada/>. Acesso em: 14 fev. 2023.

38. Julia Affonso e Valmar Hupsel Filho, "Empresários questionam Moro se prisão de Lula 'é questão de tempo'". *O Estado de S. Paulo*, São Paulo, 24 set. 2015. Disponível em: <politica.estadao.com.br/blogs/fausto-ma-cedo/empresarios-questionam-moro-se-prisao-de-lula-e-questao-de--tempo/>. Acesso em: 14 fev. 2023.

39. A *Folha de S.Paulo* republicou a declaração de FHC em 2016, logo depois de Dilma nomear Lula ministro da Casa Civil. Ver Wellington Rama-lhoso, "Ex-presidentes já tiveram foro privilegiado, mas STF derrubou

a lei". UOL, 30 mar. 2016. Disponível em: <noticias.uol.com.br/politica/ultimas-noticias/2016/03/30/fhc-aprovou-foro-privilegiado-para-ex-presidentes-mas-stf-derrubou-a-lei.htm>. Acesso em: 14 mar. 2023.

40. Silvana de Freitas, "Ex-presidentes não têm direito a foro privilegiado, diz STF". *Folha de S.Paulo*, São Paulo, 16 set. 2005. Disponível em: <www1.folha.uol.com.br/fsp/brasil/fc1609200536.htm>. Acesso em: 14 fev. 2023.

41. A *Folha de S.Paulo* republicou o comentário de Gilmar Mendes após a nomeação de Lula para o ministério. Ver Wellington Ramalhoso, "Ex-presidentes já tiveram foro privilegiado, mas STF derrubou a lei", op. cit.

42. Disponível em: <youtube.com/watch?v=FSdL_TWfobM>. Acesso em: 14 fev. 2023.

43. Ver Andrea Jubé e Lucas Marchesini, "Dilma convida e Lula recusa convite para ministério". *Valor Econômico*, Brasília, 11 ago. 2015. Disponível em: <valor.globo.com/politica/noticia/2015/08/11/dilma-convida-e-lula-recusa-convite-para-ministerio.ghtml>. Acesso em: 6 mar. 2023.

44. "Promotor vê indícios para denunciar Lula". *Folha de S.Paulo*, São Paulo, 23 jan. 2016. Disponível em: <www1.folha.uol.com.br/poder/2016/01/1732797-promotor-ve-indicios-para-denunciar-lula.shtml>. Acesso em: 14 fev. 2023. A rumorosa falência da Bancoop foi enterrada e desenterrada inúmeras vezes. A partir de 2002, o episódio foi lembrado em praticamente todas as eleições. Ver "Bancoop deu apoio a Lula, diz engenheiro a promotor". *O Estado de S. Paulo*, São Paulo, 1 abr. 2008. Disponível em: <politica.estadao.com.br/noticias/geral,bancoop-deu-apoio-a-lula-diz-engenheiro-a-promotor,149578>. Acesso em: 14 fev. 2023; "Barros Munhoz assina à tarde instalação da CPI da Bancoop". *O Estado de S. Paulo*, São Paulo, 9 mar. 2010. Disponível em: <politica.estadao.com.br/noticias/geral,barros-munhoz-assina-a-tarde-instalacao-da-cpi-da-bancoop,521719>. Acesso em: 14 fev. 2023; "MP estuda delação premiada a ex-diretores da Bancoop". *O Estado de S. Paulo*, São Paulo, 10 mar. 2010. Disponível em: <politica.estadao.com.br/noticias/geral,mp-estuda-delacao-premiada-a-ex-diretores-da-bancoop,522137>. Acesso em: 14 fev. 2023; "Senadores convocam envolvidos no caso Bancoop". *O Estado de S. Paulo*, São Paulo, 17 mar. 2010. Disponível em: <politica.estadao.com.br/noticias/geral,senadores-convocam-envolvidos-no-caso-bancoop,525650>. Acesso em: 14 fev. 2023. Quem se der ao trabalho de ler as reportagens citadas se surpreenderá com a profusão de nomes conhecidos mencionados. O enredo e os personagens não mudam. Dois protagonistas não podem passar sem menção: o doleiro Lúcio Bolonha Funaro e a advogada que o representava, Beatriz Catta Preta, o que explica de onde Eduardo Cunha retirou as informações que usou para amedrontar a advogada em 2015, durante a CPI da Petrobras. Quanto ao Ministério

Público de São Paulo, o caso foi objeto de acordo definitivo em 2008. Ver "Ministério Público confirma acordo com Bancoop". *O Estado de S. Paulo*, São Paulo, 17 set. 2008. Disponível em: <politica.estadao.com.br/noticias/geral,ministerio-publico-confirma-acordo-com-bancoop,243291>. Acesso em: 14 fev. 2023. Ou seja, para montar seu caso, Conserino e sua equipe remexeram a lata de lixo.

45. A versão final do documento não continha as referências que haviam tirado o sono de Delcídio e André Esteves. Outros trechos vazados antes também foram devidamente expurgados. Ver André Guilherme Vieira e Letícia Casado, "Cerveró muda versão de propina à campanha de Lula". *Valor Econômico*, São Paulo, 14 jan. 2016. Disponível em: <valor.globo.com/politica/noticia/2016/01/14/cervero-muda-versao-de-propina-a-campanha-de-lula.ghtml>. Acesso em: 14 fev. 2023.

46. Igor Gielow, "Sem ser citado, Lula é o alvo da nova fase da Lava Jato". *Folha de S.Paulo*, São Paulo, 27 jan. 2016. Disponível em: <www1.folha.uol.com.br/poder/2016/01/1734025-sem-ser-citado-lula-e-o-alvo-da-nova-fase-da-lava-jato.shtml>. Acesso em: 14 fev. 2023.

47. Juliana Coissi, "Imóveis da OAS, inclusive o que seria de Lula, são alvos da Lava Jato". *Folha de S.Paulo*, São Paulo, 27 jan. 2016. Disponível em: <www1.folha.uol.com.br/poder/2016/01/1734051-imoveis-da-bancoop-inclusive-o-que-seria-de-lula-sao-alvos-da-lava-jato.shtml>. Acesso em: 14 fev. 2023.

48. "PF diz ter 'alto grau de suspeita' sobre tríplex de Lula no Guarujá". *Veja*, São Paulo, 27 jan. 2016. Disponível em: <veja.abril.com.br/politica/pf-diz-ter-alto-grau-de-suspeita-sobre-triplex-de-lula-no-guaruja/>. Acesso em: 14 fev. 2023. A delegada nunca teve dificuldades para identificar o dedo de esquerdistas em denúncias que chegavam às suas mãos, como no caso do reitor da Universidade Federal de Santa Catarina, como mostra Markun (*Recurso final: A investigação da Polícia Federal que levou ao suicídio de um reitor em Santa Catarina*, Rio de Janeiro: Objetiva, 2021).

49. Julia Affonso, Fausto Macedo e Ricardo Brandt, "Lava Jato busca em 'testas-de-ferro' dados sobre verdadeiro dono de tríplex". *O Estado de S. Paulo*, São Paulo, 28 jan. 2016. Disponível em: <estadao.com.br/politica/fausto-macedo/lava-jato-busca-em-testas-de-ferro-dados-sobre-verdadeiro-dono-de-triplex/>. Acesso em: 14 fev. 2023. Ao incluir a Mossack Fonseca nas investigações do Solaris, a Lava Jato pôde dar uma dimensão internacional à sua cruzada. Os Kirchner poderiam estar envolvidos. Ver "Alvo da Lava Jato, empresa panamenha é investigada por atuação na Argentina". *O Estado de S. Paulo*, São Paulo, 31 jan. 2016. Disponível em: <estadao.com.br/politica/alvo-da-lava-jato--empresa-panamenha-e-investigada-por-atuacao-na-argentina%C2%A0/>. Acesso em: 14 fev. 2023.

50. Bernardo Mello Franco, "Lula na mira". *Folha de S.Paulo*, São Paulo, 28 jan. 2016. Disponível em: <www1.folha.uol.com.br/colunas/bernardomellofranco/2016/01/1734342-lula-na-mira.shtml>. Acesso em: 14 fev. 2023.

51. "Divulgar provável denúncia anti-Lula sem ouvi-lo foi ilegal, diz assessoria". *Folha de S.Paulo*, São Paulo, 23 jan. 2016. Disponível em: <www1.folha.uol.com.br/poder/2016/01/1732867-divulgar-provavel-denuncia-anti-lula-sem-ouvi-lo-foi-ilegal-diz-assessoria.shtml>. Acesso em: 14 fev. 2023.

52. Ver "Promotor intima Lula de novo para depor no caso do tríplex". UOL, 26 fev. 2016. Disponível em: <noticias.uol.com.br/ultimas-noticias/agencia-estado/2016/02/26/promotor-intima-lula-de-novo-para-depor-no-caso-do-triplex.htm>. Acesso em: 13 mar. 2023.

53. André Guilherme Vieira, "Promotor diz que Lula não será forçado a depor". *Valor Econômico*, São Paulo, 1 mar. 2016. Disponível em: <valor.globo.com/politica/noticia/2016/03/01/promotor-diz-que-lula-nao-sera-forcado-a-depor.ghtml>. Acesso em: 14 fev. 2023. Julia Affonso, Fausto Macedo e Ricardo Brandt, "Promotor do caso tríplex diz que condução coercitiva de Lula é 'equívoco'". *O Estado de S. Paulo*, São Paulo, 29 fev. 2016. Disponível em: <politica.estadao.com.br/blogs/fausto-macedo/promotor-do-caso-triplex-diz-que-conducao-coercitiva-de-lula-e-equivoco/>. Acesso em: 14 fev. 2023.

54. Nesse caso, ao nomear a operação, a Polícia Federal resolveu dar uma demonstração de erudição, recorrendo a termo grego que, os jornais precisaram informar, significava "busca da verdade". Se vivo, Luís Noriega, o narrador esportivo, teria gritado: "Condução coercitiva também é cultura!".

55. Isso, é claro, supondo que seja usual conduzir coercitivamente um cidadão comum a prestar depoimento.

56. Eventualmente, não se pode dizer o mesmo das buscas e apreensões feitas na operação.

57. Ricardo Brandt, Julia Affonso, Mateus Coutinho e Fausto Macedo, "'É um tríplex Minha casa, Minha vida', diz Lula sobre imóvel no Guarujá". *O Estado de S. Paulo*, São Paulo, 14 mar. 2016. Disponível em: <politica.estadao.com.br/blogs/fausto-macedo/e-um-triplex-minha-casa-minha-vida-diz-lula-sobre-imovel-no-guaruja/>. Acesso em: 14 fev. 2023. Julia Affonso e Ricardo Brandt, "'Fico chateado de ver delegado da PF se preocupar com pedalinho', queixa-se petista". *O Estado de S. Paulo*, São Paulo, 14 mar. 2016. Disponível em: <politica.estadao.com.br/blogs/fausto-macedo/fico-chateado-de-ver-um-delegado-de-pf-se-preocupar-com-pedalinho-queixa-se-petista/>. Acesso em: 14 fev. 2023.

58. Gustavo Aguiar, "'Me preocupa um ex-presidente da República ser conduzido debaixo de vara', diz ministro do STF". *O Estado de S. Paulo*, São Paulo, 4 mar. 2016. Disponível em: <politica.estadao.com.br/noticias/

geral,me-preocupa-um-ex-presidente-da-republica-ser-conduzido-de-baixo-de-vara--diz-ministro-do-stf,10000019628>. Acesso em: 14 fev. 2023. Nem mesmo Ives Gandra Martins conseguiu encontrar razões para justificar a iniciativa da dupla Dallagnol-Moro. Ver Mario Cesar Carvalho e Johanna Nublat, "Depoimento forçado de Lula causa controvérsia entre juristas". *Folha de S.Paulo*, São Paulo, 5 mar. 2016. Disponível em: <www1. folha.uol.com.br/poder/2016/03/1746783-depoimento-forcado-de-lula--causa-controversia-entre-juristas.shtml>. Acesso em: 14 fev. 2023; Mônica Bergamo, "Mais um ministro da Justiça de FHC critica ação de Moro contra Lula". *Folha de S.Paulo*, São Paulo, 10 mar. 2016. Disponível em: <www1.folha.uol.com.br/colunas/monicabergamo/2016/03/1748113--mais-um-ministro-da-justica-de-fhc-critica-acao-de-moro-contra-lula. shtml>. Acesso em: 14 fev. 2023.

59. Julia Affonso, Andreza Matais e Ricardo Brandt, "Instituto Lula e LILS pagaram R$ 1,7 mi a filhos do ex-presidente, aponta relatório". *O Estado de S. Paulo*, São Paulo, 4 mar. 2016. Disponível em: <estadao.com.br/ politica/blog-do-fausto-macedo/instituto-lula-e-lils-pagaram-r-17-mi--a-filhos-do-ex-presidente-aponta-relatorio/>. Acesso em: 14 fev. 2023.

60. Bruno Fávero, Renan Marra, Bela Megale, Flávio Ferreira, Mônica Bergamo e Natuza Nery, "Polícia Federal faz operação na casa do ex-presidente Lula, na Grande SP". *Folha de S.Paulo*, São Paulo, 4 mar. 2016. Disponível em: <www1.folha.uol.com.br/poder/2016/03/1746231-policia-federal-faz-operacao-na-casa-do-ex-presidente-lula-na-grande-sp. shtml>. Acesso em: 14 fev. 2023.

61. "O chefe do bando". *O Estado de S. Paulo*, São Paulo, 6 mar. 2016. Disponível em: <estadao.com.br/brasil/o-chefe-do-bando/>. Acesso em: 14 fev. 2023.

62. Julia Affonso, Mateus Coutinho e Fausto Macedo, "Lula 'atentou contra a ordem pública', diz promotoria ao pedir prisão de ex-presidente". *O Estado de S. Paulo*, São Paulo, 10 mar. 2016. Disponível em: <estadao. com.br/politica/blog-do-fausto-macedo/lula-atentou-contra-a-ordem--publica-diz-promotoria-ao-pedir-prisao-de-ex-presidente/>. Acesso em: 14 fev. 2023.

63. Terem confundido Engels e Hegel não ajudou os promotores. Ver "Troca de Engels por Hegel em pedido de prisão de Lula rende memes e piadas na internet". *O Estado de S. Paulo*, São Paulo, 11 mar. 2016. Disponível em: <politica.estadao.com.br/noticias/geral,troca-de-engels-por-hegel-em-pedido-de-prisao-de-lula-rende-memes-e-piadas-na-internet,10000020684>. Acesso em: 14 fev. 2023.

64. "Trio de horrores". *Folha de S.Paulo*, São Paulo, 12 mar. 2016. Disponível em: <m.folha.uol.com.br/opiniao/2016/03/1749176-trio-de-horrores.shtml>. Acesso em: 14 fev. 2023.

65. Daniela Lima, "'Medida foge à normalidade', diz coordenador jurídico do PSDB". *Folha de S.Paulo*, São Paulo, 10 mar. 2016. Disponível em: <www1.folha.uol.com.br/poder/2016/03/1748603-medida-foge-a-normalidade--diz-coordenador-juridico-do-psdb.shtml>. Acesso em: 14 fev. 2023.

66. Eliane Cantanhêde, "Atravessaram o samba". *O Estado de S. Paulo*, São Paulo, 11 mar. 2016. Disponível em: <politica.estadao.com.br/noticias/geral,atravessaram-o-samba,10000020649>. Acesso em: 14 fev. 2023.

67. Não houve surpresa na reação do mercado financeiro ao pedido de prisão de Lula. As bolsas subiram, o dólar caiu, mas "teria sido melhor a Lava Jato". Ver Gilberto Amendola, "Queremos Moro". *O Estado de S. Paulo*, São Paulo, 11 mar. 2016. Disponível em: <estadao.com.br/cultura/direto-da-fonte/queremos-moro/>. Acesso em: 14 fev. 2023.

68. José Roberto de Toledo, "Um palanque para Lula". *O Estado de S. Paulo*, São Paulo, 7 mar. 2016. Disponível em: <estadao.com.br/politica/jose--roberto-de-toledo/um-palanque-para-lula/>. Acesso em: 14 fev. 2023. Elio Gaspari bateu na mesma tecla. Ver Elio Gaspari, "Moro deu a Lula o papel de coitadinho". *O Globo*, Rio de Janeiro, 6 mar. 2016. Disponível em: <oglobo.globo.com/politica/moro-deu-a-lula-o-papel-de-coita-dinho-18816552>. Acesso em: 14 fev. 2023.

69. "Vitimização". *Folha de S.Paulo*, São Paulo, 5 mar. 2016. Disponível em: <www1.folha.uol.com.br/opiniao/2016/03/1746681-vitimizacao.shtml>. Acesso em: 14 fev. 2023.

70. "'Não vou abaixar a cabeça', diz Lula ao se sentir 'prisioneiro' em ação da PF". *Folha de S.Paulo*, São Paulo, 4 mar. 2016. Disponível em: <www1.folha.uol.com.br/poder/2016/03/1746370-nao-devo-e-nao-temo-diz-lula-apos-prestar-depoimento-a-pf.shtm>. Acesso em: 14 fev. 2023.

71. Thais Arbex, Giba Bergamim Jr., Catia Seabra e Gustavo Uribe, "Em ato pró-PT, Lula se oferece para ser candidato em 2018". *Folha de S.Paulo*, São Paulo, 4 mar. 2016. Disponível em: <www1.folha.uol.com.br/poder/2016/03/1746563-ato-pro-pt-lota-quadra-de-sindicato--com-mote-nao-vai-ter-golpe.shtml>. Acesso em: 14 fev. 2023.

72. A pergunta feita é tão ou mais reveladora do clima político vivido naqueles dias: "Existia no começo da Lava Jato uma máxima de que não teriam coragem de levar Lula preso. A operação de sexta parece ter derrubado essa máxima. O que veremos nos próximos dias nas ruas?". Ver Natuza Nery, "Eventual prisão de Lula seria brincar com fogo, diz Gilberto Carvalho". *Folha de S.Paulo*, São Paulo, 7 mar. 2016. Disponível em: <www1.folha.uol.com.br/poder/2016/03/1747043-eventual-prisao-de-lula-seria--brincar-com-fogo-diz-gilberto-carvalho.shtml>. Acesso em: 14 fev. 2023.

73. Gustavo Uribe, "Com retorno do impeachment, Lula viaja a Brasília para encontro com Dilma". *Folha de S.Paulo*, São Paulo, 8 mar. 2016.

Disponível em: <www1.folha.uol.com.br/poder/2016/03/1747758-com-retorno-do-impeachment-lula-viaja-a-brasilia-para-encontro-com-dilma.shtml>. Acesso em: 14 fev. 2023.

74. Mariana Haubert, "Em gesto crítico a Lava Jato, Renan dá Constituição de presente a Lula". *Folha de S.Paulo*, São Paulo, 9 mar. 2016. Disponível em: <www1.folha.uol.com.br/poder/2016/03/1748039-em-gesto-critico-a-lava-jato-renan-da-constituicao-de-presente-a-lula.shtml>. Acesso em: 14 fev. 2023.

75. Erich Decat, "Temer vai até Jucá por aliança com senadores". *O Estado de S. Paulo*, São Paulo, 13 jan. 2016. Disponível em: <politica.estadao.com.br/noticias/geral,temer-vai-ate-juca-por-alianca-com-senadores,10000007009>. Acesso em: 14 fev. 2023.

76. Ricardo Brito, "Em café com senadores, Lula fala em assumir coordenação informal do governo Dilma". *O Estado de S. Paulo*, São Paulo, 9 mar. 2016. Disponível em: <politica.estadao.com.br/noticias/geral,em-cafe-com-senadores--lula-fala-em-assumir-coordenacao-informal-do-governo-dilma,10000020381>. Acesso em: 14 fev. 2023. Em conversa gravada que viria a público mais tarde, Lula dá o seguinte relato sobre o encontro com os senadores: "É isso, querido. Como eu disse para os senadores. Eu não quero incendiar o país. Eu sou a única pessoa que poderia incendiar o país. Não quero fazer como Nero, sou um homem de paz, tenho família". Ver Andreza Matais, Ricardo Brandt e Julia Affonso, "No grampo, Lula fala de imperador louco de Roma: 'Eu poderia incendiar o país'", op. cit.

77. Erich Decat, "Após encontro com Lula, Renan e PMDB jantam com Aécio e selam reaproximação com tucanos". *O Estado de S. Paulo*, São Paulo, 9 mar. 2016. Disponível em: <politica.estadao.com.br/noticias/geral,apos-encontro-com-lula--renan-e-pmdb-vao-jantar-com-aecio,10000020394>. Acesso em: 14 fev. 2023.

78. Ao sair da casa de Jereissati, Eunício declarou: "Não dá para dizer que o PMDB e o PSDB se juntaram agora para derrubar a Dilma, para fazer o impeachment, não é verdade". Ver Bernardo Mello Franco, "Após receber Lula, Renan vai jantar com Aécio e Serra". *Folha de S.Paulo*, São Paulo, 9 mar. 2016. Disponível em: <www1.folha.uol.com.br/poder/2016/03/1748124-apos-receber-lula-renan-vai-jantar-com-aecio-e-serra.shtml>. Acesso em: 14 fev. 2023. Aécio Neves comentou: "O que percebo é que o próprio PMDB sabe que o Brasil vive em ebulição e eles terão amanhã contas para prestar com a própria história. Vejo setores importantes do PMDB já compreendendo que, mesmo com a solidariedade pessoal que possam ter à presidente, com ela não tem solução". Ver Isabela Bonfim, "'PMDB tem um papel estratégico na solução para esse impasse', diz Aécio". *O Estado*

de S. Paulo, São Paulo, 10 mar. 2016. Disponível em: <politica.estadao.com.br/noticias/geral,pmdb-tem-um-papel-estrategico-na-solucao-para-esse-impasse--diz-aecio,10000020539>. Acesso em: 14 fev. 2023.

79. Ricardo Brito e Adriana Fernandes, "Com agenda próxima à do PSDB, PMDB ensaia desembarque do governo". *O Estado de S. Paulo*, São Paulo, 10 mar. 2016. Disponível em: <economia.estadao.com.br/blogs/lupa/com-agenda-proxima-a-do-psdb-pmdb-ensaia-desembarque-do-governo/>. Acesso em: 14 fev. 2023.

80. Erich Decat, "Após encontro com Lula, Renan e PMDB jantam com Aécio e selam reaproximação com tucanos", op. cit. Acesso em: 14 fev. 2023. A parte relevante da reportagem é a seguinte: "'Não dá para dizer que o PMDB e o PSDB se juntaram agora para derrubar a Dilma, para fazer o impeachment, não é verdade', afirmou o senador Eunício de Oliveira. Segundo convidados, 'todos os cenários' foram traçados, como o impeachment da presidente Dilma Rousseff, a cassação da chapa presidencial pelo Tribunal Superior Eleitoral (TSE) e até a própria permanência da presidente. 'Não há um consenso ainda de qual é a saída', afirmou o senador Tasso Jereissati (PSDB-CE), anfitrião do jantar". Para as declarações de Aécio Neves, ver Isabela Bonfim, "'PMDB tem um papel estratégico na solução para esse impasse', diz Aécio", op. cit.

81. Eis a transcrição do trecho completo anexado à delação premiada de Sérgio Machado: "Aí marcamos de noite um jantar com Tasso, na casa do Tasso. Fui eu, Renan, Eunício, o Tasso, o Aécio, o Serra, o Aloysio, o Cássio [Cunha Lima], o Ricardo Ferraço (que agora virou) pessedebista histórico. Aí conversamos lá. O que a gente combinou? Nós vamos estar, nós temos que estar juntos para dar uma saída para o Brasil. Se a gente não estiver unido aí (com foco na) saída para essa porra, não vai ter, e se não tiver, eu disse lá, todo mundo, todos os políticos tradicionais estão fodidos (tá vendo?); porque os caras disse, não no TSE, se cassar, o Aécio (deixa eu falar uma coisa), se cassar e tiver eleição, nem tu, nem Serra, nisso aí, nenhum político tradicional ganha essa eleição".

82. Segue a transcrição do trecho completo anexada à delação premiada de Sérgio Machado:

"SÉRGIO — Então tá... então a situação... é grave. Porque, Romero, eles querem pegar todos os políticos. E aquele documento que foi dado...

ROMERO — Acabar com a classe política para ressurgir, construir uma nova casta pura que não tem nada a ver com isso.

SÉRGIO — Não tem nada a ver com isso... e pegar todo mundo. E o PSDB não, não sei se caiu a ficha.

ROMERO — Caiu a ficha! Ontem eles disseram isso.

SÉRGIO — Caiu?

ROMERO — Todos eles. Aloysio, Serra, Aécio.

SÉRGIO — Caiu a ficha.

ROMERO — Caiu.

SÉRGIO — Tasso também caiu?

ROMERO — Também, também. Todo mundo com o mesmo… todo mundo na bandeja pra ser comido.

SÉRGIO — Exatamente… isso é bom sinal. Eles achavam que iam comer os outros e não ia sobrar pra ele. [vozes sobrepostas]

ROMERO — É, ia sobrar pra eles e iam ganhar a eleição.

SÉRGIO — É.

ROMERO — Entendeu! Vê a cabeça. Ontem já caíram na real.

SÉRGIO — O primeiro a ser comido vai ser o Aécio.

ROMERO — Todos, porra… eles vão pegando e vão, e vão tirando um por um…

SÉRGIO — O que que a gente fez junto, Romero? Naquela eleição (pra eleger os) deputados [...] pra ser presidente da Câmara? Amigo! Preciso da sua inteligência".

83. Quanto ao governo Fernando Henrique Cardoso, a última frase transcrita na nota anterior faz referência à montagem do esquema financeiro para dar respaldo à eleição de Aécio Neves à presidência da Câmara dos Deputados, peça-chave da aliança PSDB-PMDB articulada por José Serra para amparar sua candidatura presidencial em 2002. Volto ao ponto adiante.

84. O trecho completo é o seguinte:

"SÉRGIO — Rapaz, a solução mais fácil era botar o Michel.

ROMERO — É só o Renan que está contra essa porra…

SÉRGIO — Um acordo.

ROMERO — … que não gosta do Michel porque Michel é Eduardo Cunha. Eu disse, Renan, esquece o Eduardo Cunha, Eduardo Cunha tá morto, porra.

SÉRGIO — Não. É um acordo. Botar o Michel. Um grande acordo nacional.

ROMERO — Com o Supremo, com tudo.

SÉRGIO — Com todo mundo. E aí, parava tudo.

ROMERO — Delimitava onde tá, pronto".

85. O trecho completo é o seguinte:

"ROMERO — Melhor cenário para nós era deixar acabar esse ano, cassar em janeiro, fevereiro e aí assumir alguém do Congresso, uma eleição indireta pra assumir alguém, só que o Brasil não aguenta até fevereiro, março.

SÉRGIO — Não aguenta mais dois meses.

ROMERO — [...] vai até [...] se não resolver até julho, o Brasil quebra.

SÉRGIO — [...] e explode socialmente.

ROMERO: ... e explode socialmente, então [...] porra, se eu te falar, o Renan reage com a solução de Michel [...] porra, o Michel é uma solução que a gente pode, antes de resolver, negociar com é que vai ser, Michel, vem cá, é isso e isso; vai ser assim, as reformas são essas".

86. Raymundo Costa, "Senado busca saída no 'parlamentarismo já'". *Valor Econômico*, São Paulo, 11 mar. 2016. Disponível em: <valor.globo.com/politica/coluna/senado-busca-saida-no-parlamentarismo-ja.ghtml>. Acesso em: 14 fev. 2023.

87. Luciana Nunes Leal, "Picciani prevê em reunião que Dilma cairá em 90 dias, diz jornal". *O Estado de S. Paulo*, São Paulo, 11 mar. 2016. Disponível em: <estadao.com.br/politica/picciani-preve-em-reuniao-que-dilma--caira-em-90-dias--diz-jornal/>. Acesso em: 14 fev. 2023.

88. Id., "PMDB fluminense dá sinais de afastamento de Dilma". *O Estado de S. Paulo*, São Paulo, 10 mar. 2016. Disponível em: <estadao.com.br/politica/pmdb-fluminense-da-sinais-de-afastamento-de-dilma/>. Acesso em: 14 fev. 2023.

89. Raymundo Costa, "Lava Jato dá novo gás ao impeachment", op. cit.

90. Gilberto Amendola, "Lava Jato esquenta o protesto do dia 13". *O Estado de S. Paulo*, São Paulo, 6 mar. 2016. Disponível em: <cultura.estadao.com.br/blogs/direto-da-fonte/lava-jato-anima-vem-pra-rua-e-mbl/>. Acesso em: 14 fev. 2023.

91. "Protesto na Paulista é o maior já registrado". *O Estado de S. Paulo*, São Paulo, 13 mar. 2016. Disponível em: <politica.estadao.com.br/noticias/geral,protesto-na-paulista-e-o-maior-ja-registrado,10000021088>. Acesso em: 14 fev. 2023.

92. Vera Rosa, "Bastidores: O apelo dramático de Dilma, no auge da crise". *O Estado de S. Paulo*, São Paulo, 11 mar. 2016. Disponível em: <estadao.com.br/politica/bastidores-o-apelo-dramatico-de-dilma--no-auge-da--crise/>. Acesso em: 14 fev. 2023. Camila Matoso, "Integrantes do governo veem entrega do comando do país a Lula como única chance de sobrevivência". *Folha de S.Paulo*, São Paulo, 10 mar. 2016. Disponível em: <painel.blogfolha.uol.com.br/2016/03/10/integrantes-do-governo--veem-entrega-do-comando-do-pais-a-lula-como-unica-chance-de-so-brevivencia/>. Acesso em: 14 fev. 2023. Onde se lê: "Integrantes do governo avaliam que Dilma Rousseff praticamente exauriu suas condições de reagir à crise e apontam a entrega do comando do país a Lula como única chance de sobrevivência. O cenário é de exaustão e pessimismo. [...] Já não há oposição no Planalto à posse de Lula. Petistas o querem como chefe da Casa Civil ou como articulador político. Ninguém mais

parece preocupado em suavizar a ideia de intervenção colocando-o em uma pasta de peso menor". Ver também "'Qual time não gostaria de ter Pelé em campo?', diz Berzoini sobre Lula em ministério de Dilma". *O Estado de S. Paulo*, São Paulo, 9 mar. 2016. Disponível em: <politica.estadao.com.br/noticias/geral,qual-time-nao-gostaria-de-ter-pele-em--campo--diz-berzoini-sobre-lula-em-ministerio-de-dilma,10000020323>. Acesso em: 14 fev. 2023.

93. Julia Affonso, Ricardo Galhardo, Vera Rosa, Alexandre Hisayasu e Mateus Coutinho, "Promotoria pede a prisão de Lula e dificulta ida do petista para ministério". *O Estado de S. Paulo*, São Paulo, 11 mar. 2016. Disponível em: <politica.estadao.com.br/noticias/geral,promotoria-pede-a-prisao--de-lula-e--dificulta-ida-do-petista-para-ministerio,10000020651>. Acesso em: 14 fev. 2023.

94. Fausto Macedo, "Promotoria não apontou por que empreiteira favoreceu Lula", *O Estado de S. Paulo*, São Paulo, 15 mar. 2016. Disponível em: <estadao.com.br/politica/blog-do-fausto-macedo/promotoria-nao-apontou--por-que-empreiteira-favoreceu-lula-diz-juiza/>. Acesso em: 14 mar. 2023.

95. "Justiça de SP envia a Moro denúncia e pedido de prisão contra Lula". *Folha de S.Paulo*, São Paulo, 14 mar. 2016. Disponível em: <www1.folha.uol.com.br/poder/2016/03/1749761-justica-de-sp-envia-a-moro-denuncia--e-pedido-de-prisao-contra-lula.shtml>. Acesso em: 14 fev. 2023.

96. Ao justificar a medida extrema, Moro escreveu que a condução coercitiva "não envolve qualquer juízo de antecipação de responsabilidade criminal, nem tem por objetivo cercear direitos do ex-presidente ou colocá-lo em situação vexatória [...]. Essas medidas investigatórias visam apenas o esclarecimento da verdade e não significam antecipação de culpa do ex-presidente [...]. A condução coercitiva para tomada de depoimento é medida de cunho investigatório". Ver Leandro Colon, Aguirre Talento, Johanna Nublat e Mario Cesar Carvalho, "Condução coercitiva de Lula foi decidida para evitar tumulto, diz Moro". *Folha de S.Paulo*, São Paulo, 4 mar. 2016. Disponível em: <www1.folha.uol.com.br/poder/2016/03/1746437--conducao-coercitiva-de-lula-foi-decidida-para-evitar-tumulto-diz-moro.shtml>. Acesso em: 14 fev. 2023.

97. Vera Rosa, "Bastidores: O apelo dramático de Dilma, no auge da crise". *O Estado de S. Paulo*, São Paulo, 11 mar. 2016. Disponível em: <politica.estadao.com.br/noticias/geral,bastidores-o-apelo-dramatico-de-dilma--no-auge-da-crise,10000020717>. Acesso em: 14 fev. 2023.

98. Pedro Venceslau, "'Lula vai refletir sobre decisão de aceitar ministério', diz presidente do PT". *O Estado de S. Paulo*, São Paulo, 10 mar. 2016. Disponível em: <politica.estadao.com.br/noticias/geral,lula-vai-refletir-sobre-decisao-de-aceitar-ministerio,10000020624>. Acesso em: 14 fev. 2023.

99. Ricardo Galhardo, "Lula continua pensando sobre assumir ministério, diz Rui Falcão". *O Estado de S. Paulo*, São Paulo, 14 mar. 2016. Disponível em: <politica.estadao.com.br/noticias/geral,lula-continua-pensando-sobre-assumir-ministerio--diz-rui-falcao,10000021161>. Acesso em: 14 fev. 2023.

100. "Lula aceita convite de Dilma e assumirá Casa Civil". *Folha de S.Paulo*, São Paulo, 16 mar. 2016. Disponível em: <www1.folha.uol.com.br/poder/2016/03/1750501-lula-aceitou-ir-para-a-casa-civil-anunciam-lideres-do-pt.shtml>. Acesso em: 14 fev. 2023.

101. Ibid.

102. Aguirre Talento e Márcio Falcão, "STF deve analisar se nomeação de Lula é para fugir da Justiça, diz Gilmar". *Folha de S.Paulo*, São Paulo, 16 mar. 2016. Disponível em: <www1.folha.uol.com.br/poder/2016/03/1750591--stf-deve-analisar-se-nomeacao-de-lula-e-para-fugir-da-justica-diz-gilmar.shtml>. Acesso em: 14 fev. 2023.

103. Ibid.

104. Ricardo Brandt, Julia Affonso e Fausto Macedo, "Moro diz que povo deve saber o que fazem seus governantes". *Exame*, São Paulo, 16 mar. 2016. Disponível em: <exame.com/brasil/moro-sociedade-livre-exige-que-governados-saibam-o-que-fazem-os-governantes/>. Acesso em: 14 fev. 2023. Até a insuspeita *The Economist* viu razões para censurar Sergio Moro: "No passado, o sr. Moro já pareceu algumas vezes ter ido longe demais na sua perseguição obstinada contra a corrupção". Ver "Juiz Moro pode ter ido longe demais, diz *Economist* sobre grampos". *O Estado de S. Paulo*, São Paulo, 18 mar. 2016. Disponível em: <politica.estadao.com.br/noticias/geral,juiz-moro-pode-ter-ido-longe-demais--diz-economist-sobre-grampos,10000021957>. Acesso em: 14 fev. 2023.

105. "Dilma agiu para tentar evitar a prisão de Lula, sugere gravação; ouça". *Folha de S.Paulo*, São Paulo, 16 mar. 2016. Disponível em: <www1.folha.uol.com.br/poder/2016/03/1750752-dilma-agiu-para-tentar-evitar-a-prisao-de-lula-diz-pf.shtml>. Acesso em: 14 fev. 2023.

106. Gustavo Aguiar, "Maior parte das ações no STF contra posse de Lula fica com Gilmar Mendes". *O Estado de S. Paulo*, São Paulo, 17 mar. 2016. Disponível em: <politica.estadao.com.br/noticias/geral,maior-parte-das-acoes--no-stf-contra-posse-de-lula-fica-com-gilmar-mendes,10000021828>. Acesso em: 14 fev. 2023.

107. Como notou a professora Eloísa Machado de Almeida, "A primeira ação levada ao Supremo contra a nomeação de Lula foi uma ADPF. De espectro mais amplo, tem precedência no julgamento e seria capaz de resolver o tema nas demais instâncias do Judiciário e no próprio STF, em discussão colegiada feita no plenário". Ver "Ministro versus ministro". *O Estado de S. Paulo*, São Paulo, 23 mar. 2016. Disponível em: <politica.

estadao.com.br/blogs/supremo-em-pauta/ministro-versus-ministro/>. Acesso em: 14 fev. 2023.

108. Gilmar Mendes apelou ao contorcionismo jurídico explícito para invalidar a nomeação, a começar pelo fato de que em decisões anteriores havia negado a partidos políticos o direito a dar entrada em mandados de segurança. O ministro precisou, portanto, rever sua própria jurisprudência. Ver Fausto Macedo e Julia Affonso, "'O objetivo da falsidade é claro: impedir o cumprimento de ordem de prisão', diz Gilmar Mendes sobre Lula na Casa Civil". *O Estado de S. Paulo*, São Paulo, 19 mar. 2016. Disponível em: <politica.estadao.com.br/blogs/fausto-macedo/o-objetivo-da-falsidade-e-claro-impedir-o-cumprimento-de-ordem-de-prisao--diz-gilmar-mendes-sobre-lula-na-casa-civil/>. Acesso em: 14 fev. 2023.

109. Renan Ramalho, "Teori determina que juiz Moro envie investigação sobre Lula para o STF". G1, São Paulo, 22 mar. 2016. Disponível em: <g1.globo.com/politica/operacao-lava-jato/noticia/2016/03/teori-determina--que-moro-envie-investigacao-sobre-lula-para-o-stf.html>. Acesso em: 14 mar. 2023.

110. Gustavo Aguiar, "STF confirma ordem de Teori para que Moro envie à Corte investigações sobre Lula". *O Estado de S. Paulo*, São Paulo, 31 mar. 2016. Disponível em: <politica.estadao.com.br/noticias/geral,por-8-a-2--supremo-mantem-decisao-de-teori-sobre-analise-de-investigacoes-de--moro-na-corte,10000024121>. Acesso em: 14 fev. 2023.

111. Isadora Peron e Gustavo Aguiar, "Após protestos contra Teori, governo oferece reforço na segurança de ministros do STF". *O Estado de S. Paulo*, São Paulo, 23 mar. 2016. Disponível em: <estadao.com.br/politica/apos--protestos-contra-teori--governo-oferece-reforco-na-seguranca-de-ministros-do-stf/>. Acesso em: 14 mar. 2023.

112. Em 4 de março, o PSB, que já deixara formalmente a base do governo havia um bom tempo, mas mantinha a independência, anunciou que passava à oposição. Ver Vera Rosa, "Bastidores: O apelo dramático de Dilma, no auge da crise", op. cit.

113. Márcio Falcão e Aguirre Talento, "STF derrota Câmara e mantém rito do impeachment definido pela corte". *Folha de S.Paulo*, São Paulo, 16 mar. 2016. Disponível em: <www1.folha.uol.com.br/poder/2016/03/1750756--stf-derrota-camara-e-mantem-rito-do-impeachment-definido-pela--corte.shtml>. Acesso em: 14 fev. 2023. Gilmar Mendes, em meio a seu voto, conectou os dois eventos, afirmando: "É preciso muita desfaçatez para obrar desta forma com as instituições. É preciso ter perdido aquele limite que distingue civilização de barbárie. O balão de oxigênio que a Corte deu à presidente naquele momento parece que não foi efetivo. Agora estamos diante desse quadro mais caricato, talvez um dos mais

caricatos que a nacionalidade já tenha enfrentado. Como último lance talvez busca-se o ex-presidente em São Bernardo [do Campo] para assumir a chefia da Casa Civil a pretexto de dar sobrevida ao governo e de lhe dar algum conforto no foro privilegiado, causando a esta Corte um grande desconforto. É quase uma acusação de que esta Corte será complacente, compreensiva com os malfeitos". Ver Beatriz Bulla, Isadora Peron e Gustavo Aguiar, "Ministro do STF diz que Dilma colocou 'tutor' na Presidência". *O Estado de S. Paulo*, São Paulo, 16 mar. 2016. Disponível em: <politica.estadao.com.br/noticias/geral,ministro-do-stf-diz--que-dilma-colocou-tutor-na-presidencia,10000021604>. Acesso em: 14 fev. 2023.

114. Gustavo Aguiar, Isadora Peron e Beatriz Bulla, "STF decide por unanimidade transformar Cunha em réu na Lava Jato". *O Estado de S. Paulo*, São Paulo, 3 mar. 2016. Disponível em: <politica.estadao.com.br/noticias/geral,stf-decide-por-unanimidade-transformar-cunha-em-reu-na--lava-jato,10000019396>. Acesso em: 14 fev. 2023. A PGR, vale lembrar, oferecera a denúncia em agosto de 2015.

115. Igor Gadelha, "'Impeachment será célere, como processo dessa gravidade tem de ser', diz Cunha". *O Estado de S. Paulo*, São Paulo, 17 mar. 2016. Disponível em: <politica.estadao.com.br/noticias/geral,-impeachment-sera-celere--como-processo-dessa-gravidade-tem-de-ser--diz-cunha,10000021849>. Acesso em: 14 fev. 2023. A tramitação da denúncia por crime de responsabilidade contra Dilma Rousseff na Câmara dos Deputados pode ser consultada em <camara.leg.br/proposicoesWeb/fichadetramitacao?idProposicao=2057823>.

116. Ricardo Brito e Igor Gadelha, "PMDB oficializa saída do governo da presidente Dilma". *O Estado de S. Paulo*, São Paulo, 29 mar. 2016. Disponível em: <politica.estadao.com.br/noticias/geral,pmdb-oficializa--saida-do-governo-da-presidente-dilma,1849261>. Acesso em: 14 fev. 2023. Coube a Romero Jucá, presidente em exercício do partido, fazer o anúncio oficial do desembarque do partido. Ver Ricardo Brito, "Jucá diz que, a partir de hoje, ninguém ocupará cargo no governo em nome do PMDB". *O Estado de S. Paulo*, São Paulo, 29 mar. 2016. Disponível em: <estadao.com.br/politica/juca-diz-que--a-partir-de--hoje--ninguem-ocupara-cargo-no-governo-em-nome-do-pmdb/>. Acesso em: 14 fev. 2023.

117. Daniel Carvalho, Vera Rosa e Igor Gadelha, "PP define nomes para Saúde, Integração e Caixa". *O Estado de S. Paulo*, São Paulo, 1 abr. 2016. Disponível em: <politica.estadao.com.br/noticias/geral,pp-define-nomes-para-saude--integracao-e-caixa,10000024215>. Acesso em: 14 fev. 2023. Ricardo Barros (PP-PR) foi o nome cotado para assumir a Saúde.

118. Daiene Cardoso, Luciana Nunes Leal, Daniel de Carvalho e Gabriela Caesar, "Com 38 votos, comissão aprova parecer do impeachment". *O Estado de S. Paulo*, São Paulo, 11 abr. 2016. Disponível em: <politica.estadao.com.br/noticias/geral,com-38-votos--comissao-aprova-parecer-do--impeachment,1854700>. Acesso em: 14 fev. 2023.

119. Vera Rosa, Pedro Venceslau e Julia Lindner, "Desembarque do PP do governo deixa clima de pessimismo entre petistas". *O Estado de S. Paulo*, São Paulo, 13 abr. 2016. Disponível em: <politica.estadao.com.br/noticias/geral,desembarque-do-pp-do-governo-deixa-clima-de-pessimismo--entre-petistas,10000025899>. Acesso em: 14 fev. 2023.

120. Ricardo Brandt, Julia Affonso e Mateus Coutinho, "Xepa amplia foco de investigações sobre propinas da Odebrecht fora da Petrobras". *O Estado de S. Paulo*, São Paulo, 22 mar. 2016. Disponível em: <estadao.com.br/politica/blog-do-fausto-macedo/xepa-amplia-foco-de-investigacoes-sobre-propinas-da-odebrecht-fora-da-petrobras/>. Acesso em: 14 fev. 2023.

121. Mateus Coutinho, Julia Affonso e Fausto Macedo, "Lava Jato acha superplanilha da Odebrecht com valores para 279 políticos e 22 partidos", *O Estado de S. Paulo*, São Paulo, 23 mar. 2016. Disponível em: <estadao.com.br/politica/blog-do-fausto-macedo/veja-a-lista-de-politicos-na--contabilidade-da-odebrecht/>. Acesso em: 14 mar. 2023.

122. Bela Megale, Felipe Bächtold, Leandro Colon e Aguirre Talento, "Planilhas da Odebrecht citam valores ligados a 316 políticos de 24 partidos". *Folha de S.Paulo*, São Paulo, 23 mar. 2016. Disponível em: <www1.folha.uol.com.br/poder/2016/03/1753226-pf-acha-planilha-de-pagamentos-da--odebrecht-para-politicos.shtml>. Acesso em: 14 fev. 2023.

123. Lucas Salomão, "PF apreende planilhas da Odebrecht com valores destinados a políticos". G1, 23 mar. 2016. Disponível em: <g1.globo.com/politica/operacao-lava-jato/noticia/2016/03/pf-apreende-planilhas-da-odebrecht--com-valores-destinados-politicos.html>. Acesso em: 14 fev. 2023.

124. Igor Gadelha e Andreza Matais, "Deputado que deu o voto 342 pelo impeachment aparece em planilha da Odebrecht na Lava Jato". *O Estado de S. Paulo*, São Paulo, 18 abr. 2016. Disponível em: <estadao.com.br/politica/deputado-que-deu-o-voto-342-pelo-impeachment-aparece-em--planilha-da-odebrecht-na-lava-jato/>. Acesso em: 14 fev. 2023.

5. Em busca da paz perdida [pp. 159-79]

1. Fernanda Calgaro, Renan Ramalho e Gustavo Garcia, "Gilmar Mendes vota pela absolvição da chapa Dilma-Temer e decide julgamento". G1, 9 jun. 2017. Disponível em: <g1.globo.com/politica/noticia/gilmar-mendes-vota--pela-absolvicao-da-chapa-dilma-temer.ghtml>. Acesso em: 14 fev. 2023.

2. Deltan M. Dallagnol, *A luta contra a corrupção: A Lava Jato e o futuro de um país marcado pela impunidade*, op. cit., p. 178.

3. Ibid., p. 249.

4. "Denúncia nº 1, de 2016". Senado Federal, Atividade Legislativa, 31 ago. 2016. Disponível em: <www25.senado.leg.br/web/atividade/materias/-/materia/125567>. Acesso em: 14 fev. 2023.

5. "Depois do desastre, o esquecimento". *O Estado de S. Paulo*, São Paulo, 11 maio 2016. Disponível em: <estadao.com.br/opiniao/depois-do-desastre--o-esquecimento/>. Acesso em: 14 fev. 2023.

6. Alexandre Calais, "'Com impeachment, o risco Brasil cai imediatamente'". *O Estado de S. Paulo*, São Paulo, 19 mar. 2016. Disponível em: <estadao.com.br/economia/com-impeachment-o-risco-brasil-cai-imediatamente/>. Acesso em: 14 fev. 2023.

7. Toni Sciarretta, "Analistas duvidam de autonomia de Joaquim Levy". *Folha de S.Paulo*, São Paulo, 28 nov. 2014. Disponível em: <www1.folha.uol.com.br/mercado/2014/11/1554532-analistas-duvidam-de-autonomia-de-joaquim-levy.shtml>. Acesso em: 14 fev. 2023. Não é preciso dizer que esses mesmos analistas não tiveram as mesmas dúvidas quando o candidato Jair Bolsonaro (PSL-RJ) se associou a Paulo Guedes. Acreditou-se que o estatismo, o corporativismo e a ignorância pura e simples do capitão — que, não se pode esquecer, foi preso e "convidado" a passar à reserva por atos de terrorismo em plena vigência da democracia — seriam "domados" por Guedes.

8. Erich Decat, Igor Gadelha e Julia Lindner, "Temer revê planos de equipe de 'notáveis'". *O Estado de S. Paulo*, São Paulo, 5 maio 2016. Disponível em: <estadao.com.br/politica/temer-reve-planos-de-equipe-de-notaveis/>. Acesso em: 14 fev. 2023. Não por acaso, o novo presidente teve enorme dificuldade de encontrar o nome apropriado para assumir o Ministério da Justiça. A Lava Jato era o bode no meio da sala sobre o qual não se queria conversar. A respeito, vale consultar a análise de Raymundo Costa em sua coluna de 22 de março de 2016: "Na entrevista ao *Estado*, Serra menciona quatro pontos para a construção do pacto de estabilidade: governo de união nacional, [Temer] não disputar a reeleição (e não interferir nas eleições de 2016 e 2018, sobretudo em São Paulo), não permitir revanchismo e a montagem de uma equipe ministerial que 'surpreenda'. Mas há um quinto aspecto: o que fazer com a Operação Lava Jato. É consenso que a Lava Jato é e continuará sendo um fator de instabilidade política, mesmo com a mudança de governo. O desafio dos políticos é encontrar o ponto certo para fazer um risco de giz, demarcar o raio de ação das investigações sem serem acusados de perseguir ou tentar salvar quem quer que seja. Uma operação complicada mesmo para o padrão Jobim". Ver Raymundo Costa, "Primeiros embates de

um 'governo Temer'". *Valor Econômico*, São Paulo, 22 mar. 2016. Disponível em: <valor.globo.com/politica/coluna/primeiros-embates-de-um-governo-temer.ghtml>. Acesso em: 14 fev. 2023.

9. Leonardo Picciani (PMDB-RJ), líder de seu partido na Câmara e afinado com Dilma até o último instante, foi agraciado com o Ministério do Esporte.

10. Ricardo Brito e Adriana Fernandes, "Jucá confronta Renan já de olho no pós-Dilma". *O Estado de S. Paulo*, São Paulo, 7 abr. 2016. Disponível em: <estadao.com.br/economia/lupa/juca-confronta-renan-ja-de-olho-no--pos-dilma/>. Acesso em: 14 fev. 2023.

11. Ricardo Brito, "Jucá assume presidência do PMDB para blindar Temer de ataques". *O Estado de S. Paulo*, São Paulo, 5 abr. 2016. Disponível em: <estadao.com.br/politica/juca-assume-presidencia-do-pmdb-para-blindar-temer-de-ataques/>. Acesso em: 14 fev. 2023.

12. "Quando anteontem o jornal exibia que o PMDB desembarcou do governo e mostrava as pessoas que erguiam as mãos, eu olhei e disse: 'Meu Deus do céu! Essa é nossa alternativa de poder. Não vou fulanizar, mas quem viu a foto sabe do que estou falando'." Em tom de síntese, o ministro acrescentou: "O sistema político não tem o mínimo de legitimidade democrática. Ele deu uma centralidade imensa ao dinheiro e à necessidade de financiamento. E se tornou um espaço de corrupção generalizada". Ver Renan Ramalho, "'Meu Deus do céu', diz Barroso sobre PMDB como 'alternativa de poder'". G1, 31 mar. 2016. Disponível em: <g1.globo.com/politica/noticia/2016/03/meu-deus-do-ceu-diz-barroso-sobre-pmdb-como-alternativa-de-poder.html>. Acesso em: 14 fev. 2023.

13. Durante o mês de fevereiro, vazamentos da delação de Delcídio do Amaral espalharam pânico entre as elites políticas. Delcídio teria implicado todos. Ainda que repleta de referências comprometedoras a gente graúda, a delação carecia de provas. As histórias, digamos assim, eram boas e faziam sentido. O senador sabia do que estava falando, mas boas histórias, mesmo se convincentes, não são suficientes para comprovar crimes. Ver Isadora Peron e Gustavo Aguiar, "Supremo homologa delação de Delcídio que cita Lula, Dilma, Aécio e cúpula do PMDB". *O Estado de S. Paulo*, São Paulo, 15 mar. 2016. Disponível em: <estadao.com.br/politica/teori-zavascki-homologa-delacao-de-delcidio-amaral/>. Acesso em: 14 fev. 2023.

14. Rubens Valente, "Em diálogos gravados, Jucá fala em pacto para deter avanço da Lava Jato". *Folha de S.Paulo*, São Paulo, 23 maio 2016. Disponível em: <m.folha.uol.com.br/poder/2016/05/1774018-em-dialogos-gravados-juca-fala-em-pacto-para-deter-avanco-da-lava-jato.shtml>. Acesso em: 14 fev. 2023.

15. Fausto Macedo, "Veja as conversas de Jucá para 'estancar' a Lava Jato". *O Estado de S. Paulo*, São Paulo, 23 maio 2016. Disponível em: <estadao.

com.br/politica/blog-do-fausto-macedo/veja-conversa-de-juca-para-estancar-a-lava-jato/>. Acesso em: 14 fev. 2023.

16. Luiza Pollo, "Demitido, Romero Jucá ainda é todo-poderoso no governo". *O Estado de S. Paulo*, São Paulo, 2 jun. 2016. Disponível em: <estadao.com.br/politica/coluna-do-estadao/demitido-romero-juca-ainda-e-todo-poderoso-no-governo/>. Acesso em: 14 fev. 2023.

17. Andreza Matais, "Janot pede a STF prisão de Renan, Jucá e Cunha e tornozeleira para Sarney". *O Estado de S. Paulo*, São Paulo, 7 jun. 2016. Disponível em: <estadao.com.br/politica/coluna-do-estadao/janot-pede-a-stf-prisao-de-renan-juca-e-cunha-e-tornozeleira-para-sarney/>. Acesso em: 14 fev. 2023.

18. Julia Affonso e Fausto Macedo, "Teori afasta Eduardo Cunha". *O Estado de S. Paulo*, São Paulo, 5 maio 2016. Disponível em: <estadao.com.br/politica/blog-do-fausto-macedo/teori-afasta-cunha/>. Acesso em: 14 fev. 2023.

19. "Leia trechos das justificativas de Zavascki para negar pedidos de prisão de Renan, Jucá e Sarney". *O Estado de S. Paulo*, São Paulo, 15 jun. 2016. Disponível em: <estadao.com.br/politica/coluna-do-estadao/leia-trechos-das-justificativas-de-zavascki-para-negar-pedidos-de-prisao-de-renan-juca-e-sarney/>. Acesso em: 14 fev. 2023.

20. O delator conta como, no início de 2010, o presidente do PSDB e coordenador da campanha presidencial de José Serra à Presidência da República em 2010, o senador Sérgio Guerra (PSDB-PE), negociou propinas com a Queiroz Galvão em meio a uma CPI da Petrobras. Para o documento, acessar: <jota.info/wp-content/uploads/2015/03/prc_1.pdf>.

21. Fabio Fabrini, "Um tiro no coração de Eduardo Cunha". *O Estado de S. Paulo*, São Paulo, 1 jul. 2016. Disponível em: <estadao.com.br/politica/blog-do-fausto-macedo/um-tiro-no-coracao-de-eduardo-cunha/>. Acesso em: 14 fev. 2023.

22. Depois de perder seu mandato, Eduardo Cunha foi preso preventivamente por ordem de Sergio Moro, transformando-se em uma verdadeira bomba-relógio. De quando em quando, o ex-deputado mandava recados ao presidente em forma de perguntas. Lembra disso? Lembra daquela reunião no dia tal? Poderia esclarecer quem é x ou y e assim por diante. Em outras palavras, o presidente da República era objeto de chantagem pública, aberta. Vale dizer ainda que Moro não deu corda a Cunha, demonstrando que não estava interessado em fustigar o presidente. Seu negócio era outro. Ver "Moro veta 21 perguntas feitas por defesa de Cunha a Michel Temer". Congresso em Foco, 28 nov. 2016. Disponível em: <congressoemfoco.uol.com.br/projeto-bula/reportagem/moro-veta-21-perguntas-feitas-por-defesa-de-cunha-a-michel-temer/>. Acesso em: 14 fev. 2023.

23. Luiza Pollo, "Objetivo da Sépsis foi fechar o cerco ao PMDB". *O Estado de S. Paulo*, São Paulo, 2 jul. 2016. Disponível em: <estadao.com.br/politica/coluna-do-estadao/objetivo-da-sepsis-foi-fechar-o-cerco--ao-pmdb/>. Acesso em: 14 fev. 2023.

24. Josette Goulart, "Operação da PF afeta dívida da Eldorado". *O Estado de S. Paulo*, São Paulo, 10 jul. 2016. Disponível em: <estadao.com.br/economia/operacao-da-pf-afeta-divida-da-eldorado/>. Acesso em: 14 fev. 2023. A prisão de Funaro, por si só, representava uma dor de cabeça adicional à JBS e a Michel Temer. Em lugar de uma bomba-relógio, a empresa e o presidente passaram a ter que lidar com duas, igualmente perigosas e incontroláveis. Manter a dupla Cunha-Funaro satisfeita atrás das grades era uma tarefa que, entre outras coisas, custava dinheiro, muito dinheiro. Para uma reconstituição da ascensão da JBS, consultar Raquel Landim, *Why Not* (Rio de Janeiro: Intrínseca, 2019).

25. Camila Turtelli, "Wesley Batista, da JBS, e Walter Torre, da WTorre, são alvo de condução coercitiva pela PF". *O Estado de S. Paulo*, São Paulo, 5 set. 2016. Disponível em: <estadao.com.br/politica/controladora-da-jbs-e-alvo--de-operacao-que-investiga-fraudes-em-fundos-de-pensao/>. Acesso em: 14 fev. 2023.

26. Quem olhar os nomes dos procuradores e advogados envolvidos nos três acordos não se surpreenderá ao constatar a repetição de vários deles e, mais interessante, nem sempre do mesmo lado do balcão.

27. Lauro Jardim, "Dono da JBS grava Temer dando aval para compra de silêncio de Cunha". *O Globo*, Rio de Janeiro, 17 maio 2017. Disponível em: <oglobo.globo.com/politica/dono-da-jbs-grava-temer-dando-aval--para-compra-de-silencio-de-cunha-21353935>. Acesso em: 14 fev. 2023. Quando a esmola é demais, o santo desconfia. Foi a terceira gravação a cair nas mãos de Rodrigo Janot. Das três, em razão dos personagens envolvidos, foi a única periciada e levantou dúvidas sobre os prováveis estímulos e incentivos à sua realização.

28. Lauro Jardim, "PF filma indicado por Temer recebendo propina". *O Globo*, Rio de Janeiro, 17 maio 2016. Disponível em: <oglobo.globo.com/politica/pf-filma-indicado-por-temer-recebendo-propina-21353989>. Acesso em: 14 fev. 2023.

29. Lauro Jardim e Guilherme Amado, "Grampo revela que Aécio pediu R$ 2 milhões a dono da JBS". *O Globo*, Rio de Janeiro, 17 maio 2017. Disponível em: <oglobo.globo.com/politica/grampo-revela-que-aecio-pediu-2-milhoes-dono-da-jbs-21353924>. Acesso em: 14 fev. 2023.

30. Idiana Tomazelli, "'Não há espaço para avançar com reforma da Previdência nessas circunstâncias', diz relator". *O Estado de S. Paulo*, São Paulo, 18 maio 2017. Disponível em: <estadao.com.br/economia/

nao-ha-espaco-para-avancar-com-reforma-da-previdencia-nessas-circunstancias-diz-relator/>. Acesso em: 14 fev. 2023.

31. Leandro Colon, Mariana Haubert e Débora Alves, "'Não vamos incendiar o Brasil', afirma líder do governo no Senado". *Folha de S.Paulo*, São Paulo, 9 maio 2016. Disponível em: <www1.folha.uol.com.br/poder/2016/05/1769178-nao-vamos-incendiar-o-brasil-afirma-lider-do-governo-no-senado.shtml>. Acesso em: 14 fev. 2023.

32. Não há como deixar de mencionar que Gilmar Mendes se apressou em vir a público declarar que Jucá não havia dito nada de mais, que continuava tudo como antes no quartel de Abrantes. Ver Márcio Falcão, "Gilmar Mendes não vê obstrução por Jucá no curso da Lava Jato". *Folha de S.Paulo*, São Paulo, 24 maio 2016. Disponível em: <www1.folha.uol.com.br/poder/2016/05/1774566-gilmar-mendes-nao-ve-obstrucao-por-juca-no-curso-da-lava-jato.shtml>. Acesso em: 14 fev. 2023. Foi a primeira de uma série de declarações e iniciativas do ministro para garantir a governabilidade do governo Temer.

33. Renan Ramalho e Vitor Matos, "Janot apresenta ao Supremo denúncia contra Temer por corrupção passiva". G1, 26 jun. 2017. Disponível em: <g1.globo.com/politica/noticia/janot-apresenta-ao-supremo-denuncia-contra-temer-por-corrupcao.ghtml>. Acesso em: 14 fev. 2023.

34. Bernardo Caram, Alessandra Modzeleski, Gustavo Garcia e Fernanda Calgaro, "Câmara rejeita denúncia e livra Temer de responder a processo no Supremo". G1, 2 ago. 2017. Disponível em: <g1.globo.com/politica/noticia/votacao-denuncia-temer-camara.ghtml>. Acesso em: 14 fev. 2023.

35. Os mais diretamente afetados pela Lava Jato, o próprio Aécio Neves, José Serra e Aloysio Nunes Ferreira, reforçaram sua aliança, rechaçando as propostas do grupo comandado por Geraldo Alckmin de se afastar do governo Michel Temer e tentar salvar a imagem do partido e suas chances de reconquistar a Presidência em 2018. Alckmin perdeu essa batalha, mas venceu a disputa interna pela candidatura do partido. O resultado foi o que se viu em 2018. Ver Pedro Venceslau, "Divisão do PSDB se acirra em meio a crise". *O Estado de S. Paulo*, São Paulo, 28 mar. 2016. Disponível em: <estadao.com.br/politica/divisao-do-psdb-se-acirra-em-meio-a-crise/>. Acesso em: 14 fev. 2023.

36. Carolina Brígido, Eduardo Bresciani e Vinicius Sassine, "Janot denuncia Temer ao STF pela segunda vez". *O Globo*, Rio de Janeiro, 14 set. 2017. Disponível em: <oglobo.globo.com/politica/janot-denuncia-temer-ao-stf-pela-segunda-vez-21823266>. Acesso em: 14 fev. 2023.

37. "2ª denúncia contra Temer: veja os principais pontos". G1, 14 set. 2017. Disponível em: <g1.globo.com/politica/noticia/2-denuncia-contra-temer-veja-os-principais-pontos.ghtml>. Acesso em: 14 fev. 2023.

38. A lista de crises e problemas é interminável. Em nome da brevidade, foram deixados de lado.

39. Gilmar Mendes precisou se multiplicar para dar conta das ameaças que pairavam sobre as lideranças políticas da nova coalizão e aqueles que eram acusados de atuar como seus operadores. Ver Letícia Casado, "Gilmar conversou com Aécio no dia em que deu decisão favorável a ele". *Folha de S.Paulo*, São Paulo, 19 out. 2017. Disponível em: <www1.folha.uol.com.br/poder/2017/10/1928544--gilmar-conversou-com-aecio-no-dia-em-que-deu-decisao-favoravel-a-ele.shtml>. Acesso em: 14 fev. 2023; Renato Souza, "Gilmar Mendes manda soltar Paulo Preto, operador de propinas do PSDB". *Correio Braziliense*, Brasília, 11 maio 2018. Disponível em: <correiobraziliense.com.br/app/noticia/politica/2018/05/11/interna_politica,680120/gilmar-mendes-manda-soltar-paulo--preto-operador-de-propinas-do-psdb.shtml>. Acesso em: 14 fev. 2023.

40. "Greve dos caminhoneiros no Brasil em 2018". Wikipedia. Disponível em: <pt.wikipedia.org/wiki/Greve_dos_caminhoneiros_no_Brasil_em_2018>. Acesso em: 14 fev. 2023.

41. Ibid.

42. Note-se que, ao ordenar os interesses afetados, Bolsonaro colocou o próprio acima de tudo e todos. Ver Igor Gielow, "'A paralisação precisa acabar, não interessa a mim, ao Brasil, o caos', diz Bolsonaro". *Folha de S.Paulo*, São Paulo, 29 maio 2018. Disponível em: <www1.folha.uol.com.br/poder/2018/05/a-paralisacao-precisa-acabar-nao-interessa-a-mim-ao-brasil-o-caos-diz-bolsonaro.shtml>. Acesso em: 14 fev. 2023.

43. Ao justificar a Aletheia, o MPF conectou o esquema da Petrobras ao Mensalão, afirmando que os desvios de recursos continuaram mesmo depois da saída de José Dirceu do governo, que a "organização criminosa certamente possui um comando", que "o principal beneficiário disso era o governo do PT, cujo titular foi o ex-presidente. Então fica claro que o benefício político recebido foi basicamente do ex-presidente Lula e atualmente da atual presidenta". Ver "Investigadores: suspeitas contra Lula têm base em provas e depoimentos". G1, 4 mar. 2016. Disponível em: <g1.globo.com/jornal-nacional/noticia/2016/03/investigadores-suspeitas-contra-lula-tem--base-em-provas-e-depoimentos.html>. Acesso em: 14 fev. 2023; Felipe Bächtold, "Não havia como Lula não saber de desvios na Petrobras, diz procuradoria". *Folha de S.Paulo*, São Paulo, 4 mar. 2016. <www1.folha.uol.com.br/poder/2016/03/1746365-nao-havia-como-lula-nao-saber-de-desvios-na-petrobras-diz-procuradoria.shtml>. Acesso em: 14 fev. 2023. Sem ter que recorrer aos rodeios legais, *O Estado de S. Paulo* podia tratar Lula como "o chefe do bando", op. cit.

44. "Recados a Moro". *O Estado de S. Paulo*, São Paulo, 1 abr. 2016. Disponível em: <estadao.com.br/politica/recados-a-moro-imp-/>. Acesso em: 14 fev.

2023. Márcio Falcão, "Maioria do Supremo vota pelo envio de investigações sobre Lula para o STF". *Folha de S.Paulo*, São Paulo, 31 mar. 2016. Disponível em: <www1.folha.uol.com.br/poder/2016/03/1756062-maioria-do-supremo-vota-pelo-envio-de-investigacoes-sobre-lula-para-o-stf.shtml>. Acesso em: 14 fev. 2023. Ao se referir ao direito de Moro decidir se as conversas entre Dilma e Lula estariam ou não protegidas pelo foro especial ou se afetavam a segurança nacional, o ministro foi tão claro quanto possível: "Quem tem que decidir isso é o Supremo. Não se pode tirar do Supremo essa competência. É o Supremo que tem que fazer esse juízo". Em outra passagem, o ministro alerta para as consequências de excessos como o cometido: "Para o Judiciário, e sobretudo para o STF, é importante que tudo isso seja feito com estrita observância da Constituição Federal, porque eventuais excessos que se possam cometer com a melhor das intenções de apressar o desfecho das investigações, nós já conhecemos essa história e já vimos esse filme, isso pode se reverter num resultado contrário. Não será a primeira vez que, por ilegalidades no curso de uma apuração penal, o STF e o STJ anularam procedimentos penais nessas situações".

45. Para uma análise do momento político vivido pela Lava Jato, ver Igor Gielow, "Teste de forças na Lava Jato assombra Brasília". *Folha de S.Paulo*, São Paulo, 23 mar. 2016. Disponível em: <www1.folha.uol.com.br/poder/2016/03/1753197-teste-de-forcas-na-lava-jato-assombra-brasilia.shtml>. Acesso em: 14 fev. 2023.

46. Márcio Falcão, "Sergio Moro pede desculpas ao STF pela polêmica com grampos de Lula". *Folha de S.Paulo*, São Paulo, 29 mar. 2016. Disponível em: <www1.folha.uol.com.br/poder/2016/03/1755353-sergio-moro-pede-desculpas-ao-stf-por-divulgar-grampos-de-lula-e-dilma.shtml>. Acesso em: 14 fev. 2023. Beatriz Bulla e Gustavo Aguiar, "Moro pede desculpas ao Supremo por divulgação de áudios de Lula e nega motivação política". *O Estado de S. Paulo*, São Paulo, 29 mar. 2016. Disponível em: <politica.estadao.com.br/blogs/fausto-macedo/moro-pede-desculpas-ao-supremo-por-divulgacao-de-audios-de-lula-e-nega-motivacao-politica/>. Acesso em: 14 fev. 2023. Vale reproduzir as palavras do magistrado: "Ainda que este julgador tenha se equivocado em seu entendimento jurídico e admito, à luz da controvérsia então instaurada que isso pode ter ocorrido, jamais, porém, foi a intenção desse julgador, ao proferir a aludida decisão de 16/03, provocar polêmicas, conflitos ou provocar constrangimentos, e, por eles, renovo minhas respeitosas escusas a este Egrégio Supremo Tribunal Federal".

47. Cleide Carvalho, Renato Onofre e Jaqueline Falcão, "Moro decreta sigilo sobre planilhas da Odebrecht". *O Globo*, Rio de Janeiro, 23 mar. 2016. Disponível em: <oglobo.globo.com/politica/moro-decreta-sigilo-sobre-planilhas-da-odebrecht-18941636>. Acesso em: 16 mar. 2023. Para uma

visão mais ampla das relações entre a Odebrecht e o mundo político de Geisel a Temer, consultar Malu Gaspar, *A Organização: A Odebrecht e o esquema de corrupção que chocou o mundo* (São Paulo: Companhia das Letras, 2020).

48. "Nomes de 69 políticos com foro especial levaram Moro a mandar superplanilha da Odebrecht para o STF". *O Estado de S. Paulo*, São Paulo, 28 mar. 2016. Disponível em: <estadao.com.br/politica/blog-do-fausto-macedo/69--politicos-com-foro-especial-levaram-moro-a-mandar-superplanilha-da--odebrecht-para-o-stf/>. Acesso em: 14 fev. 2023. Juliana Coissi, "Juiz Sergio Moro decide enviar superplanilha da Odebrecht ao STF". *Folha de S.Paulo*, São Paulo, 28 mar. 2016. Disponível em: <www1.folha.uol.com.br/poder/2016/03/1754756-juiz-sergio-moro-decide-enviar-superplanilha-da-odebrecht-ao-stf.shtml>. Acesso em: 14 fev. 2023. Moro escreveu: "De todo modo, considerando a apreensão e identificação de tal planilha com Benedicto Barbosa da Silva Júnior, que retratam pagamentos do Grupo Odebrecht a autoridades com foro privilegiado, talvez lícitos, é o caso de remeter este processo e o de nº 5010479-08.2016.4.04.7000 ao Supremo Tribunal Federal. O ideal seria antes aprofundar as apurações para remeter os processos apenas diante de indícios mais concretos de que esses pagamentos seriam também ilícitos. [...] A cautela recomenda, porém, que a questão seja submetida desde logo ao Egrégio Supremo Tribunal Federal".

49. Obviamente, a decisão do magistrado não teve o condão de apagar as planilhas já arquivadas nos computadores pessoais. O leite estava derramado. Em realidade, a decisão não impediu que as planilhas continuassem penduradas nos sites dos principais órgãos de informação do país. Como visto anteriormente, foi um verdadeiro *strike*. Não sobrou um pino de pé. Todos os partidos foram afetados.

50. Gabriel Mascarenhas e Márcio Falcão, "Teori Zavascki homologa delação de executivos da Andrade Gutierrez". *Folha de S.Paulo*, São Paulo, 7 abr. 2016. Disponível em: <www1.folha.uol.com.br/poder/2016/04/1758518--teori-zavascki-homologa-delacao-de-executivos-da-andrade-gutierrez.shtml>. Acesso em: 14 fev. 2023. Andreza Matais e Fausto Macedo, "Dono da OAS admite fazer delação premiada". *O Estado de S. Paulo*, São Paulo, 2 mar. 2016. Disponível em: <politica.estadao.com.br/blogs/fausto-macedo/dono-da-oas-admite-fazer-delacao-premiada/>. Acesso em: 14 fev. 2023. "Ex-presidente da OAS vira delator e deve citar Lula". *Folha de S.Paulo*, São Paulo, 3 mar. 2016. Disponível em: <agora.folha.uol.com.br/brasil/2016/03/1745766-ex-presidente-da-oas-vira-delator--e-deve-citar-lula.shtml>. Acesso em: 14 fev. 2023.

51. Elio Gaspari, "A Lava Jato mudou de patamar". *Folha de S.Paulo*, São Paulo, 15 jun. 2016. Disponível em: <www1.folha.uol.com.br/colunas/

eliogaspari/2016/06/1781722-a-lava-jato-mudou-de-patamar.shtml>. Acesso em: 14 fev. 2023.

52. Gustavo Aguiar, "Ministros do STF avaliam que delação de Odebrecht pode acenar para fim da Lava Jato". *O Estado de S. Paulo*, São Paulo, 4 jun. 2017. Disponível em: <estadao.com.br/politica/ministros-do-stf--avaliam-que-delacao-de-odebrecht-pode-acenar-para-fim-da-lava-jato/>. Acesso em: 14 fev. 2023.

53. Após a aprovação do impeachment, Dallagnol declarou: "Se queremos caminhar efetivamente em passos sólidos contra a corrupção, precisamos de reforma política e de reforma do sistema de justiça, as 10 Medidas contra a Corrupção". Ver Ricardo Brandt, Fausto Macedo e Julia Affonso, "O impeachment não encerra a Lava Jato, avisam investigadores". O Estado de S. Paulo, 12 maio 2016. Disponível em: <https://www.estadao.com.br/politica/blog-do-fausto-macedo/o-impeachment-nao-encerra-a--lava-jato-avisam-investigadores/>. Acesso em: 22 mar. 2023. André Guilherme Vieira e Maria Cristina Fernandes, "'A Lava Jato é um ponto fora da curva'". *Valor Econômico*, São Paulo, 29 ago. 2016. Disponível em: <valor.globo.com/politica/noticia/2016/08/29/a-lava-jato-e-um-ponto-fora-da-curva.ghtml>. Acesso em: 14 fev. 2023.

54. Para a tramitação do projeto, ver "PL 3855/2019 (Nº anterior: PL 4850/2016)". Câmara dos Deputados, 29 mar. 2016. Disponível em: <camara.leg.br/proposicoesWeb/fichadetramitacao?idProposicao=2080604>. Acesso em: 14 fev. 2023.

55. Deltan M. Dallagnol, *A luta contra a corrupção: A Lava Jato e o futuro de um país marcado pela impunidade*, op. cit., traz um relato detalhado em primeira pessoa das desventuras das Dez Medidas desde sua primeira encarnação (p. 207) até o fracasso da manifestação de 4 de dezembro (p. 256).

56. Ana Elisa Santana, "Saiba o que mudou no pacote anticorrupção aprovado ontem pela Câmara". Agência Brasil, 30 nov. 2016. Disponível em: <agenciabrasil.ebc.com.br/politica/noticia/2016-11/saiba-o-que-mudou--no-pacote-anticorrupcao-aprovado-ontem-29-pela-camara>. Acesso em: 14 mar. 2023. Dallagnol, em *A luta contra a corrupção: A Lava Jato e o futuro de um país marcado pela impunidade*, op. cit., p. 249, escreveu: "O Congresso tinha atuado em evidente conflito de interesses. A sociedade queria leis contra a corrupção, mas elas foram esvaziadas e um projeto contra a corrupção fora aprovado. Se não houvesse uma forte reação social, os corruptos poderiam fazer o que bem entendessem dali para a frente. Era o começo do fim da Lava Jato. Seria só uma questão de tempo". Note-se que pode até ser verdade que a sociedade quisesse leis contra a corrupção, mas não segue daí que a sociedade necessariamente apoiasse as Dez Medidas contra a Corrupção. Da mesma forma,

ao elaborar e defender medidas que reforçavam seu poder, o Ministério Público Federal bem poderia ser acusado de incorrer em conflito de interesses.

57. Dimmi Amora e Marcelo Toledo, "Atos pelo país criticam Renan e Maia e defendem Sergio Moro e a Lava Jato". *Folha de S.Paulo*, São Paulo, 4 dez. 2016. Disponível em: <folha.uol.com.br/poder/2016/12/1838325-protestos--em-brasilia-e-no-rio-apoiam-moro-e-miram-renan-e-rodrigo-maia.shtml>. Acesso em: 14 fev. 2023.

58. Deltan M. Dallagnol, *A luta contra a corrupção: A Lava Jato e o futuro de um país marcado pela impunidade*, op. cit., p. 255.

59. O projeto, em realidade, não havia tramitado como de iniciativa popular. O acordo visou burlar a necessidade de checar a autenticidade das assinaturas necessárias para tanto.

60. Em 2005, Lorenzoni foi o coordenador da campanha pela rejeição do estatuto do desarmamento. Jair Bolsonaro era o vice-coordenador. Segundo revelou o ex-ministro Luiz Henrique Mandetta, *Um paciente chamado Brasil: Os bastidores da luta contra o coronavírus* (São Paulo: Objetiva, 2020), p. 189, Onyx Lorenzoni gravou e pretendia entregar à imprensa a reunião que tivera com os líderes partidários. Portanto, não apenas defendeu as Dez Medidas como também aderiu a seus métodos.

61. O exemplo mais acabado dessa conexão se deu na visita de Dallagnol à Igreja Batista da Lagoinha do pastor André Valadão. No telão do templo, lado a lado, figuram os números das contas para depósito do dízimo e o endereço do site em que as Dez Medidas poderiam ser assinadas. Ver: <youtube.com/watch?v=MA6-UM03s6M>. Acesso em: 6 mar. 2023.

62. "Com rejeição menor, Lula lidera corrida eleitoral por Presidência em 2018". Datafolha, 18 jul. 2016. Disponível em: <datafolha.folha.uol.com.br/eleicoes/2016/07/1792816-com-rejeicao-menor-lula-lidera-corrida-eleitoral--por-presidencia-em-2018.shtml>. Acesso em: 14 fev. 2023.

63. Márcio Falcão, "Teori manda investigações sobre Lula para Moro e invalida áudio com Dilma". *Folha de S.Paulo*, São Paulo, 13 jun. 2016. Disponível em: <www1.folha.uol.com.br/poder/2016/06/1781374-teori-manda--investigacoes-sobre-lula-para-moro-e-invalida-audio-com-dilma.shtml>. Acesso em: 14 fev. 2023.

64. Estelita Haas Carazzai e Flávio Ferreira, "Lula comandou esquema de corrupção na Petrobras, diz Lava Jato". *Folha de S.Paulo*, São Paulo, 14 set. 2016. Disponível em: <www1.folha.uol.com.br/poder/2016/09/1813265--lula-e-denunciado-na-lava-jato-por-caso-do-triplex.shtml>. Acesso em: 14 fev. 2023.

65. Em formulação mais extensa, nos autos, os procuradores sustentaram que "após assumir o cargo de presidente da República, Lula comandou a

formação de um esquema delituoso de desvio de recursos públicos destinados a enriquecer ilicitamente, bem como, visando à perpetuação *criminosa no poder, comprar apoio parlamentar e financiar caras* campanhas eleitorais". Ver Flávio Ferreira e Estelita Haas Carazzai, "'Propinocracia' deu governabilidade a gestão Lula, acusa Lava Jato". *Folha de S.Paulo*, São Paulo, 14 set. 2016. Disponível em: <www1.folha.uol.com.br/poder/2016/09/1813298-corrupcao-garantiu-governabilidade-de-lula-acusa-procuradoria.shtml>. Acesso em: 14 fev. 2023.

66. O ministro Teori Zavascki comentou: "Lá em Curitiba, se deu notícias sobre organização criminosa, colocando o presidente Lula como líder da organização criminosa, dando a impressão, sim, de que se estaria investigando essa organização criminosa, mas o objeto da denúncia não foi nada disso. Essa espetacularização do episódio não é compatível nem com o objeto da denúncia nem com a seriedade que se exige na operação desses fatos". Ver Gabriel Mascarenhas, "STF nega recurso de Lula e Teori critica 'espetacularização' na Lava Jato". *Folha de S.Paulo*, São Paulo, 4 out. 2016. Disponível em: <www1.folha.uol.com.br/poder/2016/10/1819758-stf-nega-recurso-de-lula-e-teori-critica-espetacularizacao-na-lava-jato.shtml>. Acesso em: 14 fev. 2023.

67. "Procuradores da Lava Jato negam ter usado delação rejeitada contra Lula". *Folha de S.Paulo*, São Paulo, 19 set. 2016. Disponível em: <www1.folha.uol.com.br/poder/2016/09/1814957-procuradores-da-lava-jato-negam-ter-usado-delacao-rejeitada-contra-lula.shtml>. Acesso em: 14 fev. 2023.

68. Estelita Haas Carazzai e Marcelo Ninio, "Lula vira réu pela 2ª vez e será julgado por Sergio Moro". *Folha de S.Paulo*, São Paulo, 20 set. 2016. Disponível em: <www1.folha.uol.com.br/poder/2016/09/1814918-moro-aceita-denuncia-lula-vira-reu-pela-2-vez-na-lava-jato.shtml>. Acesso em: 14 fev. 2023. O magistrado julgou necessário esclarecer o óbvio, isto é, que o acolhimento da denúncia "não significa juízo conclusivo", mas tão somente que as acusações se sustentam "em substrato probatório razoável", para concluir que "tais ressalvas são oportunas pois não olvida o julgador que, entre os acusados, encontra-se ex-presidente da República, com o que a propositura da denúncia e o seu recebimento podem dar azo a celeumas de toda a espécie. Tais celeumas, porém, ocorrem fora do processo. Dentro, o que se espera é observância estrita do devido processo legal, independentemente do cargo outrora ocupado pelo acusado".

69. Dimitrius Dantas e Gustavo Schmitt, "Moro condena Lula a 9 anos e meio de prisão no caso do tríplex". *O Globo*, Rio de Janeiro, 12 jul. 2016. Disponível em: <oglobo.globo.com/politica/moro-condena-lula-9-anos-meio-de-prisao-no-caso-do-triplex-21580819>. Acesso em: 14 fev. 2023.

70. Fabiana Alves Rodrigues, *Operação Lava Jato: Aprendizado institucional e ação estratégica na Justiça*, op. cit., p. 243.

71. "Operação Lava Jato: TRF4 confirma condenação do ex-presidente Luiz Inácio Lula da Silva". Portal Unificado da Justiça Federal da 4ª Região, 24 jan. 2018. Disponível em: <trf4.jus.br/trf4/controlador.php?acao=noticia_visualizar&id_noticia=13418>. Acesso em: 14 mar. 2023.

72. Fabiana Alves Rodrigues, *Operação Lava Jato: Aprendizado institucional e ação estratégica na Justiça*, op. cit., p. 256.

73. A suposição de que o Poder Judiciário deve atuar para proteger os eleitores contra seus próprios erros é amparada pela literatura acadêmica internacional. Comentando o caso, Mark Tushnet, em "Institutions Supporting Constitutional Democracy: Some Thoughts about Anti--Corruption (and Other) Agencies" (*Singapore Journal of Legal Studies*, Cingapura, p. 240, 2019), escreveu: "*The judges and prosecutors appear to have believed that the benefits to democracy of an aggressive stance against high-level corruption outweighed the obvious disruption of ordinary politics — and especially the removal of [former president Luiz Inácio 'Lula' da Silva] from the presidential ballot — that the investigation was causing. We cannot know yet whether they were correct*". Nesses termos, a Lava Jato é um exemplo acabado do que John Ferejohn, "Judicializing Politics, Politicizing Law" (*Law and Contemporary Problems*, Durham, NC, v. 65, n. 3, p. 41, 2002) chamou de a terceira fase do ativismo judicial, marcado pelo objetivo de controlar "*the conduct of political activity itself — whether practiced in or around legislatures, agencies, or the electorate — by constructing and enforcing standards of acceptable behavior*".

74. Em sua primeira entrevista após aceitar o convite feito por Bolsonaro, o magistrado afirmou "que apresentará uma série de propostas de combate ao crime organizado. A ideia, diz, é resgatar parte das 'Dez Medidas contra a Corrupção', proposta encabeçada pelo Ministério Público Federal". E não se esqueceu de reconhecer o trabalho do deputado Onyx Lorenzoni e declarar publicamente que não via problemas no fato de o parlamentar ter sido agraciado com recursos do caixa dois pela Odebrecht. Ver Ederson Hising e Bibiana Dionísio, "Moro diz que usará modelo da Lava Jato para combater crime organizado". G1, 6 nov. 2018. Disponível em: <g1.globo.com/pr/parana/noticia/2018/11/06/moro-diz-que-usara--modelo-da-lava-jato-para-combater-crime-organizado.ghtml> e "Moro diz admirar colega de ministério que recebeu caixa 2 da JBS". *Valor Econômico*, 6 nov. 2018. Disponível em: <https://valor.globo.com/politica/noticia/2018/11/06/moro-diz-admirar-colega-de-ministerio-que-recebeu-caixa-2-da-jbs.ghtml>. Acesso em: 14 fev. 2023.

Referências bibliográficas

ABRANCHES, Sérgio. "Presidencialismo de coalizão: O dilema institucional brasileiro". *Dados*, Rio de Janeiro, v. 31, n. 1, pp. 5-34, 1988.

_____. *Presidencialismo de coalizão: Raízes e evolução do modelo político brasileiro*. São Paulo: Companhia das Letras, 2018.

ALMEIDA, Rodrigo de. *À sombra do poder: Bastidores da crise que derrubou Dilma Rousseff*. São Paulo: LeYa, 2017.

AMORIM NETO, Octavio. "A crise política brasileira de 2015-2016: Diagnóstico, sequelas e profilaxia". *Relações Internacionais*, Lisboa, n. 52, pp. 43-54, 2016.

BARBACETTO, Gianni; GOMEZ, Peter; TRAVAGLIO, Marco. *Operação Mãos Limpas: A verdade sobre a operação italiana que inspirou a Lava Jato*. Alvorada (RS): CDG Edições e Publicações, 2016.

BARROSO, Luís Roberto. "Judicialização, ativismo judicial e legitimidade democrática". *(Syn)thesis*, Rio de Janeiro, v. 5, n. 1, pp. 23-32, 2012.

_____. "Constituição, democracia e supremacia judicial: Direito e política no Brasil contemporâneo". *Pensar: Revista de Ciências Jurídicas*, Fortaleza, v. 18, n. 3, pp. 864-939, 2013.

_____. "A razão sem voto: A função representativa e majoritária das cortes constitucionais". *Revista Estudos Institucionais*, Rio de Janeiro, v. 2, n. 2, pp. 517-46, 2016.

_____. "O Constitucionalismo Democrático ou Neoconstitucionalismo como ideologia vitoriosa do século XX". *Publicum*, Rio de Janeiro, v. 4, pp. 14-36, 2018.

BERSCH, Katherine; PRAÇA, Sérgio; TAYLOR, Matthew M. "State Capacity, Bureaucratic Politicization, and Corruption in the Brazilian State". *Governance*, Hoboken, v. 30, n. 1, pp. 105-24, 2017.

BICUDO, Hélio. *Minhas memórias*. São Paulo: Martins Fontes, 2006.

CAMPOS, Pedro Henrique Pedreira. *"Estranhas catedrais": As empreiteiras brasileiras e a ditadura civil-militar, 1964-1988*. Rio de Janeiro: Eduff 2014.

CARAZZA, Bruno. *Dinheiro, eleições e poder: As engrenagens do sistema político brasileiro*. São Paulo: Companhia das Letras, 2018.

CARVALHO, Luiz Maklouf. *João Santana: Um marqueteiro no poder*. Rio de Janeiro: Record, 2015.

_____. *O cadete e o capitão*. São Paulo: Todavia, 2019.

CHAVES, Álvaro Guilherme de Oliveira. *Prisões preventivas da Operação Lava Jato (2014-2017): Pesquisa empírica e crítica garantista*. Brasília: UNB. (Mestrado em Direito), 2021.

CHEMIM, Rodrigo. *Mãos Limpas e Lava Jato: A corrupção se olha no espelho*. Alvorada: CDG Edições e Publicações, 2019.

CHEQUER, Rogerio; BUTTERFIELD, Colin. *Vem Pra Rua: A história do movimento popular que mobilizou o Brasil*. São Paulo: Matrix, 2016.

DALLAGNOL, Deltan M. *As lógicas das provas no processo: Prova direta, indícios e presunções*. Porto Alegre: Livraria do Advogado, 2015.

_____. *A luta contra a corrupção: A Lava Jato e o futuro de um país marcado pela impunidade*. Rio de Janeiro: Sextante, 2017.

DA ROS, Luciano; TAYLOR, Matthew M. "Freios e contrapesos: O conceito e suas implicações para a corrupção". *Revista Direito GV*, São Paulo, v. 17, n. 2, 2021.

_____. *Brazilian Politics on Trial: Corruption and Reform Under Democracy*. Boulder (CO): Lynne Rienner, 2022.

DAVIS, Kevin E. et al. "Respostas jurídicas e políticas contra a corrupção sistêmica". *Revista Direito GV*, v. 17, n. 2, 2021.

FEREJOHN, John. "Judicializing Politics, Politicizing Law". *Law and Contemporary Problems*, Durham, NC, v. 65, n. 3, pp. 41-68, 2002.

FIGUEIREDO, Argelina Cheibub; LIMONGI, Fernando. *Executivo e Legislativo na nova ordem constitucional*. Rio de Janeiro: Ed. FGV, 1999.

FRANCO, Bernardo Mello. *Mil dias de tormenta: A crise que derrubou Dilma e deixou Temer por um fio*. São Paulo: Objetiva, 2018.

GASPAR, Malu. *A Organização: A Odebrecht e o esquema de corrupção que chocou o mundo*. São Paulo: Companhia das Letras, 2020.

_____. *Tudo ou nada: Eike Batista e a verdadeira história do grupo X*. São Paulo: Companhia das Letras, 2022.

GIAMBIAGI, Fabio; SCHWARTSMAN, Alexandre. *Complacência: Entenda por que o Brasil cresce menos do que pode*. São Paulo: Elsevier Brasil, 2014.

GRAZIANO, Xico. *O fracasso da democracia no Brasil*. São Paulo: Almedina Brasil, 2020.

HASSELMANN, Joice. *Sérgio Moro: A história do homem por trás da operação que mudou o Brasil*. São Paulo: Universo dos Livros, 2016.

HOCHSTETLER, Kathryn. "Rethinking Presidentialism: Challenges and Presidential Falls in South America". *Comparative Politics*, Nova York, v. 38, n. 4, pp. 401-18, 2006.

_____. "The Fates of Presidents in Post-Transition Latin America: From Democratic Breakdown to Impeachment to Presidential Breakdown". *Journal of Politics in Latin America*, Hamburgo, v. 3, n. 1, pp. 125-41, 2011.

HOCHSTETLER, Kathryn; SAMUELS, David. "Crisis and Rapid Reequilibration: The Consequences of Presidential Challenge and Failure in Latin America". *Comparative Politics*, Nova York, v. 43, n. 2, pp. 127-45, 2011.

JANOT, Rodrigo; CARVALHO, Jailton de; EVELIN, Guilherme. *Nada menos que tudo: Bastidores da operação que colocou o sistema político em xeque*. São Paulo: Planeta, 2019.

KATAGUIRI, Kim; SANTOS, Renan. *Como um grupo de desajustados derrubou a presidente: MBL — A origem*. Rio de Janeiro: Record, 2019.

KERCHE, Fábio; FERES JÚNIOR, João. *Operação Lava Jato e a democracia brasileira*. São Paulo: Contracorrente, 2018.

KOZICKI, Katya; CHUEIRI, Vera Karam de. "Impeachment: A arma nuclear constitucional". *Lua Nova: Revista de Cultura e Política*, São Paulo, v. 108, pp. 157-76, 2019.

KRASTEV, Ivan. *Shifting Obsessions: Three Essays on the Politics of Anticorruption*. Viena: Central European University Press, 2004.

_____; HOLMES, Stephen. *The Light That Failed: A Reckoning*. Londres: Penguin, 2019.

LAGUNES, Paul; SVEJNAR, Jan (Orgs.). *Corruption and the Lava Jato Scandal in Latin America*. Abingdon: Routledge, 2020.

LANDIM, Raquel. *Why Not*. Rio de Janeiro: Intrínseca, 2019.

LIMONGI, Fernando. "O passaporte de Cunha e o impeachment: A crônica de uma tragédia anunciada". *Novos Estudos Cebrap*, São Paulo, v. 103, pp. 99-112, 2015.

_____; FIGUEIREDO, Argelina Cheibub. "A crise atual e o debate institucional". *Novos Estudos Cebrap*, São Paulo, São Paulo, v. 36, pp. 79-97, 2017.

_____. "Impedindo Dilma". *Novos Estudos Cebrap*, São Paulo, ed. esp., pp. 5-13, 2017.

_____. "From Birth to Agony: The Political Life of Operation Car Wash (Operação Lava Jato)". *University of Toronto Law Journal*, Toronto, v. 71, n. suppl. 1, pp. 151-73, 2021.

MAFEI, Rafael. *Como remover um presidente: Teoria, história e prática do impeachment no Brasil*. São Paulo: Companhia das Letras, 2021.

MANDETTA, Luiz Henrique. *Um paciente chamado Brasil: Os bastidores da luta contra o coronavírus*. São Paulo: Objetiva, 2020.

MARKUN, Paulo. *Recurso final: A investigação da Polícia Federal que levou ao suicídio de um reitor em Santa Catarina*. Rio de Janeiro: Objetiva, 2021.

MELO, Marcus André. "Latin America's New Turbulence: Crisis and Integrity in Brazil". *Journal of Democracy*, Washington, DC, v. 27, n. 2, pp. 50-65, 2016.

_____; SCHNEIDER, Ben R. "Political Malaise and the New Politics of Accountability: Representation, Taxation, and the Social Contract". In:

SCHNEIDER, Ben R. (Org.). *New Order and Progress: Development and Democracy in Brazil*. Oxford: Oxford University Press, 2016. pp. 268-97.

MORENO, Jorge Bastos. *Ascensão e queda de Dilma Rousseff: Tuítes sobre os bastidores do governo petista e o diário da crise que levou à sua ruína*. São Paulo: Globo, 2017.

MORO, Sergio Fernando. *Jurisdição constitucional como democracia*. Curitiba: Universidade Federal do Paraná, 2002. Tese (Doutorado em Direito).

_____. "Considerações sobre a Operação Mani Pulite". *Revista CEJ*, Brasília, v. 8, n. 26, pp. 56-62, 2004.

_____. "Preventing Systemic Corruption in Brazil". *Daedalus*, Cambridge, MA, v. 147, n. 3, pp. 157-68, 2018.

MOTA PRADO, Mariana; ASSIS MACHADO, Marta R. de. "Using Criminal Law to Fight Corruption: The Potential, Risks, and Limitations of Operation Car Wash (Lava Jato)". *The American Journal of Comparative Law*, Oxford, v. 69, n. 4, pp. 834-79, 2021.

NETTO, Vladimir. *Lava Jato: Os bastidores da operação que abalou o Brasil e o mundo*. Rio de Janeiro: Sextante, 2018.

NUNES, Felipe; MELO, Carlos Ranulfo. "Impeachment, Political Crisis and Democracy in Brazil". *Revista de Ciência Política*, Rio de Janeiro, v. 37, n. 2, pp. 281-304, 2017.

PADUAN, Roberta. *Petrobras: Uma história de orgulho e vergonha*. São Paulo: Objetiva, 2016.

PALOCCI, Antônio. *Sobre formigas e cigarras*. Rio de Janeiro: Objetiva, 2007.

PÉREZ-LIÑÁN, Aníbal. *Presidential Impeachment and the New Political Instability in Latin America*. Cambridge: Cambridge University Press, 2007.

_____. "A Two-Level Theory of Presidential Instability". *Latin American Politics and Society*, Cambridge, v. 56, n. 1, pp. 34-54, 2014.

_____. "Impeachment or Backsliding? Threats to Democracy in the Twenty--First Century". *Revista Brasileira de Ciências Sociais*, São Paulo, v. 33, pp. 1-14, n. 98, 2018.

PINOTTI, Maria Cristina (Org.). *Corrupção: Lava Jato e Mãos Limpas*. São Paulo: Portfolio-Peguin, 2019.

PONTES, Jorge; ANSELMO, Márcio. *Crime.gov: Quando corrupção e governo se misturam*. São Paulo: Objetiva, 2019.

PRADO, Mariana Mota; MACHADO, Marta Rodriguez. "Turning Corruption Trials into Political Tools in the Name of Transparency". In: BOTERO, Sandra; BRINKS, Daniel; GONZALES-OCANTOS, Ezequiel (Orgs.). *The Limits of Judicialization: From Progress to Backlash in Latin America*. Cambridge: Cambridge University Press, 2022. pp. 266-88.

QUINTELLA, Wilson. *Memórias do Brasil Grande: A história das maiores obras do país e dos homens que as fizeram*. São Paulo: Saraiva, 2008.

RAMBOURG JUNIOR, Ribamar Cezar. *A crise na coalizão e o impeachment de Dilma Rousseff.* São Paulo: Universidade de São Paulo, 2019. Dissertação (Mestrado em Ciência Política).

RECONDO, Felipe; WEBER, Luiz. *Os onze: O STF, seus bastidores e suas crises.* São Paulo: Companhia das Letras, 2019.

RIBEIRO, Renato Janine. *A pátria educadora em colapso: Reflexões de um ex-ministro sobre a derrocada de Dilma Rousseff e o futuro da educação no Brasil.* São Paulo: Três Estrelas, 2018.

ROCKMANN, Roberto; MATTOS, Lúcio. *Curto-circuito: Quando o Brasil quase ficou às escuras (2001-2002).* [s.l.], Ed. do Autor, 2021.

RODRIGUES, Fabiana Alves. *Operação Lava Jato: Aprendizado institucional e ação estratégica na Justiça.* São Paulo: WMF Martins Fontes, 2020.

ROMEIRO, Adriana. *Corrupção e poder no Brasil: Uma história, séculos XVI a XVIII.* São Paulo: Autêntica, 2017.

ROSS, Edmund G. *History of the Impeachment of Andrew Johnson.* Santa Fe: Kessinger Publishing, 1896.

SAFATLE, Claudia; BORGES, João; OLIVEIRA, Ribamar. *Anatomia de um desastre: Os bastidores da crise econômica que mergulhou o país na pior recessão da história.* São Paulo: Portfolio-Penguin, 2016.

SALLUM JR., Brasilio. *O impeachment de Fernando Collor: Sociologia de uma crise.* São Paulo: Editora 34, 2015.

_____; CASARÕES, Guilherme Stolle Paixão e. "O impeachment do presidente Collor: A literatura e o processo". *Lua Nova — Revista de Cultura e Política*, São Paulo, v. 82, pp. 163-200, 2011.

SUNSTEIN, Cass R. "Impeaching the President". *University of Pennsylvania Law Review*, Filadélfia, v. 147, n. 2, pp. 279-315, 1998.

_____. "Lessons from a Debacle: From Impeachment to Reform". *Florida Law Review*, Gainesville, v. 51, n. 4, pp. 599-614, 1999.

_____. *Impeachment: A Citizen's Guide.* Nova York: Penguin Random House, 2019.

TAYLOR, Matthew M. "Coalitions, Corruption, and Crisis: The End of Brazil's Third Republic?". *Latin American Research Review*, Pittsburgh, v. 55, n. 3, pp. 595-604, 2020.

_____. *Decadent Developmentalism: The Political Economy of Democratic Brazil.* Cambridge: Cambridge University Press, 2020.

_____; DA ROS, Luciano. "Os partidos dentro e fora do poder: A judicialização como resultado contingente da estratégia política". *Dados*, Rio de Janeiro, v. 51, n. 4, pp. 825-64, 2008.

TUSHNET, Mark. "Institutions Supporting Constitutional Democracy: Some Thoughts about Anti-corruption (and Other) Agencies". *Singapore Journal of Legal Studies*, Cingapura, pp. 440-55, 2019.

VIANA, Natalia. *Dano colateral: A intervenção dos militares na segurança pública*. Rio de Janeiro: Objetiva, 2021.

VIEIRA, Oscar Vilhena. "Supremocracia". *Revista Direito GV*, São Paulo, v. 4, n. 2, pp. 441-63, 2008.

_____. *A batalha dos poderes: Da transição democrática ao mal-estar constitucional*. São Paulo: Companhia das Letras, 2018.

VILLAVERDE, João. *Perigosas pedaladas: Os bastidores da crise que abalou o Brasil e levou ao fim o governo Dilma Rousseff*. São Paulo: Geração, 2016.

WERNECK, Humberto (Org.). *Vultos da República*. São Paulo: Companhia das Letras, 2010.

ZAMBELLI, Carla. *Não foi golpe: Os bastidores da luta nas ruas pelo impeachment de Dilma*. São Paulo: LVM, 2018.

Índice remissivo

A

Abreu, Kátia, 55-6, 99
Acarajé, Operação, 18, 131, 133, 148, 157, 172-3, 254*n*
África, 100
Alckmin, Geraldo, 67-8, 86, 251*n*, 276*n*
Aletheia, Operação, 18, 140-1, 148, 157, 254*n*, 277*n*
Aliança Nacional dos Movimentos Democráticos (movimento de direita), 108-9, 122
Alstom (empresa francesa), 53
Alves, Henrique Eduardo, 29, 34, 47, 78, 96, 110, 124, 162, 165
Amaral, Delcídio do, 18, 78, 90, 113-6, 118-22, 124, 134-5, 157, 231*n*, 239*n*, 242*n*, 256*n*, 273*n*
Anastasia, Antonio, 78
Andrade Gutierrez (construtora), 174
Aneel (Agência Nacional de Energia Elétrica), 91
Apagão Aéreo (2006), 89
Apagão Elétrico (2001), 115
Arantes, Jovair, 34, 95
Aras, Augusto, 171
Araújo, Bruno, 83-4, 157
ativismo judicial, 283*n*
Austrália, 53
Azevedo, José Orlando Melo de, 33

B

Bahia, 30
bancada da bala (Frente Parlamentar pelo Direito da Legítima Defesa), 177
Banco Central, 160
Bancoop (Cooperativa Habitacional dos Bancários de São Paulo), 137-8
Bandeirantes, Rede, 52
banqueiros, 49, 50
Barbalho, Helder, 162
Barbosa, Joaquim, 36
Barroso, Luís Roberto, 219*n*
Bastos, Márcio Thomaz, 214*n*
Batista, Joesley, 99, 169, 211*n*
Batista, Paulo, 61
Batista, Wesley, 169
Belo Horizonte (MG), 92
Bernardo, Paulo, 25
Berzoini, Ricardo, 36, 111, 113
Bicudo, Hélio, 110, 112, 235*n*
Bicudo, Maria Lúcia, 235*n*
Blocão (coligação liderada por Eduardo Cunha), 34, 36-7, 39-40, 42, 57, 98, 100
BNDES (Banco Nacional de Desenvolvimento Econômico e Social), 95
Boggio, Rodrigo, 62
"bolivarianismo", 61, 64
Bolsonaro, Eduardo, 65-6, 68, 177

Bolsonaro, Jair, 65, 172, 177, 179, 212n, 272n, 277n, 281n, 283n

Bradesco, 55

Brasília, 16, 19, 23-4, 37, 78, 83, 93, 101-6, 116, 118-20, 128, 145, 148, 165-6, 168, 171

Bresser, Reforma, 91

Brito, Antônio, 40

BTG Pactual (banco de investimentos), 99-100, 119, 243n, 255n

Bumlai, José Carlos, 115-7, 132-3, 136, 150, 239n

Butterfield, Colin, 207n

C

Cabral, Sérgio, 88, 91-2

Caixa Econômica Federal, 31, 94, 124, 156, 164

Calheiros, Renan, 30, 78, 86, 115, 124, 128, 145-7, 165-7, 264-6n

Câmara dos Deputados, 14, 18, 25, 30-1, 33-6, 39, 42, 56, 73, 78-9, 81, 83-4, 86-8, 90-1, 96-9, 102, 106-10, 112-4, 116-8, 121-2, 124-5, 145, 157, 162, 164, 166-7, 170-1, 188n, 218n, 246-9n, 265n

Camargo Corrêa (construtora), 168

Camargo, Júlio, 102, 105-7, 109, 125, 233n

campanhas eleitorais, financiamento de, 24, 31, 36, 49, 70-1, 99, 131, 156, 214n, 254n

Campos, Eduardo, 40, 44, 46-7

Cantanhêde, Eliane, 131, 142

Cardoso, Fernando Henrique, 13, 26-7, 54, 60-2, 67, 83, 86, 107-8, 115, 136, 147, 167, 184n, 190n, 265n

Cardozo, José Eduardo, 53, 56, 74, 111, 113, 134, 255-6n

"carga probatória", 76, 240n

Carvalho, Gilberto, 25, 50, 55, 111, 144

Carvalho, Olavo de, 82, 210n

Casa Civil, 12, 22-3, 25, 55, 93-4, 110, 150-1, 161, 229n, 269n

Castro, Marcelo, 110, 244n

Catilinárias, Operação, 124, 146, 166, 168

Catta Preta, Beatriz, 258n

Cem Cabeças (grupo do Congresso Nacional), 90

centro-direita, 163

Cerveró, Nestor, 39, 90, 118-20, 134, 138, 169, 239n, 256n

Chequer, Rogerio, 62, 67, 82

Chinaglia, Arlindo, 87, 98

Cleto, Fábio, 31, 94, 124, 168-9

CNB (Construindo um Novo Brasil, tendência do PT), 25, 30-1, 52, 55, 57, 111

coalizões, 12-6, 18-9, 23, 161-4, 277n; presidencialismo de coalizão, 161

Código Florestal, 93

Collor de Mello, Fernando, 14, 27, 122, 125

Comissão de Constituição e Justiça da Câmara dos Deputados, 88

Conde, Luiz Paulo, 89

condução coercitiva, 139-40, 143, 148, 150, 169, 267n

Confederação da Agricultura e Pecuária do Brasil, 55

Confederação Nacional da Indústria, 55

Congresso Nacional, 13, 18, 37, 73-4, 81, 90, 128-30, 159, 170, 280n; ver também Câmara dos Deputados; Senado

Conselho de Ética da Câmara dos Deputados, 112-3, 246-7n

Conserino, Cassio Roberto, 137, 139-43, 149

Constituição brasileira (1988), 13, 118, 145, 159, 170

Contag (Confederação Nacional dos Trabalhadores na Agricultura), 56

contas públicas, 51, 101, 130

Controladoria-Geral da União, 11, 44

Copa do Mundo (2014), 94

corrupção, 23, 26, 31, 53-4, 68-9, 73-5, 84, 100, 104, 132, 171, 277n, 280n; "causas estruturais" da, 75-6; combate à, 11-3, 19, 45, 51, 56, 73-4, 81, 103, 175; denúncias de, 23; "Dez Medidas contra a Corrupção" (Ministério Público Federal, 2015), 72, 74-7, 157, 175-7, 179, 218-9n, 280-81n, 283n; enriquecimento ilícito, 74-6, 218n, 282n; exploração política dos escândalos de, 15; impunidade e, 75; pacote anticorrupção (governo Dilma, 2015), 13, 72-6, 81, 175, 176; partidos políticos e, 17; sistêmica, 17, 117, 133, 141, 240n

Costa, Paulo Roberto, 11, 28, 44, 52, 54, 70, 77, 79, 105-6, 233n

Costa, Raymundo, 48, 52, 111, 133, 197n, 252n, 272n

CPIs, abertura de, 90-1

CPMF (Contribuição Provisória sobre Movimentação Financeira), 88-9, 129

crime de responsabilidade, 101, 112

crime permanente, figura do, 118

Cunha, Eduardo, 17-8, 29-31, 33-7, 40, 42-3, 46, 57, 73, 78, 84-102, 105-15, 117-25, 128, 131, 145, 147, 155-6, 162-3, 165-6, 169, 227n, 231n, 238n, 243n, 246-9n, 254-5n, 258n, 265n, 274n

Curitiba, República de (Lava Jato), 172-9; *ver também* Lava Jato, Operação

D

Dallagnol, Deltan, 17, 74-7, 116, 139, 143, 159, 175-8, 218-9n, 239n, 280-1n

Daniel, Celso, 240n

déficit público, 129-30

delação premiada, 54, 77, 79, 102-3, 105, 109, 119, 125, 168, 256n, 264n

Delta (construtora), 94-5

DEM (Democratas), 15, 109, 112, 114, 117, 162, 170, 177

democracia, 64, 67, 80, 116-7, 132, 153, 172, 254n; distribuição do poder em democracias, 16

desarmamento, estatuto do, 281n

Desvinculação das Receitas da União (DRU), 129

"Dez Medidas contra a Corrupção" (Ministério Público Federal, 2015), 72, 74-7, 157, 175-7, 179, 218-9n, 280-1n, 283n

Diap (Departamento Intersindical de Assessoria Parlamentar), 90

Dias, Solange, 106

dilmistas, 48-9, 51

Dirceu, José, 22, 25, 28, 30, 37, 39, 69, 87, 92, 188n, 197n, 229n, 277n

direita política, 54, 61, 65, 67-8, 72, 108, 110, 130, 177; centro-direita, 163; extrema direita, 61, 65, 68, 177; movimentos sociais de direita, 108

Diretas Já, manifestações das (1984), 80

ditadura militar (1964-85), 65
Dodge, Raquel, 171
Doria Júnior, João, 135
Duque, Renato, 28, 53, 68-9
Dutra, José Eduardo, 25, 30

E

economia: agentes econômicos,
160-1; política econômica, 50,
55, 150-1; recessão econômica,
72, 130, 160
Economist, The (revista), 60
Edifício Solaris (Guarujá, SP) *ver*
triplex do Guarujá
eleições de 2006, 86
eleições de 2010, 14, 43, 86, 156
eleições de 2014, 11, 14, 36, 46, 49-
50, 59, 61, 63-4, 66, 71, 96, 129,
131, 162; "recontabilidade" dos
votos, 63, 65
eleições de 2018, 18, 129, 178
Eletrobras, 91
empreiteiras, 52, 68, 70-1, 103
empresariado, 48, 56
energia elétrica, tarifas de, 91
enriquecimento ilícito, 74-6,
218n, 282n
Espanha, 118
esquerda política, 57, 123, 130, 162-3
Estado de S. Paulo, O (jornal), 32,
38, 75, 114, 131, 141, 143, 153, 156,
160-1
Esteves, André, 99-100, 120, 231n
evangélicos, 177, 281n
Executivo, Poder, 96, 163
ex-presidentes, proteção judicial
para, 136-7, 153
extrema direita, 61, 65, 68, 177

F

Facebook, 62, 64, 82
fake news, 208n
Falcão, Rui, 25, 43, 151
Faria Lima, avenida (São Paulo), 60
Farias, Lindbergh, 228n, 252n
"fatiamentos" de delações e
investigações, 104, 115-7, 152,
165, 173
Ferejohn, John, 283n
Fernandes, Maria Cristina, 39-40
Fernando Baiano *ver* Soares,
Fernando
Ferraço, Ricardo, 264n
Ferreira, Aloysio Nunes, 71, 80, 84,
146, 147, 264-5n, 276n
FHC *ver* Cardoso, Fernando
Henrique
FI-FGTS (Fundo de investimento do
Fundo de Garantia do Tempo
de Serviço), 94
Financial Times (jornal), 26
fisiologismo, 26, 161-2
Flávio, Milton, 63
Folha de S.Paulo (jornal), 40, 69, 79,
99, 141, 143, 153, 156
Fonte, Eduardo da, 34, 91, 95
foro privilegiado, 74, 106-7, 115, 136,
144, 150-1
Fórum Criminal da Barra Funda
(São Paulo), 139
Foster, Graça, 11, 27-9, 31-4, 56, 72-3
Francischini, Fernando, 40
Franco, Itamar, 108
Franco, Wellington Moreira, 165
Frente Parlamentar pelo Direito da
Legítima Defesa (bancada da
bala), 177
frigoríficos, 56, 99

Funaro, Lúcio, 169, 234n, 258n, 275n
Furlan, Luiz Fernando, 55
Furnas Centrais Elétricas, 78, 89-90, 93, 135
Fux, Luiz, 177

G

G20, reunião do, 53
Gabrielli, José Sergio, 27, 30-1, 35, 39
Garotinho, Anthony, 86, 88-9
Garotinho, Clarissa, 85
Gaspari, Elio, 21, 217n
gastos públicos, 24, 49, 51, 130, 134
Genoino, José, 37, 197n
Genro, Tarso, 87, 224n
Gentili, Danilo, 61
Gerdau, Jorge, 26
Globo, O (jornal), 119, 153, 156
Goldman, Alberto, 66
Gomes, Cid, 100
Gomes, Ciro, 7
governabilidade, 14, 161
Grandis, Rodrigo de, 54
gravações com as conversas entre Dilma e Lula (2016), 18-9, 152, 153, 164, 173, 254n, 278n
Graziano, Xico, 61-2, 67, 208n
Greenfield, Operação, 169
Gregori, José, 214n
Grupo de Líderes Empresariais (Lide), 135
Guarujá (SP), caso do apartamento no *ver* triplex do Guarujá (Edifício Solaris)
Guedes, Paulo, 272n

H

hiperinflação, 27
Hoffmann, Gleisi, 25, 94
Holanda, 35, 37

I

Imbassahy, Antonio, 59
impeachment de Collor (1992), 122, 125
impeachment de Dilma (2016), 17, 90, 157, 162, 165, 247-9n, 263n; afastamento provisória da presidente (21 de maio de 2016), 159; Comissão Especial da Câmara acata o pedido de abertura do processo de, 156-7; equiparado a um golpe de Estado pelo PT e pela esquerda, 162; movimento pelo, 16-8, 80-4, 101, 107-8, 110-1, 122, 146, 148; papel capital de Eduardo Cunha no, 85, 249n; pedidos protocolados na Câmara, 101, 110, 112-4, 122, 235n; processo de, 84, 108, 112, 122, 127, 156, 159-60, 166, 175; rito do impeachment, 124-7, 155; rumos da Lava Jato após o, 177; votação no plenário da Câmara, 157; voto decisivo para abertura do processo na Câmara, 157; *ver também* Rousseff, Dilma
impeachments, 13-5, 27, 163, 184n
imprensa, 19, 28, 31, 33, 35, 39, 41, 50, 53, 64, 66, 69-70, 73, 79, 84, 103, 116, 119, 124, 133-4, 150-3, 156, 164, 170
impunidade, 21, 52-4, 73, 75, 159, 175

"indignados", protestos dos (2014-6), 62, 171

Itália, 77, 133, 135, 219n

J

Janot, Rodrigo, 17, 77-8, 102-3, 108, 113, 115, 118-9, 165-6, 168, 170-1, 219n, 239n; Lista Janot (2015), 77-9, 84, 102, 105

JBS (empresa), 31, 56, 95, 99-100, 169-70, 275n

Jereissati, Tasso, 128, 146, 148, 155, 264n

João Cândido (superpetroleiro), 31-2

Jobim, Nelson, 26, 86-7, 113, 255n

Jorge, Eduardo, 62

jornais *ver* imprensa

Jornal Nacional (telejornal), 52, 68

Jucá, Romero, 47, 96, 127, 145-7, 150, 164-8, 170, 189n, 200n, 270n, 276n

Judiciário, Poder, 17, 44, 76-7, 122, 124-5, 154, 178-9, 219n, 239n, 256n, 278n, 283n

Juízo Final, Operação, 52-3, 68-70, 102-3

junho, manifestações de (2013), 45, 80

Justiça Federal, 103, 149

K

Kassab, Gilberto, 81, 162

"kit gay", 60

Kramer, Dora, 250n

Kubitschek, Juscelino, 136

L

Lacerda, Márcio, 92

Largo da Batata (São Paulo), 60, 62

Lava Jato, Operação, 15, 17-9, 27, 45, 52-4, 68-9, 71-7, 79, 102-6, 111, 113, 115-7, 119-20, 122, 124, 131-4, 136-42, 146-50, 155-6, 159-60, 164-5, 168, 171-2, 174-8, 183n, 204n, 214n, 248n, 254n, 256n, 262n, 272n, 276n, 280n, 283n

lavagem de dinheiro, 141

Legislativo, Poder, 32, 36, 99, 125, 163, 177

Levy, Joaquim, 51, 55-6, 78, 113, 160

"Lições da Operação Mãos Limpas, As" (Moro), 135

Lide (Grupo de Líderes Empresariais), 135

Lima, Carlos Fernando, 69, 138

Lima, Geddel Vieira, 47, 88, 96, 165, 200n

Lista Janot (2015), 77-9, 84, 102, 105

Lobão (cantor), 65-6, 155

Lobão, Edison, 90, 106

Lorenzoni, Onyx, 177, 281n, 283n

Lúcia, Cármen, 242n

Lula da Silva, Luiz Inácio, 21-5, 27, 30-1, 40-51, 55-7, 59, 86, 88, 91-2, 94, 103, 108, 110-1, 113-7, 120, 127, 130, 134-55, 160-1, 164, 171-3, 178, 185n, 197n, 199n, 228n, 252n, 255-6n, 262n, 263n, 268n, 277n, 281-2n; condenação por Sergio Moro (2017), 178; diferença nos estilos de fazer política de Lula e Dilma, 40; gravações com as conversas entre Dilma e Lula (2016), 18-9, 152-3, 164, 173, 254n, 278n; prisão (2018), 153; reeleição de, 86; tentativa de assumir a Casa Civil (2016), 151, 153, 161, 268-9n

Lula da Silva, Marisa Letícia, 139
lulistas, 40, 48-51
"lulopetismo", 160, 168
Lupi, Carlos, 26
Luta contra a corrupção, A
(Dallagnol), 159, 280n

M

Machado, Eloisa, 268n
Machado, Sérgio, 29, 31, 72, 124,
127, 146, 150, 164-8, 264n
Maia, Rodrigo, 170
Mandetta, Luiz Henrique, 281n
manifestações contra o resultado das
eleições (2014), 62, 65, 67-9, 71
manifestações de 15 de março
(2015), 74, 79-81
manifestações de junho (2013), 45, 80
Mantega, Guido, 48, 51
Mãos Limpas, Operação (Itália), 77,
133, 135, 219n
Marcha pela Liberdade (organizada
pelo Movimento Brasil Livre,
MBL — 2015), 17, 83, 84, 222n
Marena, Erika Mialik, 138
Martins, Ives Gandra, 72, 110, 184n
Masp (Museu de Arte de São Paulo
Assis Chateaubriand), 62
MBL (Movimento Brasil Livre), 17-
8, 62, 68-9, 79-84, 101, 108, 110,
222-3n
Medida Provisória 669 (2015), 78
Meirelles, Henrique, 55, 113, 160-1
Mello, Celso de, 242n
Mello, Marco Aurélio, 140, 154
Mendes, Gilmar, 53, 63-4, 125, 127,
134, 136, 152-5, 159, 171-2, 218n,
242-3n, 269n, 276-7n
Mendonça Filho, 109
Mendonça, Duda, 132

Mendonça, Luís Carlos, 167-8
Mensalão, escândalo do (2005), 24,
37, 45, 48, 51, 79, 86, 132, 136-7,
197n, 224n, 242n, 277n
Mercadante, Aloizio, 55-6, 110, 121
mercado financeiro, 48, 130-1,
256n, 262n
Minas Gerais, 43, 78, 92, 147
Ministério da Agricultura, 26, 55-
6, 88, 99
Ministério da Ciência e Tecnologia,
110, 162
Ministério da Defesa, 26
Ministério da Economia, 113
Ministério da Educação, 88, 100, 110
Ministério da Fazenda, 23, 48,
55-6, 161
Ministério da Integração Regional,
88, 156, 164
Ministério da Justiça, 53, 56, 111,
179, 256n, 272n
Ministério da Saúde, 45, 88, 110,
156, 162-3
Ministério das Comunicações, 86,
88, 168
Ministério das Relações Exteriores,
111
Ministério das Relações
Institucionais, 25, 87, 94,
111, 229n
Ministério de Minas e Energia, 12,
22, 86, 88, 90, 106
Ministério do Esporte, 26
Ministério do Turismo, 26, 88, 110
Ministério dos Transportes, 26
Ministério Público Federal (MPF),
17, 44, 54, 56, 73-6, 107, 114, 118,
136, 144, 165, 167, 170-1, 175-6,
178, 239n, 277n, 281n, 283n
"mobilização permanente", tese
da, 82

Molina, Ricardo, 65, 210-1*n*
Monteiro, Armando, 55
Moreno, Jorge Bastos, 85
Moro, Sergio, 17, 54, 69, 74-7, 103-4, 106-7, 115-7, 132-3, 135-6, 140, 143, 149-50, 152-5, 173, 175, 178-9, 217-9*n*, 233*n*, 239-40*n*, 254*n*, 267*n*, 274*n*, 278*n*
Mossak Fonseca (empresa de advocacia panamenha), 138
Motta, Sérgio, 168
Moura, André, 34, 40
Moura, Mônica, 132-3
Movimento de Resistência Brasileiro, 66
movimentos sociais, 15-7, 108, 148, 170
MST (Movimento dos Trabalhadores Rurais Sem Terra), 56, 144, 164
Murray (offshore), 138

N

Nas Ruas (grupo de direita), 108, 211*n*
Nascimento, Alfredo, 26
Navalha, Operação, 90
Neves, Aécio, 40, 44, 47, 49-50, 59-62, 64, 66-72, 78-9, 81, 83-4, 96-7, 100, 107-8, 121-2, 127-9, 134-5, 146-7, 157, 167-70, 208*n*, 214*n*, 223*n*, 227*n*, 251*n*, 264-5*n*, 276*n*
Neves, Andrea, 62, 208*n*
Noblat, Ricardo, 59
Nova Matriz Econômica, 130
Novais, Pedro, 26
Novo Rumo (tendência do PT), 25

O

OAS (construtora), 137-8, 149-50, 174, 178
Odebrecht (construtora), 131, 156-7, 171, 173-4, 194*n*, 279*n*, 283*n*; Setor de Operações Estruturadas da, 156, 173-4
offshores, 138; *ver também* paraísos fiscais
Olimpíada (2016), 94
Oliveira, Eunício de, 47, 145, 165, 263-4*n*
Operação Lava Jato *ver* Lava Jato, Operação
opinião pública, 81, 104, 155
Orçamento, 36, 130

P

pacote anticorrupção (governo Dilma, 2015), 13, 72-6, 81, 175-6
Pacote Anticrime (2019), 179, 283*n*
Padilha, Alexandre, 51
Padilha, Eliseu, 101, 162, 165
Palocci, Antonio, 22-5, 55, 57, 93-4, 137, 229*n*
Pansera, Celso, 110, 124, 244*n*
paraísos fiscais, 29
Paraná, 24, 103, 115
partidos políticos: fisiológicos, 26; líderes partidários, 15, 31, 156; na visão da Lava Jato, 17; *ver também siglas individualmente*
Pasadena, refinaria de (Texas, EUA), 12-3, 29, 32-5, 37-40, 43-4, 57, 72, 95, 119, 134, 194*n*, 256*n*
Paschoal, Janaína, 84, 110, 112, 235*n*
Passe Livre, Operação, 116, 239*n*
Paulinho da Força, 40

Paulista, avenida, 62, 68-9, 80, 83

PCdoB (Partido Comunista do Brasil), 26, 36, 87, 144, 157, 162

PDT (Partido Democrático Trabalhista), 26, 36, 145, 157, 162

pedaladas fiscais, 101, 108

perseguição política, 56, 136-7, 139

Petrobras, 11-3, 16-7, 27, 29-35, 37-9, 44, 53-4, 56-7, 68, 70-3, 90-1, 95, 100, 104-6, 109, 112, 115, 119-20, 129, 133, 138-9, 149, 156, 164, 174, 183n, 194n, 214n, 253n, 256n, 277n; ações da, 72; Área Internacional da, 29-30, 39, 90; Conselho de Administração da, 12, 32-3, 72; Petrobras América, 29, 33; ver também Transpetro

Petrolão, escândalo do (2014), 45, 51; ver também Lava Jato, Operação

petróleo, 29, 35, 100

Pezão, Luiz Fernando, 110

Picciani, Jorge, 47, 88, 96-7, 110-1, 123, 148, 156, 163, 244n

Pimentel, Fernando, 228n

Pinheiro, Léo, 137, 141, 178

Pires, Adriano, 28

PMDB (Partido do Movimento Democrático Brasileiro), 14-5, 18, 26, 28-31, 34, 36-9, 42-3, 46, 53, 56, 69, 71, 78-9, 84-101, 106, 109-10, 112, 114-6, 119, 123, 128, 134, 145-8, 151, 155-7, 162-6, 168, 171, 227n, 244n, 250n, 263n, 265n

polarização, 50

Polícia Federal, 11, 44, 53, 56, 68, 73, 106, 124, 144, 166, 173, 260n

Polícia Militar, 60, 80

política econômica, 50, 55, 150-1

populismo, 51, 143

PP (Partido Progressista), 14, 28, 34, 36-7, 78-9, 86, 91, 95, 145, 156, 162-4

PPS (Partido Popular Socialista), 117, 162

PR (Partido da República), 14, 26, 28, 33, 36, 40, 42, 88, 94-5, 162

PRB (Partido Republicano Brasileiro), 14, 145, 155, 162

pré-sal, descoberta e exploração do, 30, 129

presidencialismo de coalizão, 161; ver também coalizões

presunção de inocência, 240n

Previdência, reforma da, 129-30, 134, 169, 170, 253n

Primeiro de Maio, comemoração de (2014), 11, 45

prisão preventiva, 77, 115-6, 132-3, 141-2, 149-50, 166, 240n

Procuradoria-Geral da República (PGR), 18, 77-9, 84, 102-3, 105-7, 109, 113-4, 116-21, 124, 138, 146, 157, 165-6, 168-71, 248n

Promef (Programa de Modernização e Expansão da Frota), 29

promotores paulistas, 139, 142, 149, 261n

propinas, 35, 53, 78, 105, 167

PROS (Partido Republicano da Ordem Social), 36, 127

protestos de 2014 ver manifestações contra o resultado das eleições (2014)

PRP (Partido Republicano Progressista), 61

Prudente, Ana, 210n

PSB (Partido Socialista Brasileiro), 40, 46-7, 49, 92, 157

PSC (Partido Social Cristão), 34, 36, 40, 177

PSD (Partido Social Democrático), 14, 36, 81, 100, 154, 162, 235*n*

PSDB (Partido da Social Democracia Brasileira), 14-5, 18, 27, 40-1, 47, 49, 54, 59-60, 62-71, 73, 78, 80-1, 83-4, 86, 92, 98, 107-9, 112, 114, 117, 122, 127-9, 134-5, 142, 146-7, 154-5, 157, 162, 167, 171, 212*n*, 217*n*, 223*n*, 227*n*, 263*n*, 265*n*, 276*n*

PSOL (Partido Socialismo e Liberdade), 117-8, 157

PT (Partido dos Trabalhadores), 12, 14, 18, 21-2, 24-5, 28, 30, 35-43, 45-7, 49-52, 54-6, 59-61, 63-4, 68-71, 78-80, 82, 84, 86-92, 94-6, 98, 100, 110, 112-3, 115-6, 121, 128-31, 134-8, 140-2, 144, 146-7, 151, 155, 157, 160-3, 170-1, 199*n*, 204*n*, 224*n*, 227-8*n*, 239-40*n*, 277*n*; CNB (Construindo um Novo Brasil, tendência do PT), 25, 30-1, 52, 55, 57, 111; disputas internas, 24-6, 35-6, 48-9, 51-2, 54-5, 95, 188*n*, 252*n*; Executiva Nacional do, 54; Novo Rumo (tendência do PT), 25; PTLM (PT de Luta e Massas, tendência do PT), 25

PTB (Partido Trabalhista Brasileiro), 34, 36, 40, 95, 145, 162

PTC (Partido Trabalhista Cristão), 210*n*

PTLM (PT de Luta e Massas, tendência do PT), 25

PV (Partido Verde), 62

PWC (empresa de auditoria), 72

Q

Quintella, Maurício, 33-5, 37-8, 95

R

"Raio Privatizador", turma do, 61, 67-8

Reale Júnior, Miguel, 84, 112, 223*n*

Rebelo, Aldo, 87

recessão econômica, 72, 130, 160

Record, Rede, 52

rede sociais, 61

Rede Sustentabilidade, 117

redes sociais, 61-5, 67, 81, 83, 155

refinaria de Pasadena *ver* Pasadena, refinaria de (Texas, EUA)

reforma agrária, 56

República de Curitiba (Lava Jato), 172-9; *ver também* Lava Jato, Operação

Revoltados Online (grupo de direita), 108

Ribeiro, Edson, 118

Rio de Janeiro (RJ), 43, 89, 92, 115, 148

Rio de Janeiro, estado do, 110, 228*n*

Roda Viva (programa de TV), 100

Rodrigues, Fabiana Alves, 178

Rodrigues, Roberto, 55

Rondeau, Silas, 90

Rossetto, Miguel, 217*n*

Rossi, Wagner, 26, 189*n*

Rota (Rondas Ostensivas Tobias de Aguiar), 60

Rousseff, Dilma, 11-8, 21-3, 25-33, 36, 38-57, 59-61, 64-5, 70-4, 80-1, 85-7, 90-7, 99-102, 108-14, 117, 120-3, 125, 127-9, 131, 133-5, 137, 141, 145-8, 150-7, 159-65, 172-3, 178, 185*n*, 189-90*n*, 197*n*, 199*n*, 227*n*, 249*n*, 252*n*, 256*n*, 263*n*, 277*n*; afastada provisoriamente da Presidência (21 de maio de 2016), 159; autonomia de, 25, 45, 52, 55; combate à corrupção,

11, 45, 51-3, 56-7, 73-4; como presidente do Conselho de Administração da Petrobras, 32; "deslulização" do governo de, 26-7; diferença nos estilos de fazer política de Dilma e Lula, 40; "escrutínio exagerado" de, 37, 39, 96; "faxina ministerial" (primeiro mandato), 26-7, 36; gravações com as conversas entre Dilma e Lula (2016), 18-9, 152-3, 164, 173, 254n, 278n; intenções de voto (2014), 44; intervenção na Petrobras, 27, 31, 56; popularidade incial, 27, 45; queda na popularidade (2013), 46; reeleição de, 12-3, 15, 17-8, 27, 38, 41, 43, 46, 48, 50-1, 53-4, 57, 67, 71, 81, 97; reforma ministerial (segundo mandato), 37, 42, 98, 110-2, 137; sobre a compra da refinaria de Pasadena, 38-40; *ver também* impeachment de Dilma (2016)
ruralistas, 56

S

Salvatti, Ideli, 25
Sampaio, Carlos, 64, 70, 81, 83-4, 109, 112, 117, 142
Santana, João, 45, 47-51, 131-3, 150
Santos, Alexandre, 91
Santos, Renan, 80
São Paulo (SP), 51, 53-4, 61-3, 65, 80, 82-4, 86, 88, 99, 135, 137, 141, 144-5, 147-9, 171, 251n
São Paulo, estado de, 51, 67
Sarney, José, 90, 136, 146, 165-7
SBM Offshore (empresa holandesa), 35

SBT (Sistema Brasileiro de Televisão), 52
Schahin, Banco, 234n
SDD (Solidariedade), 36, 40, 81
Senado, 14, 30, 40, 67, 78-9, 86-90, 96, 109, 113, 115-6, 122-4, 129, 136, 146, 159, 164-6, 168, 210n, 228n
Sépsis, Operação, 169
Sérgio, Luiz, 229n
Serra, José, 41, 62, 146, 147, 167, 189n, 211n, 251n, 264-5n, 272n, 276n
Setor de Operações Estruturadas da Odebrecht, 156, 173-4
Setubal, Neca, 49
Silva, Marina, 26, 46-51, 59
Silva, Orlando, 26
Sindicato dos Bancários de São Paulo, 144
sistema eleitoral brasileiro, 65
Soares, Fernando (Fernando Baiano), 53, 69, 105, 109, 115, 117, 119-20, 136, 165
STF (Supremo Tribunal Federal), 36, 53-4, 63, 77-9, 86, 102-3, 115, 118, 123-5, 127-8, 136, 147, 152-6, 164-6, 173-4, 177, 242n, 249n, 255n, 268-9n, 278n
Suíça, 54, 112, 114
Suplicy, Marta, 86, 88-9

T

Telhada, Coronel, 60, 63, 68
Temer, Michel, 19, 70-1, 81, 86-7, 91, 93, 96-8, 101, 107, 109, 113-4, 121, 123, 128, 134, 145-8, 155, 159-66, 169-71, 189n, 200n, 211n, 250n, 255n, 265-6n, 275-6n
Temporão, José Gomes, 88

Toffoli, Dias, 63, 125, 218n
Toledo, José Roberto, 114
tornozeleira eletrônica, 166
Toyo Setal (empresa), 105
Transpetro, 29-31, 72, 124, 146; *ver também* Petrobras
Tribunal de Contas da União, 34, 101, 195n
Tribunal Regional Federal da 4ª Região (TRF4), 178
triplex do Guarujá (Edifício Solaris), 137-8, 140, 149
Triplo X, Operação, 18, 138, 157
TSE (Tribunal Superior Eleitoral), 57, 63-4, 70, 114, 134, 147, 171, 264n
tucanos *ver* PSDB (Partido da Social Democracia Brasileira)

U

urnas eletrônicas, 63, 65, 210n, 212n

V

Vaccarezza, Cândido, 25, 35-6, 89, 91, 94, 188n
Vaccari Neto, João, 69, 137, 141
Valadão, André, 281n
Valor Econômico (jornal), 39, 48, 119
Vargas, André, 24, 26, 36-7, 39, 45, 96, 188n
Vasconcellos, Bernardo de, 40-2
Veja (revista), 51-2, 137
Vem Pra Rua (grupo de direita), 62, 67-9, 73, 80, 82, 108
Vilella, Teotônio, 167
Volta, Lula (movimento petista), 40-3, 46, 57

W

Wagner, Jaques, 30, 111, 113, 130, 150, 253n
WhatsApp, 62

Y

Youssef, Alberto, 11, 44-5, 51, 77, 78, 105-6, 135, 233n

Z

Zambelli, Carla, 108, 211n
Zavascki, Teori, 54, 104, 115, 118, 124, 153-5, 166, 173, 178, 239n, 248n, 282n
Zelada, Jorge, 28-30, 90-1, 95
Zelotes, Operação, 136

Operação impeachment: Dilma Rousseff e o Brasil da Lava Jato
© Fernando Limongi, 2023

Todos os direitos desta edição reservados à Todavia.

Grafia atualizada segundo o Acordo Ortográfico da Língua Portuguesa de 1990, que entrou em vigor no Brasil em 2009.

capa
Oga Mendonça
foto de capa
Antonio Augusto/ Câmara dos Deputados
preparação
Cacilda Guerra
checagem
Érico Melo
índice remissivo
Luciano Marchiori
revisão
Paula Queiroz
Karina Okamoto

1ª reimpressão, 2023

Dados Internacionais de Catalogação na Publicação (CIP)

Limongi, Fernando (1958-)
Operação impeachment : Dilma Rousseff e o Brasil da Lava Jato / Fernando Limongi. — 1. ed. — São Paulo : Todavia, 2023.

ISBN 978-65-5692-435-9

1. Ciência política. 2. Política – Brasil. 3. Impeachment. I. Rousseff, Dilma. II. Temer, Michel. III. Título.

CDD 320.9

Índice para catálogo sistemático:
1. Situação e condição política 320.9

Bruna Heller — Bibliotecária — CRB 10/2348

todavia
Rua Luís Anhaia, 44
05433.020 São Paulo SP
T. 55 11. 3094 0500
www.todavialivros.com.br

fonte
Register*
papel
Pólen natural 80 g/m²
impressão
Geográfica